一週學會
易經卜卦

雷天先生　著作

育林出版社印行

一週學會易經卜卦

導讀：

吾人的志業乃宣揚《易經》，而編寫此書之主要目的在於讓未曾接觸過《易經》的人，也能夠快速的學會卜卦，藉此達到推廣《易經》之效。

因而可以將本書視為學習《易經》卜卦的工具書。

本書分為**兩大部分：**

首先是介紹卜卦的方法：個人將多年鑽研《易經》的心血濃縮為七天課程，每天只要花一個小時學習，七天之後便能學會《易經》卜卦。

而這種個人新創的卜卦方法是融合古法，再加上個人實際為人卜過數百卦的經驗後，去蕪存菁而成。也由於是個人新創，所以無論讀者《易經》卜卦的程度如何，都請從這七天的課程開始讀起。

同時，課程的設計是因循漸進，讀者務必按照章節逐一詳讀學習，切勿操之過急而跳過某些章節。

本書的第二部分是【六十四卦卦解】，吾人嘗試以最簡單的白話來詮釋《易經》六十四卦。因而編排的方式首先是第幾卦與卦名。其後是本人對此卦簡單扼要的註解與吉凶。再來則是原文與詳細解釋。

茲以第一卦「乾為天」為例（請參考 **44** 頁）

第一卦「乾為天」，即是此卦乃第幾卦與卦名。

自強不息 亨通吉利（吉）則是本人對此卦簡單扼要的註解與吉凶。

卦辭原文：乾 元亨利貞與解釋 則為《易經》原文與詳細解釋。

古今並陳的目的在於一方面讓讀者快速了解此卦涵意與吉凶，另一方面則不失古意。可謂兩全其美。

其後並羅列「整體運勢」「財運投資」「愛情婚姻」「工作事業」四大項目，讀者透過查閱這四大項目便可知曉所求所問之事詳細吉凶如何。

而本書革命性的設計是【六十四卦速查與索引表】。（請參考 **36** 頁）此表查閱方式是先找出頁首的上卦，再從頁面找出下卦，如此就能輕而易舉找出所卜到的卦之卦名還有所在【六十四卦卦解】中的詳細頁數。也就是說不需要強背六十四卦的卦名，卦爻辭與解釋，也能很輕易學會卜卦。所以就算完全不懂《易經》卜卦的人，也能夠快速輕易的上手，一週就學會《易經》卜卦。

接下來就讓在下一步一步的帶領您七天之內學會《易經》卜卦。

前言

在下潛心鑽研《易經》多年，深知《易經》深奧與艱澀難懂，古老的學習方式是先把《易經》完全讀熟讀懂，而且融會貫通，自然而然就會卜卦。

然而這種方式非得三年五載無法學會。

吾人致力於《易經》的推廣，提倡〈以易學卦，以卦學易〉，獨力開發出最簡便的《易經》卜卦方法，而且此方法遵循古法，但是在細節部分變得更簡便。

這樣做的好處是：傳承古法因而卜卦的準確率極高，方法簡便所以易學易懂。實乃融合古今之優點而創立的卜卦方式。

只要一週的時間，一般人都可以輕鬆學會《易經》卜卦，而且準確率奇高，非坊間的方法可以比擬。

所以就讓我們馬上進入神秘奧妙的《易經》卜卦殿堂吧！

課程表：

第一天：認識八卦

這邊的八卦指的是八純卦，也叫三畫卦，例如☰【乾】卦。也就是只有三個符號疊合而成，總共有八個。

《易經》卜卦簡單說就是由六十四卦（六畫卦）組成，而這六十四卦的每一卦都是由兩個八卦（三畫卦）上下疊合而成。

所以要學六十四卦必須先由八卦學起。

八卦顧名思義有八個卦，都是由**陽爻符號**（**—**）與**陰爻符號**（**--**）組合而成。而要學習這八個卦並不需要強記，只需要把筆拿出來畫一畫，就可以輕鬆學會。

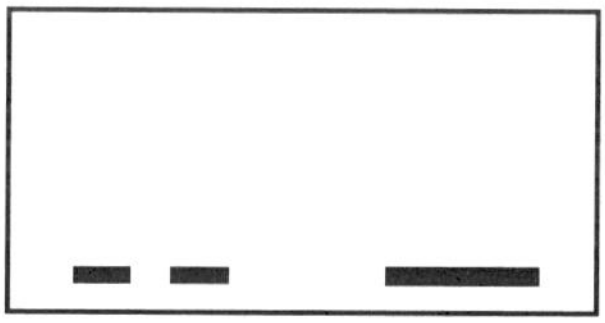

首先拿出一張紙，在紙的下端中間靠右畫上陽爻符號（—），靠左畫上陰爻符號（--）。註：此處需做圖 No1

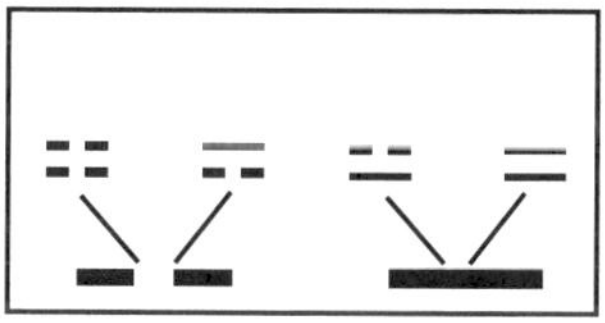

第二個步驟是在陽爻符號（—）與陰爻符號（--）的上面再各別畫上陽爻與陰爻，如此一來就變成四組符號。

※ 注意：陰陽符號一定要由下往上疊。

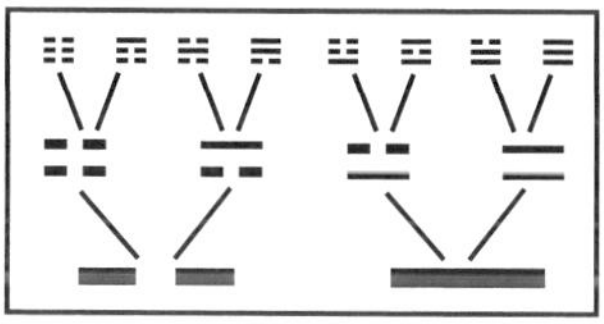

接下來於這四組符號上面再個別畫上陽爻與陰爻，於是我們就得到完整的八卦符號了。

而這八個卦有各自的名稱，由右至左分別為【乾】【兌】【離】【震】【巽】【坎】【艮】【坤】。這就是八卦的由來。

對於初學者來說，背住這八個卦不是太困難，不過我發明一套更容易記住的方法，幫助大家更快學會。

【乾】☰（三個一）：

因為【乾】是由三個一橫畫所組成，所以口訣就叫（三個一）。大家只要想想玩骰子遊戲（吹牛）時，喊（三個一）天牌就是【乾】卦。

【兌】☱（開口笑）：

【兌】是下面兩個陽爻，最上面是陰爻組成，上面陰爻由於是兩邊分開，看起來就像（開口笑）的樣子。

【離】☲（三明治）：

【離】是上下兩個陽爻，中間夾著陰爻，好像是上下兩片吐司中間夾著肉，所以可以把它想像為（三明治）比較容易記。

【震】☳（大碗公）：

【震】是最下面一個陽爻，上面兩個都是陰爻，符號的樣子看起來像是一個（大碗公）。

【巽】☴（車漏風）：

【巽】是最下面一個陰爻，上面兩個都是陽爻，符號的樣子看起來像是一個輪胎下面破一個洞，口訣台語叫

（車漏風）。

【坎】☵（中一刀）：

【坎】是中間一個陽爻，上下都是陰爻，中間是一刀（一橫），上下是兩斷，所以叫砍（中一刀）。

【艮】☶（蓋碗公）：

【艮】是上面一個陽爻，下面兩個是陰爻，符號的樣子看起來像是一個蓋住的碗公，所以口訣叫（蓋碗公）。

【坤】☷（三個二）：

【坤】是由三個兩橫畫所組成，所以口訣就叫（三個二），既然玩骰子遊戲（吹牛）時，喊（三個一）是天牌，（三個二）就是地牌了。

這就是《易經》卜卦第一天的全部課程，很簡單吧？

第一天課有兩個重點：

第一，必須記住八卦是哪八個卦。

第二，必須牢記每一卦的符號，而且要滾瓜爛熟，要做到說出某一個卦的名字，馬上可以畫出它的符號。一定要連帶口訣也記起來，配合口訣多畫幾次，很快就能記熟。

用我發明的口訣背誦方法雖然不是正統，但是有助於大家很快就上手，這八個卦的作用無它，最重要要先把它的名字跟符號背熟。

記住，這第一課是《易經》卜卦的基礎，要十分熟練才行，否則明天的課就銜接不上了。

第二天：八卦的意涵

昨天講解八卦是哪八個，並傳授背誦的口訣，今天要進一步解釋這八個卦個別的意涵，這部份非常重要，牢牢地記住以後卜卦便能駕輕就熟。

一、【乾】☰：

【乾】卦是由三個陽爻組成，自然而然代表的就是【陽】。【乾】卦（三個一）是天牌，在自然界代表的就是【天】，所以【乾】為【天】。

而在家庭代表的就是【父】，在國家代表的就是【君】，在公司代表的就是【老闆】。

上述是【乾】所代表的幾個重要意義，必須牢記。當然【乾】所代表的意象非常多，剛開始我們只要把上面那幾個記牢就好。

二、【兌】☱：

【兌】卦是（開口笑），在自然界代表的就是【澤】，沼澤是土壤養分最充足的地方，很多作物都能繁榮生長，人類因而可以從此獲取很多食物，所以就會開口笑呵呵，所以【兌】為【澤】。

在家庭代表的就是【少女】。而關於這點，暫時不須強記，哪一卦代表家庭中什麼位置？以後有機會再詳解。

三、【離】☲：

【離】是（三明治），而且是（火腿三明治），所以在自然界代表的就是【火】，因而【離】為【火】。

在家庭代表的就是【中女】。

四、【震】☳：

【震】是（大碗公），口訣（大碗公陳雷公），（陳雷公）用台語唸就是打雷的意思。你看如果天空突然來了一陣雷，人是不是會震驚到？所以在自然界代表的就是【雷】，因而【震】為【雷】。

在家庭代表的就是【長子】。

五、【巽】☴：

【巽】是（車漏風），所以在自然界代表的就是【風】，因而【巽】為【風】。

在家庭代表的就是【長女】。

六、【坎】☵：

【坎】是（中一刀），所謂（抽刀斷水水更流），所以在自然界代表的就是【水】，因而【坎】為【水】。

在家庭代表的就是【中男】。

七、【艮】☶：

【艮】是（蓋碗公），台語所謂（惦惦吃山碗公），所以在自然界代表的就是【山】，因而【艮】為【山】。

在家庭代表的就是【少男】。

八、【坤】☷：

【坤】卦是由三個陰爻組成，自然而然代表的就是【陰】。【坤】卦（三個二）是地牌，在自然界代表的就是【地】，所以【坤】為【地】。

八個卦除了代表上述的意象之外，每一個卦也有自己專屬的性質與德行，一般稱之為卦性或是卦德：

一、【乾】為【天】：

卦德為【健】，剛健之意。天體循環，剛健不已。

二、【兌】為【澤】：

卦德為【悅】，喜悅之意。之前不是說過【兌】是（開口笑）嗎？所以【兌】就是喜悅之意。

三、【離】為【火】：

卦德為【麗】，絢麗之意。【火】是人類文明最重要的一環，所以【離】為【火】有燦爛文明之意。

四、【震】為【雷】：

卦德為【動】，震動之意。雷聲一作，驚動四方，所以【震】為【雷】有震動震驚之意。

五、【巽】為【風】：

卦德為【入】，伏入之意。風無孔不入，所以【巽】為【風】有蟄伏謙遜之意。

六、【坎】為【水】：

卦德為【陷】，陷險之意。古之險莫過於水，水就代表險，所以【坎】為【水】有陷入險境之意。

七、【艮】為【山】：

卦德為【止】，停止之意。古之高莫過於山，人看到山這麼高，因而裹足不前，所以【艮】為【山】有停止靜止之意。

八、【坤】為【地】：

卦德為【順】，柔順之意。【乾】為【天】為剛健，因而【坤】為【地】為柔順。

上述就是《易經》卜卦第二天的課程，重點在於熟悉每一個卦的意象與卦德。

除了八個卦在自然界代表的意象之外（例如乾為天），其餘不須強記，久了自然就會運用。至於為什麼？在明天的課程自有分曉。

第三天：必背的八卦資料

對於《易經》卜卦而言，八卦的部份有兩件事情必須牢牢記於腦海中：

一是八個卦的**名字與符號**（第一天課程）。

二是八個卦在**自然界代表的意象**（第二天課程）。

所以第三天的課程就是把前兩天學的東西融會貫通。

【☰乾為天】【☱兌為澤】【☲離為火】

【☳震為雷】【☴巽為風】【☵坎為水】

【☶艮為山】【☷坤為地】要把八卦的符號與卦名還有代表的物象三者緊密的連結在一起，必須練習到：

一、看到符號就知道是什麼卦，代表什麼物象？

二、看到卦名馬上能畫出符號還有說出代表的物象。

三、看到代表的物象立即能夠畫出符號，說出卦名。

如果能做到上述三點，恭喜您《易經》卜卦已經學會一大半。因為您已經掌握基本的原理，剩下的只是搞清楚它的變化而已。

所以接下來就讓我們來模擬它的變化。

第一天我們就說過《易經》卜卦共有六十四卦（六畫卦），而這六十四卦的每一卦都是由兩個八卦（三畫卦）上下疊合而成。

這疊合而成的兩個（三畫卦），在上面就叫做【上卦】或【外卦】，而在下面就叫做【下卦】或【內卦】。

我們現在就試著來模擬八卦變成六十四卦的過程：請參考第36頁【六十四卦速查與索引表】

例如我們把【乾】當作上卦，分別配上包括【乾】自己的八個卦作為下卦，會變如何？

一、【乾】+【乾】=【乾乾】

二、【乾】+【兌】=【乾兌】因為【乾】是上卦，我們唸卦名的時候必須先上卦後下卦，以此類推。

三、【乾】+【離】=【乾離】

四、【乾】+【震】=【乾震】

五、【乾】+【巽】=【乾巽】

六、【乾】+【坎】=【乾坎】

七、【乾】+【艮】=【乾艮】

八、【乾】+【坤】=【乾坤】

六十四卦的每一個卦就是這麼來的。例如上面一、的【乾】+【乾】=【乾乾】，記得我們說過【乾】的自然界物象代表什麼？【天】。

於是乎【乾】+【乾】=【乾乾】=【乾為天】。這【乾為天】（六畫卦）就是六十四卦的其中一卦。因為上卦與下卦都是【乾】，所以就直接命名【乾為天】。如果上下卦是不同的話又如何？

例如上面二。的【乾】+【兌】=【乾兌】，【乾】的自然界物象代表【天】。【兌】的自然界物象代表什麼？【澤】。於是這個卦就變成【乾】+【兌】=【乾兌】=【天澤】。這【天澤】（六畫卦）也是六十四卦的其中一卦，先人們把它取名為【履】卦。

於是乎這個卦完整的名字就叫【天澤履】卦。至於【天澤】為什麼會變成【履】卦？首先，這是先人們命名的，後輩學卦當然只能照著做。再來，先人們取名的用意我們後面會介紹，這裡暫且不提。最後，這個部分暫時也不需要強背，卦讀多了自然而然會越來越熟悉。

我們再來練習一個卦，例如上面三。的【乾】+【離】=【乾離】。【乾】的自然界物象代表【天】。【離】的自然界物象代表什麼？【火】。於是這個卦就變成【乾】+【離】=【乾離】=【天火】。這【天火】（六畫卦）也是六十四卦的其中一卦，先人們把它取名為【同人】卦。

六十四卦就是由此而來，大家可以參考【六十四卦速查與索引表】，這是全部六十四卦的演變過程，大家可以先看看就好，暫時不須強背。

而只要理解六十四卦形成的方式，離學會《易經》卜卦就不遠了。

明天，我們要再進一步解釋六十四卦的組成。

第四天：六十四卦的組成

上一課我們講到六十四卦的每一卦（六畫卦）都是由兩個八卦（三畫卦）上下疊合而成，並實際演練形成的過程。今天我們要進一步講解六十四卦的組成。

誠如上述，六畫卦如果拆成兩部分來看，就分成上卦與下卦。那如果細部分解呢？就變成六個陽（—）或陰（--）的符號，陽的符號（—）稱之為陽爻，陰的符號（--）稱之為陰爻。

也就是說一個六畫卦有六個爻，這些陽或陰的符號在《易經》卜卦的專業術語我們不叫做【畫】，而稱為【爻】。

再進一步說，一個卦的這六個爻分別有自己的名稱，由下至上分別為【初爻】、【二爻】、【三爻】、【四爻】、【五爻】與【上爻】。

這裡大家必須特別注意，卦都是由下往上畫，所以在認爻位的時候同樣是由下往上。這就如同蓋一棟六樓的房子一樣，必須由一樓開始蓋起，所以最下面那一爻稱為【初爻】，最上面那爻稱為【上爻】。

而這六個爻不是陽爻（—），就是陰爻（--），如果是陽爻，在《易經》卜卦的術語我們稱之為【九】，陰爻則稱之為【六】。也就是說如果【初爻】是陽爻，就稱之為

【初九】，如果【初爻】是陰爻，就稱之為【初六】。

以此類推：

【二爻】是陽爻＝【九二】，
如果【二爻】是陰爻＝【六二】。
【三爻】是陽爻＝【九三】，
【三爻】是陰爻＝【六三】。
【四爻】是陽爻＝【九四】，
【四爻】是陰爻＝【六四】。
【五爻】是陽爻＝【九五】，
【五爻】是陰爻＝【六五】。
【上爻】是陽爻＝【上九】，
【上爻】是陰爻＝【上六】。

這些都是《易經》卜卦固定的章法，而這些術語是一成不變的，大家只要記住便是。而您只要懂得這些術語，別人看起來就覺得您是個行家。

接下來我們就舉一個實際的例子來幫大家更清楚的認識一個卦的六個爻。

以六十四卦的最後一卦【火水未濟】卦來作範例：

【初爻】是陰爻，所以是【初六】。
【二爻】是陽爻，所以是【九二】。
【三爻】是陰爻，所以是【六三】。
【四爻】是陽爻，所以是【九四】。
【五爻】是陰爻，所以是【六五】。
【上爻】是陽爻，所以是【上九】。

當我們了解一個卦六個爻的符號結構後，我們再來提一下要如何【斷卦】，或者說【解卦】。

原來，每個卦都有它自己的【卦辭】，而這個卦又有六個爻，每個爻又有自己的【爻辭】，等於說一個卦加起來共有七條卦爻辭。（註：六十四卦中唯有【乾】與【坤】兩卦例外，【乾】卦多了一個爻叫【用九】，【坤】卦多了一個爻叫【用六】。）

而這些卦爻辭就是【斷卦】的主要依據。

例如我們剛剛所舉的例子：【火水未濟】卦

它的卦辭是：亨小狐汔濟濡其尾無攸利

初爻（初六）爻辭：濡其尾吝

二爻（九二）爻辭：曳其輪貞吉

三爻（六三）爻辭：未濟征凶利涉大川

四爻（九四）爻辭：貞吉悔亡震用伐鬼方三年有賞於大國

五爻（六五）爻辭：貞吉無悔君子之光有孚

上爻（上九）爻辭：有孚於飲酒無咎濡其首有孚失是

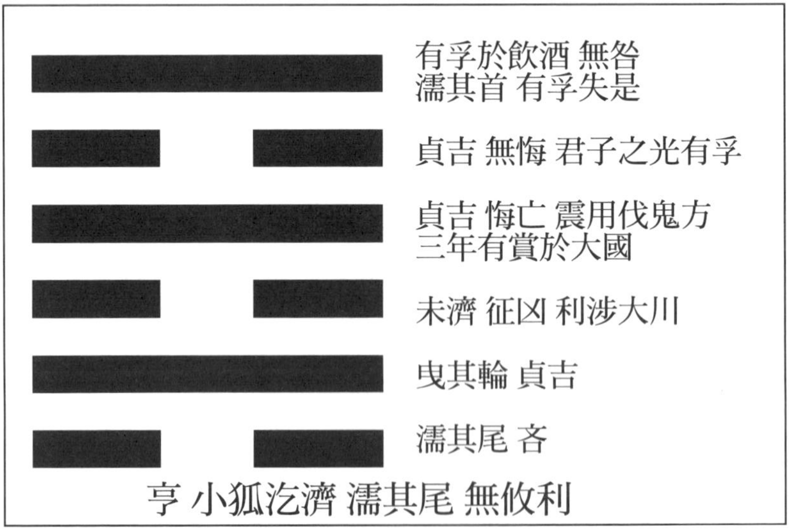
有孚於飲酒 無咎
濡其首 有孚失是
貞吉 無悔 君子之光有孚
貞吉 悔亡 震用伐鬼方
三年有賞於大國
未濟 征凶 利涉大川
曳其輪 貞吉
濡其尾 吝
亨 小狐汔濟 濡其尾 無攸利

而關於這些卦爻辭，目前不需要背，卦爻辭的功用也留待後面我們再做講解。大家現在只要知道卦與爻的結構即可。

這就是第四天的課程，把它學會了，《易經》卜卦已經就有一定的基礎，所以接下來下一課我們就開始要來講實際卜卦的方法了。

第五天：卜卦的方法

今天我們終於要來講真正卜卦的方法了。

首先大家要準備紙筆，還有三個一模一樣的銅板。最好到玉市去買仿古的銅板，像我就是用【乾隆通寶】的仿古銅板，把【乾隆通寶】有字的這一面當陽面，另一面有圖案的當作陰面。

如果買到的不是【乾隆通寶】也無妨，也是以有字的這一面當陽面，另一面有圖案的當作陰面。甚至用新台幣十元銅板也可以，人頭當陽面，另一面當陰面。

方法很簡單：首先將三個銅板放於雙手手心中包住，高舉雙手，手掌放置於額頭，此時屏住呼吸，並且同時心中默念所求所問之事。

大體上求卦的範例文如此：【某某某（姓名）問什麼事求天賜卦】。

例如：【劉正問今年運勢求天賜卦】。

大家可以把所求所問之事如以上範例先寫在紙上，再進行默念。等默念完畢即可把三枚銅板擲於桌上。第一次擲出的銅板就是【初爻】，第二次擲出的銅板就是【二爻】，以此類推，所以相同的動作要做六次，就完成一個卦的六個爻。

接下來問題的重點來了！擲出的三個銅板如何決定是陽爻或是陰爻？

這是卜卦方法最重要的部分，是有成規的，大家不僅要學會，而且一定要熟練。

我們先來模擬一下，三個銅板擲出去會有幾種結果？

答案是四種結果：

1、三個都是陽面

2、三個都是陰面圖

3、一個陽面，兩個陰面

4、兩個陽面，一個陰面

除此之外，再無第五種可能了。於是我們就在這四種情況下來解說哪一種情況是陽爻？哪一種又是陰爻？

一、三個都是陽面：

卜卦的專業術語稱之為【老陽】，因為陽很多很老，所以稱之為【老陽】，當出現老陽時，我們就用筆在紙上畫上一個陽爻（—），然後在陽爻符號右邊再畫一個小圈圈。至於為何要畫一個小圈圈？我們後面再作解釋。

二、三個都是陰面：

卜卦的專業術語稱之為【老陰】，因為陰很多很老，所以稱之為【老陰】，當出現老陰時，我們就用筆在紙上畫上一個陰爻（--），然後在陰爻符號右邊再畫一個小叉叉。至於為何要畫一個小叉叉？同樣我們後面再作解釋。

▬ ▬ ×

三、一個陽面，兩個陰面：

卜卦的專業術語稱之為【少陽】，因為陽只有一個，所以稱之為【少陽】，當出現少陽時，我們就用筆在紙上畫上一個陽爻（—）即可。記住，當三個銅板出現有陽有陰時，決定是陽爻或陰爻的原則是【物以稀為貴】，也就是說當三個銅板只出一個陽面時，就是【陽爻】，也稱為【少陽】。 ▬▬▬

四、兩個陽面，一個陰面：

卜卦的專業術語稱之為【少陰】，因為陰只有一個，所以稱之為【少陰】，當出現少陰時，我們就用筆在紙上畫上一個陰爻（--）即可。記住，當三個銅板出現有陽有陰時，決定是陽爻或陰爻的原則是【物以稀為貴】，也就是說當三個銅板只出一個陰面時，就是【陰爻】，也稱為【少陰】。 ▬ ▬

說到這裡可能有人會問，陽爻就陽爻，陰爻就陰爻，為何還要分老陽，少陽，老陰，少陰？

這就是卜卦的另一個關鍵：【變爻】。

什麼是變爻？簡單來說就是老陽與老陰。然而【變爻】的目的何在？大家知道一個卦有六個爻，那麼斷卦的標準到底要取決於哪一爻呢？這就是【變爻】的作用了。

一個卦有六個爻，那麼到底我們卜中的是哪一爻呢？其實說來簡單，【變爻】那一爻就是我們卜中的爻。換句話說，六個爻之中若是其中有一個【老陽】或【老陰】，那就是我們卜中的爻了。這個時候我們的習慣是在這一爻符號的左邊畫上一個小三角形，代表就是我們卜中的爻，以做區別。

此時，我們就可以根據卜中的爻，去找對應的爻辭了，找到此爻辭，我們【求卦】的部分就告一段落，接下來就是【斷卦】的工作，也就是把爻辭的意思解釋出來。而【斷卦】的部分我們以後再講，因為【求卦】這個部分其實還沒全部說完。

有沒有覺得奇怪，難道我們隨意擲出三枚銅板六次，一定只會出現一個【變爻】嗎？只會出現一個【老陽】或【老陰】嗎？

當然不可能。

出現【變爻】的可能性有以下七種：

一、沒有任何變爻

二、一個變爻

三、兩個變爻

四、三個變爻

五、四個變爻

六、五個變爻

七、六個都是變爻

全部共有七種可能！然而，我們卜卦主要只取一個爻，那麼如何決定我們到底卜中哪一個爻？

關於這點，在下也是研究很多不同的古籍記載與方法才得出這樣的結論：

一、沒有任何變爻：

沒有任何變爻的情況下，我們稱之為全部是【靜爻】，此時我們取【卦辭】作為我們卜中的卦。以【火水未濟】卦為例：

二、一個變爻：

以此變爻之爻辭作為我們卜中的卦。記得在這一爻符號的左邊畫上一個小三角形，代表就是我們卜中的爻。以【火水未濟】卦為例：

三、兩個變爻：

A. 這兩個變爻若是一個陽爻一個陰爻，則以陰爻作為我們卜中的卦。以【火水未濟】卦為例：

B. 兩個變爻若同是陽爻或同是陰爻，就以上面那個之爻辭作為我們卜中的卦。以【火水未濟】卦為例：

記得在這一爻符號的左邊畫上一個小三角形，代表就是我們卜中的爻。

四、三個變爻：

以三個變爻中間那個之爻辭作為我們卜中的卦。記得在這一爻符號的左邊畫上一個小三角形，代表就是我們卜中的爻。以【火水未濟】卦為例：

五、四個變爻：

以兩個靜爻下面那個之爻辭作為我們卜中的卦。記得在這一爻符號的左邊畫上一個小三角形，代表就是我們卜中的爻。以【火水未濟】卦為例：

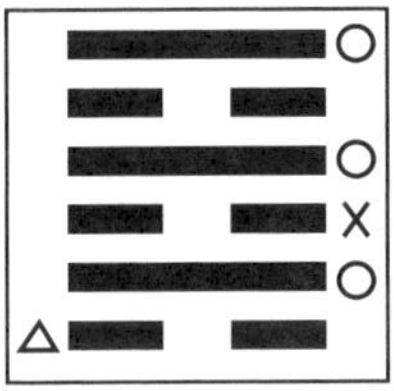

六、五個變爻：

以唯一的靜爻那個之爻辭作為我們卜中的卦。記得在這一爻符號的左邊畫上一個小三角形，代表就是我們卜中的爻。以【火水未濟】卦為例：

七、六個都是變爻：

以全變之後的卦辭作為我們卜中的卦。以【火水未濟】卦為例：六個爻全部陰陽互變，成為【水火既濟】卦。而【水火既濟】卦的卦辭【亨小利貞初吉終亂】就是我們卜中的卦。

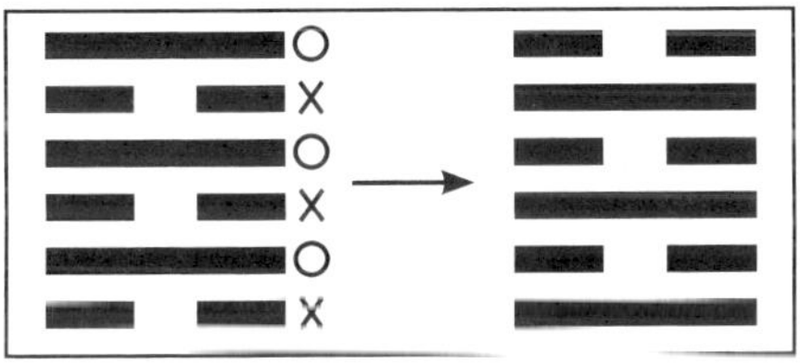

唯獨【乾】【坤】兩卦例外，【乾】須以【用九】。

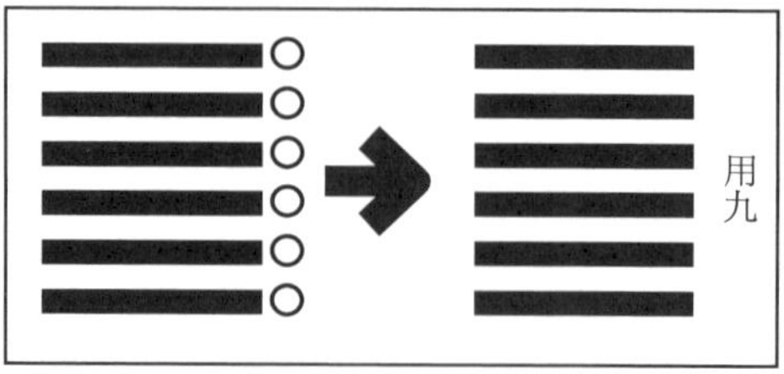

【坤】須以【用六】之爻辭作為我們卜中的卦。

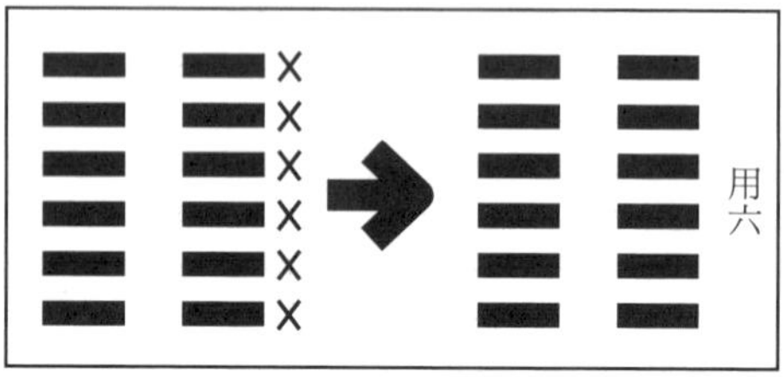

上述的規則如果一時之間記不清楚也沒關係，只要把這一頁翻出來看看就知道，練習多了，自然而然就會記住。

今天的課上到此，卜卦的方法已經大致介紹完畢，本課的重點有二：

一、當三枚銅板擲出六個爻時，要確定那些是變爻？那些是靜爻？並做上小圈圈或小叉叉記號。

二、緊接著再從這些變爻與靜爻之中，找出哪一個是我們卜中的卦？在其左邊畫上小三角形符號。此時如果忘記規則沒關係，趕快查詢一下上述的規則就好。

既然卜卦的方法已經大致介紹完畢，最後兩天的課程就要來實際操作卜卦了。

第六天：實際操作（一）

今明兩天這兩堂課我們來要實際操作卜卦。

首先準備紙筆與三個【乾隆通寶】銅板，然後先在紙上寫下所求之事，我們就可以正式來演練卜卦了。

一、先將三枚銅板放置雙手手心，雙手高置額頭上，屏住呼吸，同時心中默念所求所問之事，默念完畢將銅板自由擲於桌上。然後開始檢查三枚銅板的陰陽狀況。

二、三枚銅板的陰陽狀況是老陽？老陰？少陽？少陰？把得到實際狀況畫在紙上（記得卦的順序都是由下往上畫），這就是我們得到的第一爻，也就是初爻。同時別忘了如果是老陽（三枚銅板都是陽面）要在陽爻符號（—）右邊畫上小圈圈。如果是老陰（三枚銅板都是陰面）要在陰爻符號（--）右邊畫上小叉叉。少陽則畫上陽爻符號（—）即可，少陰則畫上陰爻符號（--）即可。

三、再擲一次銅板，是老陽？老陰？少陽？少陰？然後畫上得到的結果，千萬記得要畫在剛剛初爻的上面。於是我們就得到二爻。

四、再擲一次銅板，是老陽？老陰？少陽？少陰？然後畫上得到的結果，千萬記得要畫在剛剛二爻的上面。於是我們就得到三爻。

五、再擲一次銅板，是老陽？老陰？少陽？少陰？然後畫上得到的結果，千萬記得要畫在剛剛三爻的上面。於是我們就得到四爻。

六、再擲一次銅板，是老陽？老陰？少陽？少陰？然後畫上得到的結果，千萬記得要畫在剛剛四爻的上面。於是我們就得到五爻。提醒您如果是老陽或是老陰，不要忘記在右邊畫上小圈圈或小叉叉。

七、最後擲一次銅板，是老陽？老陰？少陽？少陰？然後畫上得到的結果，千萬記得要畫在剛剛五爻的上面。於是我們就得到上爻。

八、至此，我們已經得到一個完整的卦，六個爻都有了。

接下來的功夫就是找出這個卦到底是哪一卦了？

一、首先，把這個卦分成上下卦兩部分來看，先分辨出上卦是八卦之中的哪一個？然後寫在上卦符號的旁邊。

接著分辨出下卦是八卦之中的哪一個？然後寫在下卦符號的旁邊。

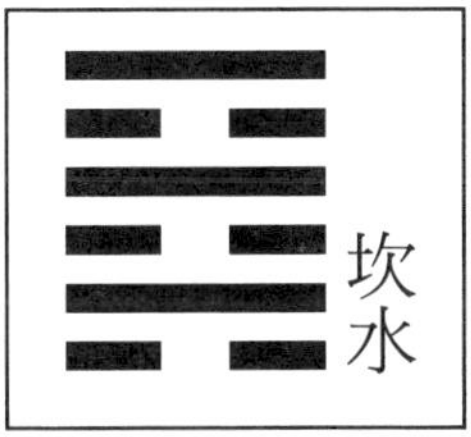

此時我們已經知道上卦與下卦各是什麼了，就可以來查閱這到底是哪一卦？

二、翻開第36頁的【六十四卦速查與索引表】，找出您得到的到底是哪一卦？然後寫在紙上。

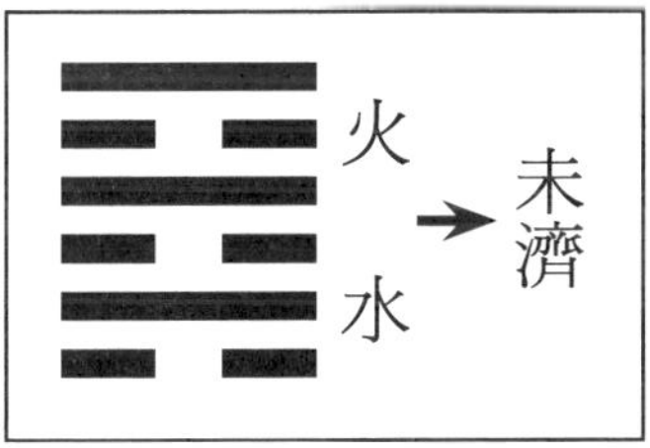

三、此時我們已經知道得到什麼卦了！接下來就是要確定我們得到的是哪一爻？所以請看看您剛剛畫的那些圈圈叉叉的符號，再運用我們教過的方式找出得到的那一爻，如果忘記規則也沒關係，查一下就好。

四、藉此，我們也來順便複習一下規則：全部都是靜爻沒有任何變爻，就取【卦辭】。只有一個變爻就取那個變爻的【爻辭】。兩個變爻如果是一個老陽，一個老陰，就取陰爻做【爻辭】。如果兩個變爻同是老陽或同是老陰，就取上面那個變爻的【爻辭】。三個變爻就取中間那個。四個變爻就取兩個靜爻下面那個。五個變爻就取唯一那個靜爻做【爻辭】。六個全部都是變爻的話就取全變之後的【卦辭】，例外的只有【乾】卦要【用九】，【坤】卦要【用六】。

五、找出我們得到的究竟是哪一爻之後，記得在那一爻的符號左邊畫上小三角形，確認我們得到的就是這一爻了。然後我們再次翻開第（36）頁的【六十四卦速查與索引表】，經由【索引】再找出您得到的卦在【六十四卦卦解】中是第幾頁？到此，整個卜卦的過程就大功告成了，可以開始詳細閱讀您得到的卦到底是吉是兇？是什麼意思了。（註：【六十四卦速查與索引表】的查閱方式是先找出頁首的上卦，再從頁面找出下卦。卦的排列順序皆為【乾】【兌】【離】【震】【巽】【坎】【艮】【坤】）

這就是第六天的課程，重點在於一個步驟接一個步驟的找出卜到的卦。必須熟練操作的三大重點：

第一是上卦與下卦都得到之後，馬上去【六十四卦速查與索引表】查閱此卦的名字。

第二是找到卦的名字之後，再確認是卜到哪一爻？

第三最後是再經由【索引】找出自己卜到的卦在哪一頁？然後去讀爻辭還有解釋。

剛開始學卜卦難免會常常忘記下一個步驟該做什麼？或者忘記畫圈圈叉叉，又或者連最基本的八卦都搞不清楚了。不過沒關係，熟能生巧，多練習幾次，保證很快就能上手。

第七天：實際操作（二）

最後一天課程實際操作的重點在於：只用紙筆與三枚銅板，測試自己卜卦熟練到什麼程度？

	符號	文字
上卦		
下卦		

1. 依序分別丟出三枚銅錢六次
第一次為初爻，次此類推，第六次為上爻
2. 初爻、二爻、三爻依序由下往上畫於「下卦框框中」記得標記變爻
3. 四爻、五爻、上爻依序由下往上畫於「上卦框框中」記得標記變爻
4. 分別寫出上卦與下卦代表哪一卦？
在文字框框中用文字寫出來
5. 知道上卦與下卦之後就可以查閱【六十四卦速查與索引表】
6. 如果有變爻，記得標記哪一個才是你卜中的爻
從【六十四卦速查與索引表】即可快速簡單找出你卜中的爻

我設計的這張卜卦紙張格式有助於大家更快更準確完成卜卦程序。如果在卜卦當中忘記接下來該怎麼辦的時候，不妨看一下旁邊詳細的步驟備註。

學卜卦的不二法門就是多練習。當練習到一定程度的時候，根本連想都不用想，您自然而然就會自動執行下一個正確的步驟。

所以現在就開始正式的卜卦測試吧！

首先取出紙筆與銅板，接著先想想下一個步驟要做什麼？

沒錯！就是先在紙上寫下所求何事。

接下來就是要擲銅板了。先想想三枚銅板擲出去，會有幾種可能？

四種！哪四種？老陽，老陰，少陽，少陰。而這次擲出銅板後得到四種中的哪一種？

得到第一爻後，要怎麼畫符號與記號？右邊要劃圈圈叉叉嗎？

同樣的方式再擲銅板，一直到六個爻都畫好為止。

六個爻都畫好之後，接下來要做什麼？

是的！把上卦與下卦的名字分別寫出來。

這時我們已經知道上卦與下卦的名字，接下來呢？

去查閱這上下卦合起來變成什麼卦？對吧？要去哪裡查？

【六十四卦速查與索引表】沒錯！

這時我們已經知道得到的卦完整卦名，然後接下來該做什麼？

是啊！現在我們只知道得到哪一卦，還不知道得到哪一爻？

那要如何找出我們卜到的爻？

找找看有幾個變爻（老陽，老陰）對吧？

接下來最重要的是想想從 0 個變爻到 6 個變爻，每一種狀況分別要取哪一爻作為我們卜中的爻？

好的，找到我們卜到的爻之後，別忘了在這個爻的左邊畫上小三角形以做標記。

到這邊為止，我們已經剩下最後一個步驟了，是什麼步驟？

找出我們卜到的卦它的卦辭或是爻辭！

怎麼找？

先查閱什麼？

【六十四卦速查與索引表】是的！

查閱【索引】之後，很快就能找到對應的卦辭或是爻辭在第幾頁，以及它的詳細解釋。

好吧！恭喜您已經又完成一個卜卦了。

卜卦就是這麼簡單，一點都不難。

【六十四卦速查與索引表】

上卦【乾】【天】

查閱方式是先找出頁首的上卦，再從頁面找出下卦。上下卦的排列順序皆為【乾】【兌】【離】【震】【巽】【坎】【艮】【坤】

【六十四卦速查與索引表】

上卦【兌】【澤】

查閱方式是先找出頁首的上卦，再從頁面找出下卦。上下卦的排列順序皆為【乾】【兌】【離】【震】【巽】【坎】【艮】【坤】

【六十四卦速查與索引表】

上卦【離】【火】

查閱方式是先找出頁首的上卦，再從頁面找出下卦。上下卦的排列順序皆為【乾】【兌】【離】【震】【巽】【坎】【艮】【坤】

【六十四卦速查與索引表】

上卦【震】【雷】

查閱方式是先找出頁首的上卦，再從頁面找出下卦。上下卦的排列順序皆為【乾】【兌】【離】【震】【巽】【坎】【艮】【坤】

【六十四卦速查與索引表】

上卦【巽】【風】

查閱方式是先找出頁首的上卦，再從頁面找出下卦。上下卦的排列順序皆為【乾】【兌】【離】【震】【巽】【坎】【艮】【坤】

【六十四卦速查與索引表】

上卦【坎】【水】

查閱方式是先找出頁首的上卦，再從頁面找出下卦。上下卦的排列順序皆為【乾】【兌】【離】【震】【巽】【坎】【艮】【坤】

【六十四卦速查與索引表】

上卦【艮】【土】

查閱方式是先找出頁首的上卦，再從頁面找出下卦。上下卦的排列順序皆為【乾】【兌】【離】【震】【巽】【坎】【艮】【坤】

【六十四卦速查與索引表】

上卦【坤】【地】

查閱方式是先找出頁首的上卦，再從頁面找出下卦。上下卦的排列順序皆為【乾】【兌】【離】【震】【巽】【坎】【艮】【坤】

【六十四卦卦解】

第一卦 ☰「乾為天」自強不息 亨通吉利（吉）

卦辭原文：乾 元亨利貞

解釋：「乾」卦下卦乾上卦也是乾，下天上天，六爻都是陽爻。卦辭說「元亨利貞」，簡單講就是「大大亨通有利固守」，只要堅守天道正道，就可以大大的亨通，吉祥獲利。

把它說的白話一點就是「自強不息 亨通吉利」，這當然是個吉祥之卦。〈易經〉講究的是「天人之道」，人凡事要跟天看齊學習，奮鬥不懈，自然可以吉祥亨通。

★整體運勢

時運旺盛，如日中天。處事不要畏縮，要用剛健的態度行事，自強不息，則萬事可成。吉。

財運投資

以積極的態度進行投資，收穫必豐。吉。

愛情婚姻

愛情順遂。婚嫁大吉。

工作事業

切莫畏首畏尾，努力積極去衝，後勢看好。吉。

䷀【乾】卦 初九 深藏不露 利在明年（先平後吉）

爻辭原文：潛龍勿用

解釋：【乾】卦初爻是陽爻，故稱初九。

爻辭曰：

潛龍勿用。意思是此人雖有如龍的德性與才華，然而時運未到，所以必須把自己先潛藏起來。若在此時鋒芒太露，恐會招忌。

然而【勿用】並不代表永遠不用，只是暫時不用。可用之時則在明年。更重要的是好好修練，一切為最好做準備，以待來年運勢大開。【先平後吉】意謂今年平順度過就好，如此明年開運時，必可獲吉也。

★整體運勢

時運未開，如太陽尚未升起。凡事必須忍隱，切不可強出頭，也盡量不要做重大決定。好好閉關修練，靜待明年之吉。

財運投資

切莫以太積極的態度進行投資，必須以保守為宜，就算表面上看起來是好生意，好投資，也不要貿然進場，靜守為佳。

愛情婚姻

愛情態度以保守為宜，切莫輕易承諾感情，以待明年愛情運大開。婚嫁不宜，須暫且按兵不動。

工作事業

還未到風雲際會之時，必須暫時潛藏起來，以待來年大展拳腳。

䷀【乾】卦 九二 天時地利 人和兼備（吉）

爻辭原文：見龍在田 利見大人

解釋：【乾】卦二爻是陽爻，故稱九二。

爻辭曰：

見龍在田。【田】指的是土地。見龍在田是指這條龍經過一段時間的潛藏之後，終於開始要冒出頭了，可以開始大展拳腳了。利見大人。指有貴人出現相助，則自己如龍之才，必可一展抱負。

此卦之爻辭之中雖未言及吉字，然而吉自在其中也。【見龍】謂好運已至，天時也。【在田】謂得地之利，地利也。【大人】謂貴人相助，人和也。天時地利人和兼備，無往不利也。此吉卦也。

★整體運勢

時運已開。凡事必積極進取，廣結人緣，則胸中抱負必成而獲吉也。

財運投資

投資可以更開放更積極的態度進行，因得貴人助，故可以聯合他人一同投資。若有貴人現身指點，甚或邀約集資，更是大吉也。

❤愛情婚姻

愛情運勢佳，有好對象出現，乃佳偶也。婚嫁極佳，主得貴婿。大吉。

工作事業

潛藏已久的態勢，終於可以大展拳腳。又有貴人助，事業必成。

☰【乾】卦 九三 三明治人 戒慎恐懼（平）

爻辭原文：君子終日乾乾 夕惕若 厲 無咎

解釋：【乾】卦三爻是陽爻，故稱九三。

爻辭曰：

君子終日乾乾。此句指人就是要剛健奮鬥不休止。

夕惕若 厲 無咎。此句是說要隨時戒慎恐懼，步步為營，雖【厲】，雖然身處險境，可以【無咎】，可以安然度過，沒有咎害。

卜得此卦代表身處「夾層」，如同在家庭之中上有高堂須供養，下又有子女須養育教育，蠟燭雙頭燒，責任重大。唯一之計就是隨時戒慎恐懼，便可平安度過，以求後福。因而乃平卦。

★整體運勢

時運平平。雖環境略嫌險惡，然戰戰兢兢，步步為營，雖不至於大富大貴，然可平安度過，以待後吉也。

財運投資

宜守不宜攻，隨時謹慎小心，小則可以脫險，大則可進一步獲利。

愛情婚姻

防遇上不好對象。有對象者則須小心經營。婚嫁不宜，尤忌攀結高親。

工作事業

偶有危機出現，工作事業勿奢望有大進展，努力不懈，暫時以求自保即可。如此他日必有後福可期。

䷀【乾】卦九四 進退未定 大運將來（先平後吉）

爻辭原文：或躍在淵 無咎

解釋：【乾】卦四爻是陽爻，故稱九四。

爻辭曰：

或躍在淵 無咎。此句其實意思是「或躍或在淵」。可能如龍一躍便一飛衝天，飛黃騰達。也可能就此墜入深淵，從頭來過。但是沒有咎害。

凡事尚未成定局，切莫大意，須秉持【君子終日乾乾】之精神，則後必大運將來。而大運將來之時必在明年也。故曰【先平後吉】。

★整體運勢

時運正處尷尬之際，進則飛黃騰達，退則萬丈深淵。然事事謹慎小心，自強不息，必可平安度過，以待明年大運也。

財運投資

財運投資大起大落之象。須隨時防範，暫時先求安穩，可保無害。

❤愛情婚姻

愛情亦有大喜大悲之象，然無需過度煩憂，安定心神。一切靜等來年。愛情運勢未開。婚嫁之事暫莫決定，待來年凡事即可迎刃而解。

工作事業

嚴峻考驗之時，必須鎮靜以對，不憂不懼。泰山崩於前而面不改色，從容應對，戰戰兢兢，先求無咎，則如此可以待後福。

☰【乾】卦 九五 一飛沖天 極盛之時（大吉）

爻辭原文：飛龍在天 利見大人

解釋：【乾】卦五爻是陽爻，故稱九五。

爻辭曰：

飛龍在天。此句是說正是龍飛躍上天之時。在人當然指的是大運已至，飛黃騰達之時。

利見大人。此句是說運勢已經大開，能登上榮華富貴之大位，然而還是不要忘記要找賢人輔佐，這些能幫助自己的人即貴人大人也。

這個卦是大吉之卦，代表運勢一飛沖天，達到極盛之時。

★整體運勢

時運正處頂峰之際，飛黃騰達之時。事事皆可放膽積極去做，保持一貫奮鬥不懈之精神，萬事皆成。

財運投資

大起大漲之象，猶如飛龍飛上雲霄。可積極進行投資。

♥愛情婚姻

愛情有大喜之象，主情投意合，對象條件極優。

婚嫁之事大吉大喜，主雙方門當戶對，皆富貴也。

工作事業

豐厚收割之時，工作事業順利，可展現無比旺盛企圖。趁大運之際，應積極開拓事業。

䷀【乾】卦 上九 盈極則虧 見機而退（小凶）

爻辭原文：亢龍有悔

解釋：【乾】卦上爻是陽爻，故稱上九。

爻辭曰：

亢龍有悔。【亢】是高，過的意思。亢龍指的是這條龍已經飛得太高了。此句是說凡事物極必反，飛得過高，反而容易遭殃。

唯一之計乃見好就收，急流勇退。如此或許可以安保無災。若是一意孤行，堅持不退，則可能適得其害。然而大部分的人在盛極之後往往不知急流勇退，故此卦為小凶。

★整體運勢

時運已過頂峰之際，接下來是下滑之時。須暫時見機而退，先求平安度過，再謀後福。

財運投資

已過大起大漲之高點，隨即而來即是下坡。勿積極進行投資。

♥愛情婚姻

愛情有期望太高，失望越大之象。

婚嫁之事不利。

工作事業

宜守不宜攻，凡事需退一步想。如此可保無災。

䷀【乾】卦 用九 群賢薈萃 謙讓柔順（吉）

爻辭原文：見群龍無首 吉

解釋：【乾】卦用九為特殊爻辭 六十四卦中只有【乾】卦有用九，【坤】卦有用六。

爻辭曰：

見群龍無首 吉。一般成語中【群龍無首】指的是沒有能人帶領，團隊會失去分寸。然而【群龍無首】最原始的意思是眾人不僅僅有才能，而且都有謙讓的美德，這樣的狀況，根本不需要有個首領，凡事都可以順暢的運行下去，所以本卦為【吉】。

★整體運勢

時運極盛，能人輩出，一時盛況空前，凡事順其自然為之，自能順心如意。

財運投資

財運極佳，身旁又有眾多高人，相輔相成，投資必然獲利。

❤ 愛情婚姻

愛情運大開，追求者眾，或者對象皆為優選，吉。

婚嫁之事大吉。

工作事業

工作事業順利，可大有斬獲，然必須存敬賢之心，不可自誇爭功，群策群力，則事必成。

第二卦 ䷁「坤為地」有求必應 利在順天（吉）

卦辭原文：元亨利牝馬之貞 君子有攸往 先迷後得主 利西南得朋 東北喪朋 安貞吉

解釋：元亨利牝馬之貞。【牝馬】是【母馬】，母馬性情溫順之中的溫順。意思是說，如果以溫順柔順的態度行事，則能得「元亨利貞」之吉。

君子有攸往 先迷後得主 利。君子處事有時會只顧著自己往前衝，這樣反而會迷路，不如找一個有前瞻性的人跟隨，這樣才會得利。

西南得朋 東北喪朋 安貞吉。「西南」為陰方，「東北」為陽方，【坤】乃為陰，【西南得朋】：如果又往陰方靠攏並沒有加分效果。【東北喪朋】：如果往陽方靠攏反而可以得陽之助。如此堅持跟隨陽方則吉。

此卦好像土地公有求必應，遵循柔順精神乃可得吉。故乃吉卦。

★整體運勢

時運極佳，唯須用溫順謙遜之道行事，則事無不成。

💰財運投資

投資順利，最好能跟隨陽剛領頭之人一同投資，則收穫必豐。

❤愛情婚姻

愛情順遂，可得良緣。【坤】為順為母為婦道，故婚嫁大吉。

💼工作事業

老二哲學，緊緊跟隨效忠老大，效法坤德有容乃大，事業必成。

䷁【坤】卦 初六 見微知著 防範未然（平）

爻辭原文：履霜堅冰至

解釋：【坤】卦初爻是陰爻，故稱初六。

爻辭曰：

履霜堅冰至。此句是說腳上如果踏到輕薄的霜，就可以預見未來可能會有大雪，結成厚厚一層冰。

此句比喻事情都是由微小漸大，好事如此，壞事亦如此。在好的方面就要累積小功成大功，壞的部分就要小心在事情開始變壞之時，就要有所警覺，並立即改善。

此卦是說若能時時謹慎小心，察言觀色，見微知著，防範未然，則可以先求平穩，再謀大事。因而此乃平卦。

★整體運勢

時運平平。以求平順為先，暫勿躁進，靜待明年運勢開也。

財運投資

財運投資保守為宜。勿貪功急進，慢慢累積小利可成大利。

❤愛情婚姻

履霜又有堅冰，愛情艱辛，遇對象要小心，恐非良緣。

婚嫁不宜。

工作事業

不可躁進，一步步踏實行事，先求安穩即可。

䷁【坤】卦 六二 吉祥如意 自然而然（吉）

爻辭原文：直方大 不習無不利

解釋：【坤】卦二爻是陰爻，故稱六二。

爻辭曰：

直方大。此句是說【坤】卦就像大地一般，又正直又開闊又廣大。能容納萬物，共存共榮。

不習無不利。此句是說就好像新手媽媽一樣，當媽媽不用學，時間到了自然自己就會當媽。不用學習就會得利，比喻渾然天成之吉。

此卦是說吉祥如意，不須刻意行事，隨其自然而行，自會獲吉。故此乃吉卦。

★整體運勢

凡事順勢而行，無須刻意為之，自然獲吉。吉。

財運投資

財運投資順勢而為，該怎麼做就怎麼做，錢財自然而來。

❤愛情婚姻

愛情隨性而為，自會有佳偶出現。吉。

婚嫁吉，良緣自天降，無須煩憂。

工作事業

工作事業無須刻意修飾，凡事順勢而為，事業必成。吉。

䷁【坤】卦 六三 一時未成 其必有終（平）

爻辭原文：含章可貞 或從王事 無成有終

解釋：【坤】卦三爻是陰爻，故稱六三。

爻辭曰：

含章可貞。【章】是美玉，把玉含在嘴巴裡，既不吞下去，也不吐出來。比喻不上不下，懷才不遇。然而雖懷才不遇，卻仍須堅守君子之道，亦不可鋒芒太露。

或從王事 無成有終。如果出面為他人謀事，則還須隱晦，不可鋒芒太露，就算有功亦不自居功，如此則後勢可期，必有善果。

此卦謂一時之間未能得意，但還是要隱藏鋒芒，凡事切莫居功，他日必有後福。因而此乃平卦。

★整體運勢

謙遜行事，不與人爭，平順度過，後必獲吉。

財運投資

財運投資以不變應萬變，靜觀其變以待後發。

♥愛情婚姻

愛情不上不下，不進不退。然而保持原狀沒有什麼不好，靜守為宜。

婚嫁須暫緩，待日後轉運後再議，如此為宜。

工作事業

雖一時懷才不遇，但他日必有出頭之時。宜暫收斂自持，以待後運。

☷【坤】卦 六四 深藏不露 不得不失（平）

爻辭原文：括囊 無咎無譽

解釋：【坤】卦四爻是陰爻，故稱六四。

爻辭曰：

括囊。【囊】是【袋子】,【括囊】是【把袋子口束起來】。比喻把嘴巴閉起來，以求明哲保身。

無咎無譽。此句是說謹慎行事，不強出頭。如此雖然不會得到美譽，但也不至於招來禍害。

此卦重點在於不強出頭，深藏不露，則可保無失。若要勉強出頭，則可能反受其害。因而此卦乃平卦。

★整體運勢

運勢但求明哲保身。謹慎行事，雖無大福，然可保無害。

財運投資

財運投資不宜。括囊是把錢袋子束起來，代表暫時不宜做任何投資。

❤愛情婚姻

愛情就像袋子口被束起來，沒有進展，然切莫心急，先顧好自己為要。

婚嫁不宜。

工作事業

工作事業做好份內之事即可，不要無謂強出頭。平順度過就是福。

䷁【坤】卦 六五 位極人臣 衣裳有別（大吉）

爻辭原文：黃裳 元吉

解釋：【坤】卦五爻是陰爻，故稱六五。

爻辭曰：

黃裳。古人上身稱【衣】，下身稱【裳】，此處用【裳】而不用【衣】，代表雖是吉祥之卦，然而也不要忘了【坤】卦的基本精神【柔順】二字。

元吉。此句是說唯有懷抱【坤】卦柔順之精神，不為人前，甘為人後，如此反而可以獲大吉。

此卦是說雖位極人臣，運勢大好，但別忘記衣裳有別。乃大吉卦。

★整體運勢

時運順遂，唯仍需秉持柔順之態度與人交好，則事無不順，所求必成。

財運投資

財運亨通，投資可以大有斬獲。因而可以積極從事投資。所投資之項目必可獲利。

❤愛情婚姻

愛情運勢極佳，無對象者有好對象出現，有對象者必為佳偶。

嫁娶大吉。主雙方門當戶對，皆為富貴。

工作事業

工作順心，事業可成，必趁此良機有積極作為。

䷁【坤】卦上六 陰極抗陽 兩敗俱傷（凶）

爻辭原文：龍戰於野 其血玄黃

解釋：【坤】卦上爻是陰爻，故稱上六。

爻辭曰：

龍戰於野。【坤】卦六爻皆陰，當爻走至上爻時，陰當極盛，轉而欲與陽對抗，於是就變成【坤龍】與【乾龍】大戰於郊野。

其血玄黃。【坤龍】與【乾龍】大戰，極陰與極陽大戰，戰到昏天暗地。【玄】是天色，【黃】是地色，意謂戰到血光四起，兩敗俱傷。

此卦逢凶化吉之道。當在回歸【坤】卦柔順的本性，不與人爭，自然可以常保無虞。然而此卦陰極抗陽，兩敗俱傷。當然為凶卦。

★整體運勢

運勢不佳。切莫與人相爭，當反躬自省，低調行事，凡事以求自保為原則，再求後福。

財運投資

財運低落，然而卻又躍躍欲試，此乃大忌。投資保守為宜。

❤愛情婚姻

愛情運勢不佳，必須柔順謙讓對待另一半，否則必有紛爭，婚姻亦同。

工作事業

工作方面要以謙讓為本，不為人先。事業不與人爭，保守低調行事，務求平穩度過。

䷁【坤】卦 用六 利之所在 堅守柔順（吉）

爻辭原文：利永貞

解釋：【坤】卦用六為特殊爻辭 六十四卦中只有【乾】卦有用九，【坤】卦有用六。

爻辭曰：

利永貞。【坤】卦之精神本來就注重柔順，不為人前，甘為人後，如此可以獲吉。

此卦強調【利】之所在，在於【永貞】，長久貞靜自守，堅守【坤】卦柔順之道，必可得利。因而此乃吉卦。

★整體運勢

整體運勢佳。莫忘【坤】卦注重柔順之精神與態度，以【坤】卦之道行事，定可以常保得利。

財運投資

財運投資可以倚靠其他有見識之能人，跟隨其行動，必可獲利無憂。

❤愛情婚姻

愛情婚姻運勢平順，堅守柔順之道，切莫與利一半相爭，則婚姻愛情可保長長久久。

工作事業

工作事業堅守老二哲學。不為人前，甘為人後，以退為進反而才是硬道理，才能獲利也。

第三卦 ䷂「水雷屯」養兵不動 以待來日（平）

卦辭原文：元亨利貞 勿用有攸往 利建侯

解釋：元亨利貞 勿用有攸往。此句的意思是當卜到【屯】卦時，凡事必須三思而後行，不可急躁，而以靜守為宜，如此即能在逆境之中，享有【元亨利貞】大大亨通有利堅貞之福，進而可以平順度過。

利建侯。此句是說然而在靜守之時，並非什麼事情都不做，而是應該封建諸侯，招兵買馬，充實自己實力，以待來日之需。

此卦精義在於靜守不動，積極養兵，培養實力，如此以待日後大運來臨之時，必可破繭而出，成名立業。本卦之吉凶在於人為，故乃平卦。

★整體運勢

整體運勢不佳，必須耐住性子，不可急躁。低調行事，暗中自我充實，暫時先求平穩度過，再求日後飛黃騰達。

財運投資

財運不順，儘量減少投資，以保守為宜。

❤愛情婚姻

愛情不順，尤以剛交往為甚。婚事不佳，宜須謹慎。

工作事業

工作事業當屬剛萌芽之際，切莫躁進，步步為營，保守行事。

䷂【屯】卦 初九 一切為最好做準備（平）

爻辭原文：盤桓 利居貞 利建侯

解釋：【屯】卦初爻是陽爻，故稱初九。

爻辭曰：

盤桓。此句是說前後盤旋，舉棋不定，處在尷尬不定的時刻。

利居貞。此句是說正因為處在盤桓不定的時刻，所以最有利的方法是【居貞】，也就是靜守不動，不貿然躁進。

利建侯。同時利用這個機會招兵買馬，充實實力，以備不時之需。

此卦的精隨在於首先必須不躁進。接著更重要的是【一切為最好做準備】，等機會來臨之時，必可一舉而成。此無關吉凶乃平卦。

★整體運勢

整體運勢不佳，千萬不可急躁。自我充實，暫時先求平穩度過，再求日後飛黃騰達。

財運投資

財運不濟，投資保守為宜。最好先下功夫學技術，日後再行操作。

❤愛情婚姻

大致上為愛情婚姻剛開始，一切謹慎小心為宜，不可躁進也。

工作事業

工作事業剛剛開始不久，凡事【小心駛得萬年船】，保守為宜，躁進為忌。

䷂卦 六二 來非正主 苦守寒窯（小凶）

爻辭原文：屯如 邅如 乘馬班如 匪寇婚媾 女子貞不字 十年乃字

解釋：【屯】卦二爻是陰爻，故稱六二。

爻辭曰：

屯如 邅如 乘馬班如。都是形容徘徊不定，猶豫不決。

匪寇婚媾。原本以為對方是盜匪，後來發覺是為了娶親而來。

女子貞不字 十年乃字。此句是說但是女方已經心有所屬，所以無法答應親事，婚嫁之事也因此耽誤十年。

此卦大意是說遇事猶豫不決，而來的對方有意與我方交好，無奈我方心裡已經另有所屬，因而好事也就此耽擱十年之久。如同女子不中意來提親之人，只好繼續苦守寒窯。此卦雖未言凶，但運勢不佳，因而乃小凶之卦。

★整體運勢

運勢不佳，所求不成，該來的不來，不該來的卻來了。只能苦守以待。

財運投資

財運不濟，不宜投資，投資則可能長時間亦無法回收。

❤愛情婚姻

愛情不吉，所遇非主，只能等待。婚嫁之事須暫緩。

工作事業

工作事業運勢不佳，所託非人，宜保守低調行事。

䷂卦 六三 打獵沒嚮導會迷路（進凶退平）

爻辭原文：即鹿無虞 惟入於林中 君子幾不如舍 往吝

解釋：【屯】卦三爻是陰爻，故稱六三。

爻辭曰：

即鹿無虞 惟入於林中。【虞】是古代官職，熟悉山林路徑的官員，此比喻嚮導。此句是說打獵追鹿，鹿跑進樹林中，然而這時沒有對山林路途熟悉的嚮導帶路。

君子幾不如舍 往吝。此句是說不如就此放棄，如果貿然進入林中，恐怕會迷路，反而吃大虧。

此卦是說人做任何事，都要有能人指導帶路，如果貿然匆促行事，反而容易誤了大事。躁進為凶，退守平安無事。故此乃進凶退平之卦。

★整體運勢

運勢普通，凡事不宜躁進，需聽有才能之人的建議。

財運投資

財運平平，不要貿然投資，若有高手建議，則可小量跟進。

❤愛情婚姻

愛情容易迷失迷路，要慎選對象。婚姻暫時不宜。

工作事業

工作事業容易陷入迷思，不宜匆促決定事情。最好聽其他高人意見。

䷂卦 六四 求賢問達 則大有利（小吉）

爻辭原文：乘馬班如 求婚媾 往吉 無不利

解釋：【屯】卦四爻是陰爻，故稱六四。

爻辭曰：

乘馬班如。形容徘徊不決的樣子。

求婚媾。此句是說此次是誠心正意想來娶親。

往吉 無不利。此句是說若以如此態度，則前往必可無往不利。

整個卦的意思是說當凡事正在猶豫不決之時，必尋求專業人士，賢達來解決問題，則事必可成。此卦先猶豫後吉，故只算小吉之卦。

★整體運勢

整體運勢不差，行事平順，做事須尋求達人相助，則大有斬獲。

💰 財運投資

財運頗佳，投資可行。最佳方式乃聽從專家意見，尋求專業幫助，投資必可獲利。

❤ 愛情婚姻

愛情則須等待對方來求之後始能答應。

婚事亦同，必待對方佳偶來求，則往嫁為吉。

💼 工作事業

工作不宜躁進，有人挖角則前往為吉。

事業則須尋求賢達幫忙，則事業必大有所獲。

䷂卦 九五 阮囊羞澀 小吉大凶（小事吉）

爻辭原文：屯其膏 小貞吉 大貞凶

解釋：【屯】卦五爻是陽爻，故稱九五。

爻辭曰：

屯其膏。【膏】是【膏澤】，就是恩澤，錢財，福利等等。此句指的是上面的人將福利都扣押住了，無法給下面的人。

小貞吉 大貞凶。所以卜到此卦，做小事乃吉，行大事卻是凶。

這整個卦主要意思是說如果卜到這個卦，做小事的話沒有問題，會吉祥順利。但是做大事的話則不吉。原因在於目前格局只能小不能大，所以小事吉，而大事卻凶。因而此卦標示為小事吉。

★整體運勢

整體運勢普通，行事規模只宜小，不宜大。

💰 財運投資

財運投資小起大落，意思是說投資只能量力而為，專挑小規模從事，小賺小賺即可，若貪心圖大，必致血本無歸。

❤ 愛情婚姻

愛情所遇對象非大方之人，宜慎之。婚嫁宜暫緩。

💼 工作事業

工作事業秉持從小入手原則，切莫一時圖大，以致後悔。

䷂卦 上六 進退未決 憂心泣血（凶）

爻辭原文：乘馬班如 泣血漣如

解釋：【屯】卦上爻是陰爻，故稱上六。

爻辭曰：

乘馬班如。形容徘徊不決的樣子。

泣血漣如。此句是說憂傷到哭泣出血來了，可見極其悲慘。

此卦是說一直徘徊猶豫不決，會讓人憂慮擔心到極點，以至於都哭出血來了。並暗示有血光之災，當然是凶卦。

★整體運勢

整體運勢差，有困難卻難以解決，尤其當心有血光之災，必須特別小心才是。

財運投資

財運不佳，因而切莫投資。

投資就會猶豫不決，抓龜走鱉，賠錢而捶心肝。

♥愛情婚姻

愛情運勢不好，所遇對象會讓自己欲哭無淚，宜慎。

婚嫁之事則不可，否則會導致悲傷之事。

工作事業

工作不順，因為諸事猶疑不決。

事業則須謹慎小心，萬事保守為宜。

第四卦 ䷃「山水蒙」童稚未開 宜尋良師（平）

卦辭原文：亨 匪我求童蒙 童蒙求我 初筮告 再三瀆 瀆則不告 利貞

解釋：亨 匪我求童蒙 童蒙求我。此句是說蒙昧之人如同孩兒一般智識未開，必須自己去尋找名師，而非名師上門來，如此才能亨通。

初筮告 再三瀆 瀆則不告 利貞。此句是說這種狀況如同卜卦一樣，求卦的人第一次問卦，解卦的人告訴他卦的道理，然而求卦的人同樣的問題卻要一問再問，如此就是褻瀆神聖的卜卦，解卦之人就不會再予理會。堅守這樣的原則才會得利。

此卦是說尋求名師教導，既得名師就要堅信不悔。如同卜卦一般，既然來求卦了，就不要懷疑。此卦吉或凶在於個人作為，因而乃平卦。

★整體運勢

整體運勢因人而異，誠心求助於名師者，必有後福。

財運投資

財運與投資好壞，端看是否能尋得真正專業之人幫助。

愛情婚姻

愛情處於混沌不明之際，必須多學習感情的相處之道。

婚姻則是互相學習，互敬互諒，則有善果。

工作事業

工作與事業都急需高人指點，尋到此高人，則事無不成。

䷃【蒙】卦 初六 恩威並行 寬猛相濟（小凶）

爻辭原文：發蒙 利用刑人 用說桎梏 以往吝

解釋：【蒙】卦初爻是陰爻，故稱初六。

爻辭曰：

發蒙 利用刑人。此句是說啟發蒙昧的方式是用刑罰。

用說桎梏 以往吝。【說】其實是【脫】字。【桎梏】是刑具。此句是說用刑罰來啟發蒙昧，真正的目的是讓此人不再犯錯，所謂小懲大誡，要恩威並行，寬猛相濟。否則容易失於偏頗，難免導致悔吝。

此卦是說做事宜恩威並行，寬猛相濟。本卦有傷身之虞，故乃小凶之卦。

★整體運勢

整體運勢不太好，恐怕容易犯錯，特別要小心口舌官司。

財運投資

財運不佳，投資不宜，可能容易賠錢，甚至惹來官司，宜慎。

❤愛情婚姻

愛情問題複雜，可能交往時間太短，太急於求成，非好對象。

婚姻不宜，若結則必有口舌糾紛，甚或官司纏身。

工作事業

工作上容易犯錯，與人爭執，知錯則宜速改之，以免後悔。

事業上則管理須恩威並施，或可暫度難關。

䷃【蒙】卦九二 外內皆宜 有子承家（吉）

爻辭原文：包蒙吉 納婦吉 子克家

解釋：【蒙】卦二爻是陽爻，故稱九二。

爻辭曰：

包蒙吉。此句是說有寬大的胸懷包容蒙昧，此乃吉事。

納婦吉。此句是說娶妻亦是吉事。

子克家。此句是說並且有子克承其家，又是吉事。

這個卦是說治家有方，妻賢子孝，外內皆宜 有子承家。當然是個吉卦。

★整體運勢

運勢極佳，寬容大度，內外皆宜，家庭和樂，吉也。

財運投資

財運旺，可多方投資，均有斬獲。後輩亦能繼承家業，長久興旺。

愛情婚姻

愛情運勢相當好，必得佳偶。

婚事大吉，不僅是樁良緣，日後其子亦能克紹箕裘，雙喜也。

工作事業

工作順心如意，能大度容人，必能有求必應。

事業將有所成，綿延長久。

䷃【蒙】卦 六三 貪圖近利 敗節失身（凶）

爻辭原文：勿用取女 見金夫 不有躬 無攸利

解釋：【蒙】卦三爻是陰爻，故稱六三。

爻辭曰：

勿用取女。此句是說這種女子不可娶做妻子。

見金夫 不有躬 無攸利。因為此女子見到有錢的男人，就會失去應有的禮儀貞節，因而隨人家跑了，這當然不會是好事，沒有利益。

卜到此卦代表人因為太過於貪圖近利，因而捨棄自己應該有的堅持，這樣不僅敗節失身，日後亦會招來禍害。因而此乃凶卦。

★整體運勢

時運極差，所遇非人，容易為人所害，必須特別謹慎小心。

尤其須防範不良女子與小人危害自己。

財運投資

財運惡劣，投資千萬不宜，否則下場就是慘賠，更可能被人陷害，須特別小心身邊之人。

♥愛情婚姻

愛情運勢慘淡，須防遇人不淑，甚至受欺騙上當。

婚事不宜，否則必會後悔。

工作事業

工作事業遇小心謹慎提防，必有小人出沒，尤其誡女色。

䷃【蒙】卦 六四 困而不學 孤立無援（小凶）

爻辭原文：困蒙 吝

解釋：【蒙】卦四爻是陰爻，故稱六四。

爻辭曰：

困蒙 吝。此句是說被蒙昧所困，因而遭致鄙吝。

此卦是說蒙昧到一定的程度了，猶如被困住一般，不得破解之道。又不思學習突破，因而變得孤立無援。這樣的情況相當不利，因而這個卦是個小凶之卦，可能因此而有所損失，當務之急乃專心學習該學之事，請教能人高手，才能漸漸化險為夷。

★整體運勢

時運不佳，常生困頓，主因是被舊思維，壞行為所困住。必當力求改之，努力學習方能有所突破。

財運投資

財運不好，投資必有所困，也就是錢會被套牢，宜慎。

♥愛情婚姻

愛情懵懵懂懂，以致自己為情所困，需跳脫此段感情，方有好結果。

婚嫁之事不宜，否則猶如陷入困境。

工作事業

工作掉入瓶頸，須尋求好手幫忙指點迷津。

事業困頓，須改變思維，以求突破。

䷃【蒙】卦 六五 赤忱謙順 遇得良師（吉）

爻辭原文：童蒙 吉

解釋：【蒙】卦五爻是陰爻，故稱六五。

爻辭曰：

童蒙 吉。此句是說猶如孩童赤誠之心，雖然會遇到蒙昧不解之事，然而因為赤誠，必得良師教導，因而獲吉。

此卦真義是說人並非生來就萬事皆懂，凡事都是要靠學習的，只要心態正確，誠心向學，就是大好吉兆。因而此卦乃吉卦。

★整體運勢

運勢佳，得賢人助，諸事可成。吉。

財運投資

財運亦佳，投資方面宜聽從高手指導，則必大大獲利。

♥愛情婚姻

愛情單單純純，可遇得亦師亦友之佳偶。吉。

婚事吉也。

工作事業

工作部分有貴人助，可以一帆風順。

事業亦同，得賢臣助，必可無憂。吉。

䷃【蒙】卦 上九 懲治蒙昧 宜剛柔濟（平）

爻辭原文：擊蒙 不利為寇 利禦寇

解釋：【蒙】卦上爻是陽爻，故稱上九。

爻辭曰：

擊蒙。此句是說懲治蒙昧的手段太過激烈，是用打擊的方式。

不利為寇 利禦寇。此句是說這樣太過激烈嚴酷的方式，可能反而導致受教者難以接受，反而背道而馳，變成匪寇惡人。不應該只用太過激烈的手段打擊蒙昧，應該轉而用剛柔並施，這樣受教之人不會變成匪寇惡人，而會變成抵禦匪寇的好人。

此卦是說懲治蒙昧，宜剛柔並濟。本卦吉凶在於個人作為，故乃平卦。

★整體運勢

運勢平平，凡事宜剛柔並濟。手段不宜太過激烈，也不要太鬆散，如此即可保平順無憂。

財運投資

財運普通，投資宜慎，宜順勢而行，可有小獲。

愛情婚姻

愛情婚姻則宜採柔順之道，順勢則必興，姻緣路則順遂。

工作事業

工作事業要順勢而為，看大風向吹向何處，便往何處走。

第五卦 ䷄「水天需」動則有險 待時以動（平）

卦辭原文：有孚 光亨 貞吉 利涉大川

解釋：有孚 光亨 貞吉。此句是說有誠信，光明亨通，靜守則吉。

利涉大川。此句是說有利於涉過大川，意思是可以勇於冒險犯難，追求高獲利，高報酬。

【需】字下面的【而】古字寫作【天】，因而【需】字古老的意義是雨天，下雨天人就必須暫時先躲雨。所以【需】卦最主要的意思是【等待】。

卜到此卦必須暫時按兵不動，動則有險。待它日時機成熟方可動之，屆時就是【利涉大川】之刻。本卦吉凶在於個人作為，故乃平卦。

★整體運勢

運勢平平，必須按耐住性子，不可躁進，妄動則凶。待時機成熟之後才可以動，到時即是所謂【利涉大川】，可以高獲利。

財運投資

財運普通，投資暫且不宜，等到大運來臨之時，必可賺錢如流水一般。

❤愛情婚姻

愛情婚姻都須暫時保持觀望態度，勿輕言承諾。

工作事業

先求平順度過即可，後再求飛黃騰達。

䷄【需】卦 初九 前有險阻 遠觀其變（平）

爻辭原文：需於郊 利用恆 無咎

解釋：【需】卦初爻是陽爻，故稱初九。

爻辭曰：

需於郊。此句是說【需】卦最主要的意思是【等待】。暫時在郊外地區等待，意思是遠離事端。

利用恆 無咎。此句是說有恆心在郊外地區等待，暫時遠離是非，如此才可沒有咎害。

【需】卦最主要精神是【等待】。不可急於躁進，在原來位子好好歷練自己，暫時求平安度過就好。若過於躁進，前面即是險阻，可能會吃虧，必須遠遠的靜觀其變。本卦吉凶在於個人作為，故乃平卦。

★整體運勢

時運平平，必須按兵不動，動則有凶。

財運投資

財運不佳，投資不宜，任何投資均須暫時按下，以待後運。

♥愛情婚姻

愛情尚未有好結果，不宜貿然付出真感情。婚嫁暫時不宜。

工作事業

工作以靜守為宜，不可躁進。

事業亦同，不可貪圖近利，規模必須保守。

䷄【需】卦 九二 口舌是非 寬忍得吉（先凶後吉）

爻辭原文：需於沙 小有言 終吉

解釋：【需】卦二爻是陽爻，故稱九二。

爻辭曰：

需於沙。此句是說【需】卦最主要的意思是【等待】。暫時在沙灘地區等待。跟初爻【需於郊】比較起來，【需於沙】更接近朝堂了，也就是更接近是非之地了。

小有言 終吉。此句是說也因為更接近是非之地了，所以難免會有口舌之爭，別人對自己頗有微詞。然而這只是暫時的現象，到最後還是會得到善果。重點是必須凡事寬忍，因而此卦乃先凶後吉之卦。

★整體運勢

時運走向先凶後吉，暫時必須多忍耐勿出頭，尤其口舌是非必不可少，忍耐為第一要務。

財運投資

財運先衰後旺，故暫時不宜投資，等待時機成熟才可進場，到時必定大大獲利。

❤ 愛情婚姻

愛情婚姻都須暫時觀望，不過很快就可扭轉局勢。

工作事業

工作事業方面暫時勿與人爭，以待時機成熟，必有作為。

䷄【需】卦 九三 險難在前 自陷險境（凶）

爻辭原文：需於泥 致寇至

解釋：【需】卦三爻是陽爻，故稱九三。

爻辭曰：

需於泥。此句是說【需】卦最主要的意思是【等待】。等待的時候陷進了泥濘之中。跟初爻【需於郊】，二爻【需於沙】比較起來，又更接近朝堂了，更接近是非之地了。而且這次是陷入泥沼之中。

致寇至。此句是說陷入泥沼之中不打緊，又引來賊寇覬覦。

此卦是說前面已經有險難在前，人就必須要低調行事，切莫張揚，否則容易引起賊寇惡心，如此等於自陷險境。故此乃凶卦。

★整體運勢

時運極差，凡事必須低調，靜守為宜，否則容易引起歹人趁虛而入。

財運投資

財運極壞，投資等事一切不宜。若倉皇投資恐怕會引起邪人側目，進而造成極大損失。

愛情婚姻

愛情婚姻對象皆不宜，恐有不正之人出現。

工作事業

工作不順，是非之人干擾工作情形嚴重。

事業必須謹慎保守，提防小人惡人，平安度過就是福。

䷄【需】卦 六四 雖有小險 化險為夷（小凶）

爻辭原文：需於血 出自穴

解釋：【需】卦四爻是陰爻，故稱六四。

爻辭曰：

需於血。此句是說【需】卦最主要的意思是【等待】。等待的時候陷入血光之中，遇到麻煩。

出自穴。此句是說不過最後還是從洞穴逃出來，逃出難關。

此卦大意是說會遇到困難，然而最後可以化險為夷。本卦先有凶險，後雖化解，然還是可能損失已造成，故此乃小凶之卦。

★整體運勢

整體時運不佳，凡時宜靜不宜動，需耐心等待，儘管可能遇到困難，但是切莫急躁，事情自會過去。

財運投資

財運不好，投資不宜，否則必有小損，宜慎之。

♥愛情婚姻

愛情困難，暫時莫碰為宜。

婚嫁之事暫且不宜。

工作事業

工作不順暢，由須提防血光之災，小心安全。

事業不宜擴張，低調保守為宜，同樣需小心安全問題。

䷄【需】卦 九五 飲食宴樂 衣食無憂（吉）

爻辭原文：需於酒食 貞吉

解釋：【需】卦五爻是陽爻，故稱九五。

爻辭曰：

需於酒食 貞吉。此句是說【需】卦最主要的意思是【等待】。等待的時候衣食無虞，自然是再好不過之事，因而為吉。

此卦是說民以食為天，吃飯皇帝大。此卦代表有吃有喝，飲食享樂，衣食無憂，自然是個吉卦。

★整體運勢

整體運勢佳，生活條件好，事事順心如意也。

💰財運投資

財運極佳，投資必可獲利，大可積極進場。

投資標的尤以餐飲有關為最佳。

❤愛情婚姻

愛情運佳，對象極為富裕，衣食無憂。

婚嫁宜，婚後生活無憂。

💼工作事業

工作順心，勝任愉快，吃飽喝足沒煩惱。

事業一帆風順，大大獲利。

若轉換工作，或開創事業，則以餐飲，服務業為最佳。

䷄【需】卦上六 不速之客 待之以禮（先凶後吉）

爻辭原文：入於穴 有不速之客三人來 敬之終吉

解釋：【需】卦上爻是陰爻，故稱上六。

爻辭曰：

入於穴。進入洞穴，此句比喻遭遇麻煩，進入難關。

有不速之客三人來。此句是說有不請而自己來的客人們。此處說是客人，其實是懷有敵意之人，或者是對自己有影響力之人。

敬之終吉。此句是說對這些所謂的客人們以禮相待，乃可以扭轉局勢，最終因而獲吉。

此卦是說，雖然會有不速之客之事找上門來，但是只要敬之以禮，小心對待，雖然情勢險惡，最後卻能安保無憂。因而此卦是先凶後吉。關鍵在於【敬之】二字，誠意禮貌對待之，則事必可解。

★整體運勢

時運頗有困難，切記以禮待人，始可化解危機。

財運投資

財運不佳，投資不宜。必須等解決關鍵人物之後，才可以進行投資。

♥愛情婚姻

愛情婚姻會出現不速之客，甚或第三者，要特別小心化解。

工作事業

必須謹慎小心，以禮對待關鍵人物，方可無憂。

第六卦 ䷅「天水訟」各說各話 興訟無益（中吉終凶）

卦辭原文：有孚 窒惕 中吉 終兇 利見大人 不利涉大川

解釋：有孚窒惕 中吉 終兇。此句是說在興訟之時，兩造雙方可能有誠信之一方，也有胡來的一方。儘管在訴訟的過程中，似乎有一方會得利，然而到頭來卻都是凶。

利見大人 不利涉大川。此句是說所以萬一有糾紛，最好找一個足以昭公信的大人來做主，評斷糾紛。此時當然其他事情不宜，也不要想著要涉過大川，去尋求高獲利。

此卦是說官司糾紛時往往各說各話，可能一時之間也難以分辨清楚，儘管在訴訟過程中看起來是對某方有利，但訴訟總歸勞民傷財，最後往往兩敗俱傷，此卦是中間過程吉，最後結果卻是凶，中吉終凶。

★整體運勢

運勢不佳，小心口舌是非，官司糾紛。

財運投資

財運投資須特別謹慎，勿與人爭，否則易惹是非官司。

愛情婚姻

愛情婚姻皆不宜，慎防官司。

工作事業

工作事業防小人，防官司，低調勿與人爭。

䷅【訟】卦 初六 訟不可長 頗有微詞（先凶後吉）

爻辭原文：不永所事 小有言 終吉

解釋：【訟】卦初爻是陰爻，故稱初六。

爻辭曰：

不永所事。此句是說官司興訟之事，本不是好事，所以此事此風不可長，應盡量避免。

小有言。此句是說就算想盡量避免官司，還是有人頗有微詞。

終吉。此句是說就算如此也無所謂，最後的結果會是吉利的。

這個卦勸戒人不可無事興訟，就算有時候難免人多嘴雜也無所謂，要忍耐，事情很快會過去。最後的結果會是好的。所以此卦是先凶而後吉，重點在於心態不可無事興訟，訟事乃不得已而為之。

★整體運勢

整體運勢開低走高，低調做事做人，後勢才會看漲。

💰 財運投資

財運先衰後高，切防訟事，投資宜特別小心，必有後福。

❤ 愛情婚姻

愛情婚姻先難後易，不要與人有所糾紛，則姻緣後運看好。

💼 工作事業

工作事業慢慢往上走，低調平穩做人做事，特別小心口舌是非，如此會漸漸越來越好。

䷅【訟】卦 九二 認輸止訟 可以無恙（進凶退吉）

爻辭原文：不克訟 歸而逋 其邑人三百戶 無眚

解釋：【訟】卦二爻是陽爻，故稱九二。

爻辭曰：

不克訟 歸而逋。【逋】是【逃】的意思。此句是說放棄訴訟，轉而逃回老家去。

其邑人三百戶 無眚。此句是說老家的鄰人們不會受牽連。

此卦是說放棄訴訟，因為繼續打下去也不會贏，不如就此放棄以求自保，因為繼續纏訟的話對自己更不利。而且放棄訴訟也不會連累到他人，眾人可保平安無憂。所以此卦為進（訴訟）凶，退（罷訟）吉。

★整體運勢

整體運勢因選擇而異，積極進攻則凶，低調退讓則吉。

財運投資

財運投資在乎選擇，退讓反而對自己有利。

♥愛情婚姻

愛情運勢不佳，宜退一步，等待以後好感情出現。

婚事不宜，暫且先忍耐，再求好姻緣出現。

工作事業

工作盡量低調，勿與人紛爭，退一步海闊天空。

事業保守進行，可保無憂。

䷅【訟】卦 六三 守舊可成 雖厲猶吉（小吉）

爻辭原文：食舊德 貞厲 終吉 或從王事 無成

解釋：【訟】卦三爻是陰爻，故稱六三。

爻辭曰：

食舊德 貞厲 終吉。【舊德】是指前人留下來的基業，或者舊的事業工作。此句是說繼續原來的事業，雖然情勢感覺有些危厲，然而最終會轉變為吉。

或從王事 無成。此句是說如果跟從上面的人做事，自己也不要邀功，不以己功為成，故稱【無成】。

此卦用意在於堅守原本的事業，雖然看起來危險，最後卻有好結果。所以稱為守舊可成，雖厲猶吉。而且就算日後功成，也不誇耀自己之功。因環境稍嫌惡劣，最後得善果。因而此卦也只能視為小吉。

★整體運勢

整體運勢不差，重點在於守成，維持舊業則佳。

財運投資

財運投資維持原軌，繼續進行則有所成。

♥愛情婚姻

愛情婚姻則維持原貌為佳，不宜改變。

工作事業

工作事業繼續留在原崗位繼續奮鬥，則日後必有收穫。

☰【訟】卦 九四 以退為進 守常則吉（進凶退吉）

爻辭原文：不克訟 復即命 渝 安貞吉

解釋：【訟】卦四爻是陽爻，故稱九四。

爻辭曰：

不克訟 復即命。此句是說放棄訴訟，回歸天命。何謂天命？不隨意興訟即是天命！

渝 安貞吉。【渝】是【變】之意。此句是說把原本欲興訟之心，轉變成罷訟之心，如此才能安居，獲得吉祥。

此卦維持【訟】卦一向的主張，官司訴訟本非好事，最好以退為進，不要興訟。退回到自己原本的位子，因為訟事亦非常態，守住常態才能獲吉。故此卦稱進（興訟）凶，退（罷訟）吉。

★整體運勢

時運端看個人作為，以退為進才是好辦法。

財運投資

財運投資重點在於不躁進，平穩操作，該退則退，如此等待日後才有好機會。

❤愛情婚姻

愛情婚姻之事急不得，宜先安心忍耐，則會有好運到來。

工作事業

不躁進，守常事，堅守自己崗位，以待後運。

䷅【訟】卦九五 大人止訟 吉莫大焉（大吉）

爻辭原文：訟 元吉

解釋：【訟】卦五爻是陽爻，故稱九五。

爻辭曰：

訟 元吉。此句是說訴訟到此大吉。

此卦是說訴訟本非善事，為何此卦會說【元吉】？重點有二：其一是有主持大局的大人出現，從而化解了這場紛爭，紛爭既平，結果圓滿，因而為大吉。

其二當然是直指官司或者糾紛得到解決，而且最後結果是對我方有利，故稱大吉。

★整體運勢

整體運勢旺盛，或許有貴人出現相助，若有紛爭宜就此平息，則事情圓滿，會帶來好事。

財運投資

財運佳，投資宜。可積極從事，可能會有高人出現相助，跟著此人肯定沒錯。

❤愛情婚姻

愛情婚姻皆順遂，必屬良緣，特別留意有貴人介紹對象。

工作事業

工作事業皆好運，可以大展拳腳。

䷅【訟】卦 上九 屢得屢失 不可取也（凶）

爻辭原文：或錫之鞶帶 終朝三褫之

解釋：【訟】卦上爻是陽爻，故稱上九。

爻辭曰：

或錫之鞶帶。在〈易經〉中，【錫】字全部解為【賜】字。〈易經〉爻辭中常常會借用不同部首，相同偏旁的字。此即是一例。【鞶帶】是古代官服的腰帶，在此比喻功名利祿。此句簡單說就是可能會得到功名利祿。

終朝三褫之。此句是說雖然得到功名利祿，然而卻在短時間之內再三被褫奪而去。

此卦是說雖然得到功名利祿，然而卻守不住，一直失去。屢得屢失，當然極不可取，因而本卦為凶。

★整體運勢

運勢起起落落，守成不易，宜慎之。

財運投資

財運如流水大起大落，因而投資宜審慎，見好即收。

♥愛情婚姻

愛情婚姻亦是大起大落之象，宜保守對待之。

工作事業

切莫躁進，只宜守成。留著底子，以求往後再進。

第七卦 ䷆「地水師」正義之師 可以無咎（平）

卦辭原文：貞大人吉 無咎

解釋：貞大人吉 無咎。此句中之【大人】，有些版本亦作【丈人】。然而都無妨，其意都是指在位之人，獨當一面之人。本句指若欲出師，必當選賢明之才當主帥，如此則吉。

此卦為【師】卦，【師】本意是軍隊的編制，跟現代的陸軍編制有【師】是同樣意思。在此泛指【行軍打仗】。行軍打仗首先必須師出有名，若以正義之師而行，基本上就可以沒有咎害。如果又可以選賢能有才之大人擔任主帥，則進一步可以獲吉。所以此卦基本上是個不凶不吉的平卦，不過若是選到賢才任主帥，則可以變成吉。

★整體運勢

整體運勢由平至吉，端看是否能任用賢才，如果能有大才擔任主帥則吉也。

財運投資

財運投資主要關鍵在於跟對人，選對領導的人則必可獲利。

❤愛情婚姻

感情之路豐富，猶如行軍打仗一般精彩。婚事則宜慎選出采之人。

工作事業

工作事業則如戰爭一般，首要關鍵在於慎選領導人。

䷆【師】卦 初六 嚴守紀律 否則凶矣（凶）

爻辭原文：師出以律 否臧凶

解釋：【師】卦初爻是陰爻，故稱初六。

爻辭曰：

師出以律。此句是說【師】卦是【行軍打仗】之意。凡行軍打仗首要關鍵即是注重紀律。

否臧凶。此句是說如若不注重軍紀，則必凶。

此卦強調作戰時必須嚴守紀律，否則可能導致凶事。雖然現代人遇上真正戰爭的機會不多，然而生活中的戰爭卻不少，選舉是選戰，商場是商戰，談感情也可能遇上對手。在現代【師】卦泛指【競爭】。凡是競爭有對手之事，首重紀律，如此才可立於不敗之地，否則就危險了。這個卦特別告誡紀律的重要，做不到的話自然是凶卦。

★整體運勢

時運不佳，慎防團體中紀律敗壞，如此則必凶。

財運投資

財運投資須謹慎，紀律嚴明，不亂出手，以保守為宜。

愛情婚姻

愛情婚姻宜慎，可能會出亂子，故暫緩為宜。

工作事業

紀律第一，須嚴格守紀，否則為凶也。

䷆【師】卦 九二 主帥之材 恩寵有加（吉）

爻辭原文：在師中 吉 無咎 王三錫命

解釋：【師】卦二爻是陽爻，故稱九二。

爻辭曰：

在師中 吉 無咎。【師】卦是【行軍打仗】之意。在現代【師】卦泛指【競爭】。古代中軍即是主力，主帥亦在中軍之中。【在師中】指的是君王委以重任擔任主帥之職，這當然是莫大榮耀，因而為吉。

王三錫命。此【錫】字實乃【賜】字。此句是說君王不但委以重任，還再三嘉獎，吉上加吉。

這個卦是說本身即是主帥之材，又得上位之人賞賜，恩寵有加，當然是個吉卦。

★整體運勢

時運頗佳，正是風生水起之時，大權在握，可以一展拳腳。

💰財運投資

財運佳，投資大利。尤以有他人支持為後盾，更是無往不利。

❤愛情婚姻

愛情婚嫁皆吉，富貴之象，可以成事。

💼工作事業

工作事業皆順利，得長官賞識，因而可以大展抱負。經營事業之人則必須任用賢才，必可大大獲利。

䷆【師】卦 六三 大敗而歸 傷亡慘重（凶）

爻辭原文：師或輿屍 凶

解釋：【師】卦三爻是陰爻，故稱六三。

爻辭曰：

師或輿屍 凶。此句是說【師】卦是【行軍打仗】之意。在現代【師】卦泛指【競爭】。此番作戰可能我方會傷亡慘重，嚴重到要用車子來載屍體，這當然是凶卦。

〈易經〉中凡出現【或】字，指的是【可能】。不必然會發生，但是很有可能會發生，所以要特別小心。在此就是指「可能」會大敗而歸，並且傷亡慘重，所以是凶卦。而解決之道當然是【不可戰】，因為開打輸的成分居多，所以避戰反而才是上策。此乃凶卦也。

★整體運勢

時運極差，切莫與人相爭，凡事退讓為宜，否則可能會招凶。

財運投資

財運差，投資壞。諸事不宜，萬事不動才是上策。

❤愛情婚姻

愛情運勢猶如打敗仗，尤其慎防第三者出現。婚嫁當然不宜。

工作事業

職場商場如戰場，然而此次若戰必敗，宜退守保全大局。

䷆【師】卦 六四 全身而退 沒有大礙（平）

爻辭原文：師左次 無咎

解釋：【師】卦四爻是陰爻，故稱六四。

爻辭曰：

師左次 無咎。【師】卦是【行軍打仗】之意。在現代【師】卦泛指【競爭】。古代以【右】為尊，故【左】代表【退讓】之意。此句是說退兵才可保平安無災害。

此卦主要意思是必須避戰，全身而退，所以沒有大礙，保存實力才是上策。因而乃平卦。

★整體運勢

運勢普通，凡事必須以退為進，先忍忍再說，以後必有後福。

💰財運投資

財運平平，投資保守為宜，先求保本，往後再求獲利。

❤愛情婚姻

感情之事退一步海闊天空，婚嫁之事宜暫緩。

💼工作事業

工作方面莫與人相爭，勿針鋒相對，凡事謙讓為宜。

事業則是退而求其次，先保守觀望為佳。

䷆【師】卦 六五 敵軍來犯 慎選主帥（平）

爻辭原文：田有禽 利執言 無咎 長子帥師 弟子輿屍 貞凶

解釋：【師】卦五爻是陰爻，故稱六五。

爻辭曰：

田有禽 利執言 無咎。此句是說【師】卦是【行軍打仗】之意。在現代【師】卦泛指【競爭】。田有禽指的是敵軍來犯，既然是人來犯我，如此即可【利執言】仗義而言，當然沒有咎害。

長子帥師。此句是說必須選大兒子為主帥。

弟子輿屍 貞凶。【弟子】是指大兒子以外的兒子，如果選擇其他兒子為主帥，戰事會大敗，傷亡慘重到用車子來載屍體，當然是凶。

此卦主要用意是面對戰事，必須慎選主帥，反則必凶。選對主帥則是平卦，可以化險為夷。但選錯主帥則是凶卦，宜慎。

★整體運勢

運勢平至差，選錯主將運勢差，選對主將可化險為夷。

財運投資

財運投資端看領導投資的意見領袖，好的領頭羊則可平順。

♥愛情婚姻

愛情婚姻皆宜慎選，對象以長為優。

工作事業

工作選長子為老闆，事業選長子為領導，則可無憂。

䷆【師】卦 上六 論功行賞 切忌小人（小吉）

爻辭原文：大君有命 開國承家 小人勿用

解釋：【師】卦上爻是陰爻，故稱上六。

爻辭曰：

大君有命。【師】卦是【行軍打仗】之意。在現代【師】卦泛指【競爭】。此句指的是終於打勝仗了，君王論功行賞。

開國承家。此句是說功勞最大者封諸侯，謂【開國】，功勞次之者封卿大夫，謂【承家】。

小人勿用。此句是說切莫重用小人，就算小人有功，也只能給些錢財賞賜，不要給予權位，否則小人容易作亂。

【馬上得天下，馬下治天下】，打勝仗只是開始，更重要的是治理國家，因而論功行賞不能重用小人，此乃隱憂，故僅小吉。

★整體運勢

整體運勢不差，論功行賞有份，然而須小心小人趁機坐大作亂。

💰 財運投資

財運頗佳，投資適宜，小心小人詐騙，除此之外可獲利。

❤ 愛情婚姻

愛情婚姻平順，小心心懷不軌之人介入，其餘無憂。

💼 工作事業

工作事業兩相宜，唯一注意小人作祟。

第八卦 ䷇「水地比」比輔親樂 歸順趁早（吉）

卦辭原文：吉 原筮 元永貞 無咎 不寧方來 後夫凶

解釋：吉 原筮 元永貞 無咎。【原筮】之【原】作【源頭】,【筮】作【決疑】，追根究底去判斷，故能得【元永貞】之吉，也就是大大長久的正道之吉。如此當然不會有咎害。

不寧方來 後夫凶。此句是說如果要追尋明主做事要趁早，因為原本不服的各方人士都已去投靠，晚去的只有倒楣的份，故凶。

【比】卦的意思是【比輔】【親樂】，也就是相輔相成，共創大事。然而在英雄爭霸之時，誰也不服誰，不過等真正會一統天下的明主即將出現時，此刻切莫猶豫，要快快去歸順。故此乃吉卦。但要特別注意，先去的人可以卡到好位子，萬一去的太晚，可能反而會倒楣。

★整體運勢

整體運勢佳，群策群力必能共享成果。

財運投資

財運大好。投資大可。有貴人助，緊跟著不放就對了。

愛情婚姻

愛情婚姻指的是琴瑟和鳴，相親相愛，相輔相成，大吉。

工作事業

工作事業有貴人助，需明眼看出貴人在何方，早去投靠為宜。

䷇【比】卦 初六 誠信相交 意外之喜（小吉）

爻辭原文：有孚比之 無咎 有孚盈缶 終來有它吉

解釋：【比】卦初爻是陰爻，故稱初六。

爻辭曰：

有孚比之 無咎。【比】卦最主要的意義是相輔相成，親愛和樂。在〈易經〉中【孚】字通常解為【誠信】。此句是說若是有誠信交往，基本上不會有咎害。

有孚盈缶 終來有它吉。【缶】是古代裝水器具，【盈孚】代表水滿出缶外。此段是說如果誠信滿滿，最終還會有意外之吉。

卜中此卦意義是說與人相交首重誠信，而且吉的程度與誠信的程度成正比，換句話說越誠信，越吉利。所以此卦應是平到吉，故綜合列為小吉。

★整體運勢

時運不錯，必以誠信待人，可走好運。

財運投資

財運亦佳，投資宜。尤其適宜集資投資，必可獲利。

♥ 愛情婚姻

姻緣大好，好對象之兆，必以誠心相待。

工作事業

工作事業有好戰友相扶持，可以相輔相成。

䷇【比】卦 六二 誠發於心 堅貞則吉（吉）

爻辭原文：比之自內 貞吉

解釋：【比】卦二爻是陰爻，故稱六二。

爻辭曰：

比之自內 貞吉。【比】卦最主要的意義是相輔相成，親愛和樂。此句是說誠信發自於內心，能夠堅守如此則吉。

此卦大意是說與人交往，心誠意正，只要誠發於心，並且堅守這個態度，則必然獲吉。當然是個吉卦。

★整體運勢

整體運勢極佳，廣得人和，堅持誠心待人，必吉祥滿滿。

財運投資

財運佳，特別是與人有關之財，有人就有財，就是此道理。

投資宜，適合與人合資，彼此信實，則必可獲大利。

❤ 愛情婚姻

愛情運勢頗好，有好對象之徵兆，切莫放過。

婚嫁宜，必是佳偶，和樂融融。

工作事業

工作有夥伴相挺，可以無憂，事必成就。

事業則誠信待人處事，必有成就。

䷇【比】卦 六三 親近小人 禍自招災（凶）

爻辭原文：比之匪人

解釋：【比】卦三爻是陰爻，故稱六三。

爻辭曰：

比之匪人。【比】卦最主要的意義是相輔相成，親愛和樂。【匪】字在〈易經〉中多解做【非】字。此句意思是說相交往的不是人。

從爻辭字面上的解釋是說：【相交往的不是人】。不是人？難道是鬼？此處泛指小人。此卦是說相交往親近的皆是小人，如此必然自己招惹禍端。也因為如此，雖然爻辭中未置吉凶，但是凶兆已露，故此卦為凶。

★整體運勢

時運差，容易為小人所煽動，因而招惹事端，宜慎。

💰 財運投資

財運差，故而投資不宜，最容易為小人所惑，因而破財。

❤ 愛情婚姻

愛情婚姻指的是遇人不淑，或者有小人從中作梗，最宜小心。

💼 工作事業

工作事業易遭遇小人，必須特別小心，否則將惹禍上身。

䷇【比】卦 六四 追隨賢達 堅貞則吉（吉）

爻辭原文：外比之 貞吉

解釋：【比】卦四爻是陰爻，故稱六四。

爻辭曰：

外比之 貞吉。【比】卦最主要的意義是相輔相成，親愛和樂。【比】卦二爻說的是誠信發自內心，此四爻說的則是誠信外發則變成行動，堅守此道則吉。

卜到此卦意思是說將內心誠信外化作行動，去跟有才華才德的人交往，甚至去追隨賢達，對自己是最要緊的事。如果能夠堅持這樣的理念與做法，必然會獲吉。理所當然這是個吉卦。

★整體運勢

整體運勢佳，有貴人助，宜出門廣交賢達，必有所獲。

財運投資

財運佳，投資合宜，可與人合夥投資，其中必有專業賢達之人，依靠此人必可大獲利。

❤愛情婚姻

姻緣極佳，是有佳偶之兆，良緣可成。

工作事業

工作有優良團隊，相輔相成，則可事無不成。

事業宜尋賢達領導，抑或自己即為賢達，故事業可成。

䷇【比】卦九五 來者不拒 去者不追（吉）

爻辭原文：顯比 王用三驅 失前禽 邑人不戒 吉

解釋：【比】卦五爻是陽爻，故稱九五。

爻辭曰：

顯比。此句是說把【比】卦的精神發揚到最明顯最顯達。

王用三驅 失前禽。此句是說古代帝王出獵，身邊侍從會從旁邊圍住獵物，但是只圍住前方與左右共三方，故稱【三驅】。只圍住三方，讓前方的禽獸可以逃竄，是表示帝王的仁愛之心，不趕盡殺絕。

邑人不戒 吉。此句指帝王此種仁愛之心，完全不需要特別叮嚀告誡其他人，其他人也會跟著帝王這種心態做，如此當然是吉事。

此卦是說【來者不拒，去者不追】。人若想與我們交往，當然我們不要拒絕。不想與我們交往，我們也不要勉強。此乃吉卦也。

★整體運勢

時運大好，鼎盛之勢，宜廣結善緣，則大富大貴。

財運投資

財運極佳，故投資大宜。宜積極從事，必可大獲利。

❤愛情婚姻

姻緣運勢大好，對象大富貴之兆。

工作事業

工作事業大吉大利，可以用力去衝，必有所成。

䷇【比】卦 上六 不隨明主 後必有凶（凶）

爻辭原文：比之無首 凶

解釋：【比】卦上爻是陰爻，故稱上六。

爻辭曰：

比之無首 凶。【比】卦最主要的意義是相輔相成，親愛和樂。【無首】指的是不跟隨首領。此句是說不跟隨著首領做事，會帶來凶事。

此卦主要意義是說人有時會自以為是，因而不服從他人的領導。不跟隨明主做事的後果，往往就是為後來帶來凶事，因而此卦為凶。

★整體運勢

整體運勢差，不可爭強出頭，低調服從他人領導做事才是上策。

財運投資

財運差，因而投資不宜。最忌自我感覺良好，一意孤行投資，如此必會導致投資人損。

❤愛情婚姻

愛情毫無頭緒，然切莫急躁，病急亂投醫的結果可能導致所遇非人。

婚姻暫時不宜，否則恐怕遇人不淑。

工作事業

工作事業運勢乖張，諸事低調為宜。以平安度過為第一要務，切莫強出頭，否則必凶。

第九卦 ☴「風天小畜」時運未到 終得亨通（平）

卦辭原文：亨 密雲不雨 自我西郊

解釋：亨 密雲不雨。【小畜】卦本來該走亨通之運，可惜目前猶如【密雲不雨】，明明雲層很厚，可就是不下雨，表示亨通之時尚未到來。

自我西郊。風是從我西方郊外吹過來的。在這有兩個涵義：其一是風由西向東吹，代表在大陸是風由陸地吹向海洋，因而不會下雨，也就是前句【密雲不雨】。其二是西郊暗喻是周文王封邑西岐，代表周文王故里，也代表終有回歸故里之時（因為此刻周文王被商紂囚禁於羑里）。

此卦精義是說雖然暫時此刻時運尚未亨通，但是有朝一日勢必終會亨通，因而運勢只是個平卦。

★整體運勢

整體運勢平平，然而奮鬥不懈，後運必然看漲。

財運投資

財運平平，投資宜慎。小賺即可滿意收手。

♥愛情婚姻

愛情婚姻猶如只積雲不下雨，還需暫且等待。

工作事業

工作事業運普通，宜修練自持，以待後福。

☰【小畜】卦 初九 暫時退守 後可獲吉（小吉）

爻辭原文：復自道 何其咎 吉

解釋：【小畜】卦初爻是陽爻，故稱初九。

爻辭曰：

復自道。此句是說回復自己原本該有的正道。

何其咎 吉。此句是說如此怎麼會有咎害，當然會獲吉。

此卦是說必須先回復自己原有的道路，也可以說暫時以退為進，先暫時退守，再接下來即可獲吉。先退守看來似乎不利，然而接下來卻會獲吉，所以整體來說此乃小吉之卦。

★整體運勢

整體運勢短空長多，宜先退讓，再來即可得吉。

財運投資

財運暫時普通，故還不是投資最佳時刻，宜先忍讓，靜待時機，必可等待好時機快速來臨，可一舉獲大利。

❤愛情婚姻

愛情運勢未到，宜暫守。很快愛情運勢將開，隨後可得良緣。

婚嫁暫時觀望，後必良緣可成。

工作事業

工作事業暫莫急躁，宜耐心等候，好時機將會來臨，屆時可以一舉功成。

䷈【小畜】卦 九二 攜手同歸 後必獲吉（吉）

爻辭原文：牽復 吉

解釋：【小畜】卦二爻是陽爻，故稱九二。

爻辭曰：

牽復 吉。在此【復】字是【回復正道】之意。此句是說手牽著手一起回復正道，當然是吉事。

此卦是說不僅是自己回復正道，還要把周圍的人一起牽進來，攜手同歸正道，如此以後必定可以獲吉，故乃吉卦也。

★整體運勢

時運佳，並且澤披周圍，眾人可以同受其福。

財運投資

財運大好，投資可以大展拳腳。最宜共同合作，群策群力，必可共獲大利。

❤愛情婚姻

愛情運勢佳，手牽手共度良緣，吉。

婚姻必是佳偶，牽乃牽手，執子之手，百年好合。

工作事業

工作順利，上下合作愉快，可以共生共榮。

事業則有貴人象。牽乃牽成也，可直上青雲。

☴【小畜】卦 九三 夫妻失和 兩敗俱傷（凶）

爻辭原文：輿說輻 夫妻反目

解釋：【小畜】卦三爻是陽爻，故稱九三。

爻辭曰：

輿說輻 夫妻反目。【輿】是古代車駕。【輻】是車駕輪軸。【說】其實是【脫】字。此句是說車子輪軸脫落，因而車子無法跑了。就如同夫妻爭吵反目成仇，只會一事無成。

此卦是說夫妻關係如同車子與輪軸，輪軸脫離了車子，車子自然沒辦法跑了，夫妻只要失和，家庭無法和睦，只會兩敗俱傷，一事無成。因而此卦雖然爻辭中沒有寫出吉凶，然而凶卻是一目了然。

★整體運勢

運勢差，防家庭，團體失和，尤忌夫妻關係不睦。宜慎。

財運投資

財運差，故投資不宜。若群體投資，必有不合現象，宜慎。

愛情婚姻

爻辭明言【夫妻反目】，故愛情婚姻皆不宜。

尚未結婚者宜慎，切莫急躁。已婚者須多謙讓，以保家庭和睦。

工作事業

工作方面團隊失和，故必有紛爭，凶。

事業則不順，猶如車子脫軌，可能釀災。宜慎。

☴【小畜】卦 六四 先憂後喜 來年可期（平）

爻辭原文：有孚 血去惕出 無咎

解釋：【小畜】卦四爻是陰爻，故稱六四。

爻辭曰：

有孚。【孚】作【誠信】，此句是說有誠信。

血去惕出。【血】作【恤】，憂心也。【惕】乃【惕勵】。此句是說不用再如此憂心，也不用再如此謹慎小心了。

無咎。此句是說沒有咎害，災害。

此卦是說，原本會憂慮，擔心害怕，漸漸地都會消除，不會再有災禍發生。也就是此卦先憂後喜，而真正大喜之日則在明年，故來年可期，而目前僅是平卦。

★整體運勢

整體運勢漸入佳境，可以無憂無慮，靜待來年。

財運投資

財運暫時普通，故投資尚且謹慎為宜。明年將是運勢大發之時。

❤愛情婚姻

愛情頗有苦盡甘來之勢，但是最好時勢尚在明年。

婚姻則靜待福音，明年是大喜之期。

工作事業

工作事業漸漸平順，明年會是大展鴻圖之時。

䷈【小畜】卦 九五 上誠下信 有福同享（吉）

爻辭原文：有孚攣如 富以其鄰

解釋：【小畜】卦五爻是陽爻，故稱九五。

爻辭曰：

有孚攣如。【孚】是【誠信】。【攣】是【相連】。此句是說誠信十足，相連接踵而來。

富以其鄰。此句是說不僅僅是富了自己，連鄰居也一起富了。

此卦是說誠信滿滿，上誠下信，因而會有很多福氣，而且大家有福同享。所以爻辭裡面雖然沒有註明吉凶，但是吉莫大焉。

★整體運勢

時運極佳，不僅自己獲利，還可以造福他人，堪稱圓滿。

💰財運投資

財運佳，投資宜。此刻乃投資最佳時機，還可以大舉招兵買馬，請眾人共襄盛舉，大家必可共同獲利。

❤愛情婚姻

愛情圓滿，良緣可期。

婚姻則是佳偶，可以無憂。尚可造福家人。

💼工作事業

工作順利，團隊合作有成，有福可共享。

事業蒸蒸日上，自己成功還造福他人，吉。

䷈【小畜】卦 上九 前困後亨 見好就收（動凶靜吉）

爻辭原文：既雨既處 尚德載 婦貞厲 月幾望 君子征凶

解釋：【小畜】卦上爻是陽爻，故稱上九。

爻辭曰：

既雨既處 尚德載。【處】是【止】。【尚】可作【賞】解。此句是說雨已經下了又停了，賞賜與德行皆滿載。

婦貞厲 月幾望 君子征凶。【婦】與【月】都代表陰，【月幾望】是說此刻陰氣正接近最高檔的時候，然而這卻不是常態，所以說【婦貞厲】。必須見好即收，否則【君子征凶】，就算有君子的才德還是凶。

此卦乃從【小畜】卦的卦辭【密雲不雨】雨下不來，到【既雨既處】雨下又停了。代表三個不同階段：困（沒雨），亨（下雨），平（雨停）。因而此卦是前困後亨，但是必須見好就收。躁動則凶，故稱動凶靜吉。

★整體運勢

整體運勢前困後亨，但是亨通之時，則必須見好就收，以顧全大局。

財運投資

財運投資一句話：見好就收。

❤愛情婚姻

愛情婚姻苦盡甘來，但切莫不滿足，應該低調謙沖。

工作事業

工作事業漸有起色，但是必須得利即止，切莫貪心。

第十卦 ☰「天澤履」小女隨父 以柔克剛（平）

卦辭原文：履虎尾 不咥人 亨

解釋：履虎尾。此句主要說的是小心翼翼地跟著大老虎。

不咥人 亨。【咥】作【吃】，老虎不吃人，當然是運氣亨通的事。

此卦字面上說的是踩在老虎的尾巴上，老虎卻不咬你，當然是亨通。為何老虎不咬你？老虎在此泛指君王，當權者，上位者，在家指嚴父。老爸爸權威十足跟老虎一樣，天不怕地不怕，偏偏最怕家裡小女兒，為何？因為小女兒會撒嬌。因而此卦重點是說跟有權勢的人在一起【伴君如伴虎】，必須像小女兒跟著老爸爸一樣，用溫柔的手段對待，如此以柔克剛，自然氣運會亨通。因而此卦運勢因人作法而異，故僅是平卦。

★整體運勢

整體運勢因做法而異，溫柔謙順者得利，強出頭者受害。

財運投資

財運投資宜聽高人意見，廣納專家意見，如此則吉。

愛情婚姻

愛情婚姻宜發揮女性溫柔特質，如此得吉，反之得凶。

工作事業

工作事業宜以柔克剛，尤其對上位者更需謹慎。

☰【履】卦 初九 安居樂道 待時亨通（平）

爻辭原文：素履 往無咎

解釋：【履】卦初爻是陽爻，故稱初九。

爻辭曰：

素履。素履是白色的鞋子，比喻為人清清白白，坦坦蕩蕩。

往無咎。此句是說以如此的態度行事，則不會有咎害。

此卦是說清白做事，安居樂道，短則可以保無災禍，長則能待時而亨通。但是如果此時急功近利，強於出頭，反而可能惹來災禍。此卦之吉凶亦因人處世之態度而定，安居樂道，不與人爭則吉，急於躁進，與人相爭則凶，故綜合論之此卦乃平卦。

★整體運勢

運勢端看個人作為，退守則吉，躁進則凶。

財運投資

財運普通，投資宜慎。切莫躁進為最好指導原則。

❤愛情婚姻

愛情運勢宜暫時觀望，以待事情明朗，時運轉好再定。

工作事業

工作方面心態宜安居樂道，莫急進，以待時而亨通。

事業則是須緩待，不宜躁進，靜待後運。

☰【履】卦 九二 切莫躁進 靜守則吉（靜守則吉）

爻辭原文：履道坦坦 幽人貞吉

解釋：【履】卦二爻是陽爻，故稱九二。

爻辭曰：

履道坦坦。此句是說走在大道上坦坦蕩蕩，比喻作人行事也要坦坦蕩蕩。

幽人貞吉。【幽人】字面上意思是【被幽禁之人】，此處泛指暫時退隱之人。此句意思是暫時退隱不管事，反而才會得吉。

此卦是說暫時切莫躁動，躁動則凶，靜守則吉。大致上與初爻【素履 往無咎】意義相通，不過這邊的用語更加強了，初爻是【無咎】，而此二爻是【貞吉】。因而此卦整體為靜守則吉。

★整體運勢

整體運勢亦因個人作為而異，躁動則凶，靜守則吉。

財運投資

財運投資宜守不宜攻，得小利則可止。

❤愛情婚姻

愛情婚姻宜暫時莫動，【幽人】者【清幽之人】也，暫時不要承諾愛情與婚姻大事。

工作事業

工作事業宜退不宜進，姑且先高尚其志，靜待後運。

☱【履】卦六三 不自量力 剛愎自用（凶）

爻辭原文：眇能視 跛能履 履虎尾 咥人 凶 武人為於大君

解釋：【履】卦三爻是陰爻，故稱六三。

爻辭曰：

眇能視 跛能履。此句是說眼睛瞎了還自以為能看見，腳跛了還自以為能走路。

履虎尾 咥人 凶。以這樣自以為是的態度去踏老虎的尾巴，當然被老虎吃掉，此乃凶事啊。

武人為於大君。就像剛暴的武人一樣，沒有謙順仁愛之心，就妄想要當君王。

此卦是說不自量力，剛愎自用行事，只會替自己招來禍端，因而此卦為凶。化解之道首重行事態度柔順謙卑，或能逃過一劫。

★整體運勢

時運極差，須謹慎小心行事，事事謙卑禮讓，否則易招災。

💰財運投資

財運差，投資不宜。若投資必被吃掉。

❤愛情婚姻

愛情婚姻如同入虎口，易遇粗暴之人，故諸事不宜，宜先暫緩。

💼工作事業

工作事業危殆，宜自我省思，莫與人爭。

☰【履】卦 九四 戒慎恐懼 以柔為吉（後吉）

爻辭原文：履虎尾 愬愬 終吉

解釋：【履】卦四爻是陽爻，故稱九四。

爻辭曰：

履虎尾 愬愬。【愬愬】是【畏懼小心的樣子】。履虎尾字面上是說踩在老虎尾巴，這裡泛指跟在當權者的旁邊做事。此句是說跟在老闆旁邊辦事，就要時時刻刻謹慎小心，伴君如伴虎。

終吉。此句是說如此最終才會獲得吉利。

此卦大意是說伴君如伴虎，跟在老大身邊就必須戒慎恐懼，要以溫和柔順的態度對待，如此不僅保自己平安，最後還能獲吉。因而此卦重點在於處事態度，戒慎恐懼，柔順行事則最後得吉，故乃後吉。

★整體運勢

運勢不差，惟仍須事事小心，謙卑恭順，則無往不利。

💰財運投資

財運投資須步步為營，時時小心，謹慎之下最後會獲利。

❤愛情婚姻

愛情婚姻宜柔順待之，最終會得圓滿。

💼工作事業

工作事業不宜操之過急，謹慎小心以待，終會得利。

☰【履】卦 九五 兢兢業業 好運將來（先凶後吉）

爻辭原文：夬履 貞厲

解釋：【履】卦五爻是陽爻，故稱九五。

爻辭曰：

夬履。【夬】是【決】決斷之意。【履】是【履行】。此句是說勇敢果決地去實行政策。

貞厲。此句是說雖然勇敢果決地去實行該做之事，然而可能會流於操之過急之弊，所以仍然是危勵。

此卦是說遇事必須勇敢果決去承擔，兢兢業業去奮鬥，但是千萬不可操之過急，如此日後好運必將來到。此卦先遇危厲，後則得吉，故此卦乃先凶後吉。

★整體運勢

整體運勢先凶後吉，然切莫急躁，小心謹慎處理事情，日後必得吉。

財運投資

財運短空長多，故投資暫時不宜，以待後運看漲，屆時才可進場。

❤愛情婚姻

愛情婚姻暫且不宜，靜待姻緣運勢好轉才可行之。

工作事業

工作事業還須保持戰戰兢兢經營，如此日後必能得吉。

☰【履】卦 上九 必有痕跡 善有善終（大吉）

爻辭原文：視履 考祥其旋 元吉

解釋：【履】卦上爻是陽爻，故稱上九。

爻辭曰：

視履。【履】指【履行】，此處指【自己走過的痕跡】。此句的意思是看看自己以前的所作所為，自我省思。

考祥其旋。【考】指【考察】。【祥】是【詳細】。【旋】指【周旋，全身，上上下下】。此句是說詳細的全面考察自己的所作所為。

元吉。經過自我省思過，自覺無愧於天地之後，如此乃會獲大吉。

此卦是說凡走過必有痕跡，若行善事則終必有善報。因而此卦乃大吉之卦。

★整體運勢

整體運勢大好，可以積極作為，事無不利，大吉。

財運投資

財運極佳，投資可以積極從事，必可獲大利。

愛情婚姻

愛情婚姻得宜，大吉之兆。

工作事業

工作事業順心如意，可以大展抱負，全力往前衝。

第十一卦 ䷊「地天泰」三陽開泰 全盛之時（吉）

卦辭原文：小往大來 吉亨

解釋：小往大來。在〈易經〉通例中，陽為大，陰為小。陽為好，陰為壞。故此句是說壞事（陰）都走了，好事（陽）都來了。

吉亨。此句是說如此當然是吉利亨通。

此卦是說【泰】卦就是新春恭賀所說吉祥話【三陽開泰】的【泰】，因為【泰】卦最下面就是三個陽爻。卜中【泰】卦代表好的來，壞的去，正是運勢全盛之時，故而此卦乃吉卦。

★整體運勢

時運大好，做什麼事都順利，必積極去開創，定有所作為。

財運投資

才運佳，投資宜。大舉投資沒問題。收穫必豐。

♥愛情婚姻

愛情運勢極佳，順風順水，可有好對象。

婚嫁適合，吉。主婚姻和諧，富貴之家。

工作事業

工作得心應手，好運來壞運走，此時利益，職位必極力爭取之。

事業一帆風順，鴻圖大展，宜大張旗鼓，開拓美好事業。

䷊【泰】卦 初九 齊頭並進 共創大業（吉）

爻辭原文：拔茅茹 以其匯 征吉

解釋：【泰】卦初爻是陽爻，故稱初九。

爻辭曰：

拔茅茹 以其匯。【匯】是指【類】同類的意思。此句字面上是說把茅草拔起來，會連帶把同類的根都拔起來。比喻同樣是人才，應該相扶持，相提攜。

征吉。此句是說往這個方向努力去做就會得吉。

此卦是說人才做事就要群策群力，齊頭並進，互相提攜，一起共創大業，如此當然會獲吉。因而此乃吉卦。

★整體運勢

時運佳，正是風生水起之時，莫忘互相提攜，可成大業。

💰財運投資

爻辭言【征吉】，意思是財運極佳，投資策略可以積極進攻，如此必可獲得大利。

❤愛情婚姻

愛情婚姻得意，對象門當戶對，姻緣可以積極經營。

💼工作事業

工作團隊皆一時之選，可以達標無誤。

事業方面上下一心，老闆伙計有志一同，必可成大業。

䷊【泰】卦九二 冒險犯難 大公無私（吉）

爻辭原文：包荒 用馮河 不遐遺 朋亡 得尚於中行

解釋：【泰】卦二爻是陽爻，故稱九二。

爻辭曰：

包荒。此句是說包容荒遠之民。

用馮河。此句是說徒手過河。此處指勇敢果決，冒險犯難。

不遐遺。此句是說就算再怎麼遠，也不要遺漏他們。

朋亡。此句是說忘記朋黨之私。

得尚於中行。此句是說行中道必可得吉。

此卦是說此刻正是開疆拓土之際，所以要勇敢果決，要去冒險犯難開拓，遠則不認識的人也要照顧到，近則身邊的朋友也不要包庇，如此大公無私行中道，必然可以獲吉。故此乃吉卦。

★整體運勢

時運正值顯赫之際，宜四方開疆拓土，大展鴻圖。

財運投資

財運佳，投資大宜。大展拳腳之際，可追求高獲利。

♥愛情婚姻

愛情婚姻猶如開疆拓土，切莫害怕，積極參與必可獲良緣。

工作事業

工作事業如魚得水，可以大軍遠征，必可獲重利。

䷊【泰】卦 九三 花開花落 戒慎者吉（慎吉）

爻辭原文：無平不陂 無往不復 艱貞無咎 勿恤其孚 於食有福

解釋：【泰】卦三爻是陽爻，故稱九三。

爻辭曰：

無平不陂 無往不復。【陂】就是【坡】。此句是說沒有平地哪有山坡？沒有前往哪有回復？意思是人生本是高高低低，起起伏伏。

艱貞無咎 勿恤其孚 於食有福。此句是說戒慎恐懼行事，就不會有災禍。人生起起落落本來就是常事，不要太介意。如此態度行事自然會獲得福氣。

此卦是說人生猶如花開花落，一定會有起伏，不要太在意，只要戒慎恐懼行事，必會得吉。因而此卦是慎乃得吉，故曰慎吉。

★整體運勢

【小心駛得萬年船】是最高指導原則。行之則吉。

💰 財運投資

財運投資完全在一個【慎】字，莫輕易出手，後必得吉。

❤ 愛情婚姻

愛情路途起起伏伏，婚姻抉擇謹慎為先，如此則吉。

💼 工作事業

工作事業一如人生必有起伏，無須太過牽掛，只需戰戰兢兢以對，日後自然而然可以獲吉。

☷【泰】卦 六四 同行同心 諸事可期（平）

爻辭原文：翩翩不富 以其鄰 不戒以孚

解釋：【泰】卦四爻是陰爻，故稱六四。

爻辭曰：

翩翩不富 以其鄰。字面上的意義是不以己之富而向鄰居炫富。意思是比喻須謙虛對人。

不戒以孚。【戒】是【誡】告誡也。【孚】是【誠信】。此句是說這種事情不需要特別告誡，就可以得到信實。

此卦是說就算自己很富有，也不能運用富有的心態來對待他人，必須要有同理心，同行就必須同心，如此日後才能有所作為，諸事可期。因而此卦運勢目前只是平平，故為平卦。

★整體運勢

時運暫時平平，以同理心待人，則日後必有所進展。

財運投資

財運普通，投資目前只宜小做，利在明年。

❤愛情婚姻

愛情婚姻宜暫時等待，無須急躁，佳期在於明年。

工作事業

工作需與同事保持友好，本年平順度過即可。

事業暫時保守為宜，同業或可相助，可保無憂。

䷊【泰】卦 六五 溫柔謙虛 事事皆吉（大吉）

爻辭原文：帝乙歸妹 以祉元吉

解釋：【泰】卦五爻是陰爻，故稱六五。

爻辭曰：

帝乙歸妹。此句是說帝乙是商紂王之父，相傳是位明君。【歸】是【女嫁】。【妹】是【少女】。帝乙把自己的女兒下嫁給賢能之人。

以祉元吉。【祉】是【福祉】。如此做是有福氣的事，當然是大吉。

此卦是說帝乙貴為一國之君，然而可以禮賢下士，就算把自己的女兒嫁給他也在所不惜。表示如果溫柔謙虛處事，則事事大吉，因而此卦為大吉。

★整體運勢

整體運勢亨通，宜溫柔謙卑行事，則諸事大吉。

財運投資

財運佳，投資宜。最好謙虛廣納他人投資意見，必可獲利。

❤愛情婚姻

愛情婚姻大吉，爻辭中【歸妹】本就指嫁娶，因而愛情婚姻之事大吉，主得富貴之姻親。

工作事業

工作得宜，有貴人助，可以一帆風順。

事業順心如意，可以積極開疆拓土。

䷊【泰】卦上六 泰極否來 宜慎自守（凶）

爻辭原文：城復於隍 勿用師 自邑告命 貞吝

解釋：【泰】卦上爻是陰爻，故稱上六。

爻辭曰：

城復於隍。【隍】是護城河。有水曰池，無水曰隍。此句是說城牆覆倒在護城河上。此乃表示危難已到。

勿用師 自邑告命。不可輕易出兵。並且要四處告知此命令。

貞吝。雖然此舉猶如亡羊補牢，但只恐怕為時已晚，會有悔吝。

此卦是說運勢已由【泰】卦漸漸轉至【否】卦，因為【泰】卦下一卦就是【否】卦，因而泰極否來，為今之計就只能謹慎自守，盡量減少損失。若還要逞強應戰，則會招凶。因而此卦為凶卦。

★整體運勢

運勢已由盛轉衰，故人亦須轉保守，謹慎守住舊基業為宜。

財運投資

財運差，投資不宜。保守低調為宜，若積極從事恐怕只會損失更大。

♥愛情婚姻

愛情婚姻皆不宜，【城復於隍】即是有毀壞之象，行之必敗。

工作事業

工作事業只宜自守，不宜開創，只求平安度過為宜。

第十二卦 ䷋「天地否」小人當道 韜光養晦（凶）

卦辭原文：否之匪人 不利君子貞 大往小來

解釋：否之匪人。【匪】是【非】，【匪人】是【非人】，也就是【小人】。此句是說卜中【否】卦時，表示小人當道。

不利君子貞。此句是說小人當道得勢，當然不利君子。

大往小來。此句是說在〈易經〉通例中，陽為大，陰為小。陽為好，陰為壞。故此句是說好事（陽）都走了，壞事（陰）都來了。

此卦是說卜中【否】卦時，表示小人當道，君子只能退避三舍，自求多福，韜光養晦去吧。因而時運當然是個凶卦。

★整體運勢

整體運勢凶，小人當道，君子無光，只能暫且以求自保。

財運投資

財運差，因而投資不宜。以保本為宜。

愛情婚姻

愛情運勢不順，容易遭遇小人，情路坎坷。

婚姻不宜，否則有遇人不淑之嫌。

工作事業

工作遭小人忌，故只能低調自保。

事業遇人從中作梗，不得力拼，退守為宜。

䷋【否】卦 初六 小人連線 從正則吉（合則吉）

爻辭原文：拔茅茹 以其匯 貞吉亨

解釋：【否】卦初爻是陰爻，故稱初六。

爻辭曰：

拔茅茹 以其匯。【匯】是【類】同類。字面上是說要把小人像茅草一樣拔起，會同時拔起小人的同類。意思是說正當【否】卦之時，小人當道，並且小人四起。

貞吉亨。此句是說若小人可以改邪歸正，就可以得吉而亨通。

此卦是說小人連線也是一股大勢力，如果可以改邪歸正，也可以獲吉而亨通。另一方面是說如果聯合起來，發揮群體力量，亦會獲吉。故此卦為合則吉。

★整體運勢

整體運勢吉，最好是可以同謀共事，則利莫大焉。

💰 財運投資

財運佳，投資宜。最宜合夥投資，必能獲利。

❤ 愛情婚姻

愛情婚姻指物以類聚，門當戶對，吉。

💼 工作事業

工作事業必聚集眾人成事，可以一帆風順。

䷋【否】卦 六二 小人得吉 大人得否（小吉大凶）

爻辭原文：包承 小人吉 大人否亨

解釋：【否】卦二爻是陰爻，故稱六二。

爻辭曰：

包承。此句是說包庇奉承。

小人吉 大人否亨。此句是說如此包庇奉承是小人強項，因而小人為吉。而君子不屑為之，因而為否。

此卦是說小人樂於拍馬屁，所以可以得勢當道，所以小人得吉。而君子不屑這麼做，可惜時運所限，所以大人得否。也就是說此卦小人吉，大人凶。故稱之為小吉大凶。

★整體運勢

能以寬容心態處事則吉，不宜剛烈處之，宜包容之。

財運投資

財運投資因人而異，必以得小利則止為原則，可保無憂。

❤愛情婚姻

愛情婚姻有得同類之象，互相包庇扶持，亦未不可。

工作事業

工作事業勿太過苛求，適時給於寬待，反而會收到奇效。

䷋【否】卦 六三 包庇羞辱 反取其辱（凶）

爻辭原文：包羞

解釋：【否】卦三爻是陰爻，故稱六三。

爻辭曰：

包羞。此句是說包庇羞辱。

此卦是說小人為了包庇羞辱，而無所不用其極，然而此等作法反而自取其辱。因而本卦為凶。

★整體運勢

整體運勢差，特別要小心謹慎以防羞辱上身。

財運投資

財運不佳，投資不宜。若投資則有可能誤信小人，錢都輸光了，還被隱瞞在鼓裡。

♥愛情婚姻

愛情運勢易誤陷小人手裡，然而小人還仍然盡力粉飾太平，宜慎。

婚姻則是暫且不宜，否則易有小人之禍。

工作事業

工作容易招惹小人，最要小心。

事業則是防用人不當，以致小人橫行，傷害基業。

䷋【否】卦 九四 奉命行事 同受其福（吉）

爻辭原文：有命無咎 疇離祉

解釋：【否】卦四爻是陽爻，故稱九四。

爻辭曰：

有命無咎 疇離祉。【疇】是【類】同類也。【離】者【麗】也，【離祉】乃【福祉】也。此句是說有天命就無咎害，名正言順也。然後可以帶領同類一起享受恩賜，福祉。

此卦是說奉王者之命行事，當然名正言順，同類們也可以一起同受其福。所以此乃吉卦。

★整體運勢

運勢已開，不僅自己有所收穫，身旁之人亦可同受其福。

財運投資

財運轉好，投資可以大力進場。共同投資者皆蒙其利。

❤愛情婚姻

愛情運勢由壞轉好，小人散去，正緣出現。

婚嫁宜，主得貞命夫子，天女。

工作事業

工作漸漸有起色，同事之間皆同獲利。

事業漸入佳境，有貴人助，可一帆風順。

䷋【否】卦九五 諸事皆吉 慎防小人（吉）

爻辭原文：休否 大人吉 其亡其亡 繫於苞桑

解釋：【否】卦五爻是陽爻，故稱九五。

爻辭曰：

休否大人吉。此句是說休掉否運厄運，所以大人為吉。

其亡其亡。此句是說一天到晚喊「要死了！要死了！」的人卻往往死不了，因為心中有所恐懼畏懼，就有所準備。意思要有憂患意識。

繫於苞桑。此句是說小人勢力猶如桑葉叢生，很難去除乾淨，所必須慎防小人再起。

此卦是說既然已經休去厄運，當然諸事皆吉。然而需居安思危，尤其慎防小人，因為若讓小人再度得勢，會一發不可收拾。故而本卦為吉。

★整體運勢

運勢強，諸事順利。不過別忘憂患意識，如此可以常保無憂。

財運投資

財運佳，投資宜。最佳方法是群體投資，會有更大賺頭。

♥愛情婚姻

愛情婚姻兩相宜，壞運已去，好運已來，正桃花朵朵開。

工作事業

工作事業越來越好，然而別忘慎防小人，如此可以一帆風順。

䷋【否】卦 上九 否極泰來 苦盡甘來（吉）

爻辭原文：傾否 先否後喜

解釋：【否】卦上爻是陽爻，故稱上九。

爻辭曰：

傾否 先否後喜。此句是說傾倒否運，迎接好運。先走否運，後走好運。

此卦是說否極泰來，苦盡甘來，當然是吉卦。

★整體運勢

整體運勢大好，壞運已去，正是苦盡甘來之時。

財運投資

財運頗佳，因而可以極力從事投資。以前失利所損失的，今朝不僅全部賺回來，還加倍奉還。

❤愛情婚姻

愛情可謂苦盡甘來，所有一切辛苦是值得的。

婚嫁宜，喜得佳偶，永結同心。

工作事業

工作一掃陰霾，正是太陽出來之時，運勢開始漸盛。

事業則有如旭日東昇，開始一飛衝天，後勢可期。

第十三卦 ☰「天火同人」同舟共濟 開創新局（吉）

卦辭原文：同人於野 亨 利涉大川 利君子貞

解釋：同人於野 亨。【同人】有【將人同化】與【物以類聚】之意。【野】是【曠野】比喻又廣又遠。此句是說要將人同化，必須大公無私，將此心推廣到又廣又遠的地方，如此才能真正亨通。

利涉大川 利君子貞。此句是說如此也才利於涉過大川，犯難冒險以追求大利。並且這有利於君子的作為。

此卦是說【同人】卦首重大公無私，一如大同世界一般博愛。再者【同人】卦是集合志同道合之人，同舟共濟以開創新局。故而此卦為吉卦。

★整體運勢

整體運勢佳，朋友之間相扶持，共同創立大業，吉。

財運投資

財運好，投資當然適宜。且得友人贊助，共生共榮，共同獲利。

❤愛情婚姻

愛情婚姻主門當戶對，物以類聚，吉。

工作事業

工作必須與人合作無間，則事無不成。

事業適合與人合資，則大大獲利。

䷌【同人】卦 初九 出外打拼 廣結善緣（平）

爻辭原文：同人於門 無咎

解釋：【同人】卦初爻是陽爻，故稱初九。

爻辭曰：

同人於門 無咎。【同人】有【將人同化】與【物以類聚】之意，因而【同人】卦首重大公無私。此句是同人的程度僅止於一門之內，未免過於狹隘，然而卻無傷大雅，因而沒有咎害。

此卦是說【同人】卦首重大公無私，博愛精神，因而同人的程度越廣大越吉利。如今同人程度只在一門之內，顯得狹隘。最好是能夠出外打拼，並且廣結善緣，如此有助得吉。現如今只能得個平卦。

★整體運勢

運勢平平，只因眼界太小。最好出門創蕩，廣結善緣，有助以後創立大業。

財運投資

財運普通，投資宜小，見好即收。

❤愛情婚姻

愛情婚姻則是一家和睦，平順無憂。

工作事業

工作適合出外奮鬥，不宜坐內等待。

事業則利行商（外出拚業務），不宜坐賈（坐著等待客人上門的生意）。

䷌【同人】卦 六二 結黨營私 招致悔恨（小凶）

爻辭原文：同人於宗 吝

解釋：【同人】卦二爻是陰爻，故稱六二。

爻辭曰：

同人於宗 吝。【同人】有【將人同化】與【物以類聚】之意，因而【同人】卦首重大公無私。此句是同人的程度僅止於同宗之間，未免容易導致私溺之事，因而會造成鄙吝。

此卦是說只顧結黨營私，當然會招致悔恨。凡〈易經〉通例中，常見吉凶字眼有四：【吉凶悔吝】，【悔】是謂已經知錯，錯則改之，便能悔亡與無悔。所以經文中可常見【悔亡】與【無悔】，在吉凶程度上是比較接近吉的。而【吝】是謂執意為之，故而生悔恨，所以在吉凶程度上是比較接近凶的。因而本人將之列為小凶之卦。

★整體運勢

運勢不佳，主因在於易結黨舞私，故無法順遂。

財運投資

財運未開，投資不宜。否則易陷於一黨之私，終非善事。

♥愛情婚姻

愛情婚姻不宜，否則易生私情，得不償失。

工作事業

工作事業會有舞弊之嫌，切忌。否則易招災。

☲【同人】卦 九三 忍隱不發 以待後運（攻凶）

爻辭原文：伏戎於莽 升其高陵 三歲不興

解釋：【同人】卦三爻是陽爻，故稱九三。

爻辭曰：

伏戎於莽。【同人】有【將人同化】與【物以類聚】之意。這邊是說想要用武力將人同化，於是設伏兵在草莽之間。

升其高陵 三歲不興。此句是說等到爬到高處一看，對方守備森嚴，我方無機可趁，於是三年都無法興兵。

此卦是說此刻情勢不宜進攻，故切莫躁進。只能忍隱不發，靜待後運，如此可保無憂。若貿然進攻，只會自遭凶運，因而此卦稱之為攻凶。

★整體運勢

整體運勢乃以退為進為宜，躁進則凶，宜慎之。

財運投資

財運投資需按兵不動，貿然投資則凶。

愛情婚姻

愛情婚姻要暫緩，否則易自陷入不正之姻緣。

工作事業

工作事業要低調以對，務求平順度過為宜，不可躁進。

☲【同人】卦 九四 以退為進 反而得吉（攻凶守吉）

爻辭原文：乘其墉 弗克攻 吉

解釋：【同人】卦四爻是陽爻，故稱九四。

爻辭曰：

乘其墉 弗克攻 吉。【同人】有【將人同化】與【物以類聚】之意。這邊是說想要用武力將人同化，於是登上城牆一看，還是無機可趁，所以決定放棄攻擊，如此反而會得吉。

此卦是說以退為進，反而會得吉，若貿然進攻，則會招凶。故此卦本人標示為攻凶守吉。

★整體運勢

運勢攻凶守吉，必須以退為進，方是吉事。

財運投資

財運投資策略以退為進，若手上有貨，可以暫時不出脫，待價而沽日後必有好價錢。

愛情婚姻

愛情婚姻莫急躁，以退為進才是好方法，後必見吉。

工作事業

以退為進是大原則，切莫一股腦往前衝，宜慎。

䷌【同人】卦 九五 大費周章 先苦後甘（先凶後吉）

爻辭原文：同人先號咷而後笑 大師克相遇

解釋：【同人】卦五爻是陽爻，故稱九五。

爻辭曰：

同人先號咷而後笑。【同人】有【將人同化】與【物以類聚】之意。此句是說先嚎啕大哭，然後再大笑。代表的是先苦後甘。

大師克相遇。這邊是說想要用武力將人同化，於是出動大軍隊才得以降服。

此卦是說大費周章以後的結果是先苦後甘，因而此卦標示為先凶後吉。

★整體運勢

運勢猶如倒吃甘蔗，漸入佳境，如今可以一償所願，吉。

💰 財運投資

財運投資漸漸進入適宜時機，可以見情勢逐漸加碼，必有厚利。

❤ 愛情婚姻

愛情起起伏伏，先前不順，如今得報，漸漸好運。

婚姻則逐漸邁入成熟時機，以前不愉快逐漸化為雲煙。

💼 工作事業

工作事業雖之前遇上失敗，然而今日重振雄風，必可再創佳績。

䷌【同人】卦 上九 大公無私 可以無悔（平）

爻辭原文：同人於郊 無悔

解釋：【同人】卦上爻是陽爻，故稱上九。

爻辭曰：

同人於郊 無悔。【同人】有【將人同化】與【物以類聚】之意，因而【同人】卦首重大公無私。此句是同人的程度達到了郊外，因而無悔。

【同人】卦的卦辭說：【同人於野 亨】，同人的程度要達到廣大的曠野，才會亨通。雖然同樣是大公無私，但是【郊】比【野】範圍要小，所以無法達到亨的程度，只能無悔。所以此卦標示為平卦。

★整體運勢

運勢平平，故只求平順度過即可。

財運投資

財運只有平順，故而投資須見利即收，莫貪大利。

❤愛情婚姻

愛情婚姻平順，無波無折，順遂就是福。

工作事業

工作事業沒有大好大壞，平平安安過日子，也是種福氣。

第十四卦 ☲「火天大有」如日中天 大家都有（大吉）

卦辭原文：元亨

解釋：元亨。此句是說大大的亨通。

此卦乃【大有】卦，字面上的意思是【大大的富有】與【大家通通都有】，也就是人人皆富足，這就是大同思想的境界。運勢如日中天，不僅自己富足，而且大家都富足。當然是大吉之卦。

★整體運勢

大吉的運勢，如日中天，事事皆宜，大吉大利。

財運投資

財運極強，投資可以大舉加碼，勢必大賺特賺。而且大家共蒙其利，共同賺錢。

♥愛情婚姻

愛情運勢亨通，主有良緣，對象乃富貴之象。

婚嫁極佳，主富貴之家。

工作事業

工作順遂，所求所願可成，可積極放開拳腳大展抱負。

事業突飛猛進，有如神助，努力開拓事業之際。

䷍【大有】卦 初九 大運將來 刻苦待之（平）

爻辭原文：無交害 匪咎 艱則無咎

解釋：【大有】卦初爻是陽爻，故稱初九。

爻辭曰：

無交害 匪咎。【交】者【涉】也，【無交害】就是【不會涉及災害】。【匪】是【非】，【匪咎】就是【非咎】何咎之有？此句是說因為沒有利害關係，所以不會有災禍。

艱則無咎。此句是說然而還須保持刻苦的心態，戰戰兢兢以對。如此則大運將來，所以目前必刻苦以待之。

就本卦而言，目前暫時還只是運勢平平，故稱之為平卦。

★整體運勢

整體運勢平平，然而勤勉努力奮鬥之，很快大運就會來。

💰 財運投資

目前財運平平，故投資還須謹慎，量入為出，小賺即可收場。

❤ 愛情婚姻

愛情姻緣暫時不見開花結果，然而必有豐收之日，故目前還需耐心等待大運將來之時。

💼 工作事業

工作事業運勢平穩，但是莫忘提早做好準備，以備他日大運來臨之時，可以一舉功成。

☲【大有】卦 九二 任重道遠 一路順風（吉）

爻辭原文：大車以載 有攸往 無咎

解釋：【大有】卦二爻是陽爻，故稱九二。

爻辭曰：

大車以載。此句是說運勢猶如大車可以裝載很多財物。

有攸往 無咎。此句是說如此趁著好運往目標前進，不會有災害。

此卦是說運勢就像大車可以裝載很多財物，亦即任重道遠，並且運勢大好，故能一路順風。本卦爻辭中雖未寫出吉字，而吉自在其中也，故本卦為吉。

★整體運勢

運勢好，可以開拓疆土，創立事業，走得長長遠遠。吉。

財運投資

財運佳，投資適宜。可以長期獲利，一帆風順。

愛情婚姻

愛情運勢佳，且後勢看漲，大有斬獲。

婚嫁宜，必是良緣，可以長長久久，百年好合。

工作事業

工作代表自己猶如千里馬之能耐，必有所成。

事業則是大展鴻圖，吉。

䷍【大有】卦 九三 尊榮之極 勿寵而驕（吉）

爻辭原文：公用亨於天子 小人弗克

解釋：【大有】卦三爻是陽爻，故稱九三。

爻辭曰：

公用亨於天子。此處之【亨】通用【享】字，享宴的意思。此句是說天子設宴款待諸侯，此乃莫大之榮耀。

小人弗克。此句是說小人則不得享受此尊榮，否則會令小人得勢，恃寵而驕，進而惹起禍端。

此卦是說此時運勢大好，正是尊榮之極，然而處在高位之時，千萬不可恃寵而驕，可常保吉祥。本卦當然是吉。

★整體運勢

運勢大好，尊榮之時，切忌用小人，乃可長長久久。

財運投資

財運佳，投資宜，必可大大獲利，有如上天賞賜。

❤愛情婚姻

愛情運勢強，受人寵愛。

婚嫁宜，必是大富大貴之家聯姻。

工作事業

工作事業皆得意，得長官賞識，部屬擁戴，事無不成。

䷍【大有】卦 九四 虛懷若谷 必得其福（小吉）

爻辭原文：匪其彭 無咎

解釋：【大有】卦四爻是陽爻，故稱九四。

爻辭曰：

匪其彭 無咎。【匪】是【非】。【彭】是【盛大的樣子】。此句是說不自以為自己強大，也就是謙虛自處，如此自然可以沒有咎害。

此卦是說不自居功，以虛懷若谷的心態，必定能夠獲得福氣。雖然爻辭中說【無咎】，然處在【大有】盛世，不居其功，亦堪稱吉，因而此卦列為小吉。

★整體運勢

整體運勢不差，然而必須謙沖自處，乃得福氣綿延。

財運投資

財運可，投資可，惟須得利即止，不貪大利，可保無害。

愛情婚姻

愛情婚姻平順，勿多苛求，自可無憂。

工作事業

工作運勢平平，低調謙沖以對，平安即是福。

事業平穩，莫誇耀己功，自可不招忌，平安順利過日子。

䷍【大有】卦 六五 眾望所歸 恩威並行（吉）

爻辭原文：厥孚交如 威如 吉

解釋：【大有】卦五爻是陰爻，故稱六五。

爻辭曰：

厥孚交如。【厥】是【其】。【孚】是【誠信】。此句是說與人交往重誠信。

威如 吉。此句是說同時又有威望，因而為吉。

此卦是說誠信十足，因而眾望所歸，又有威望，等於是恩威並行。如此之卦當然是吉卦。

★整體運勢

運勢大好，有誠信，有威望，事無不成。

財運投資

財運佳，投資大好。可積極進場操作，獲利必豐。

愛情婚姻

愛情婚姻主得良緣，高貴的對象。

工作事業

工作大利，長官信賴，部下服從，凡事可成。

事業則是大有成就，眾望所歸，可以大大獲利。

䷍【大有】卦 上九 上天保佑 諸事大吉（大吉）

爻辭原文：自天佑之 吉無不利

解釋：【大有】卦上爻是陽爻，故稱上九。

爻辭曰：

自天佑之 吉無不利。此句是說上天保佑，凡事大吉而無往不利。

此卦是說上天保佑，凡事有如神助，諸事皆吉。如此吉利之卦，堪稱大吉。

★整體運勢

強運無法擋，猶如神助，大吉大利之卦，諸事大吉。

財運投資

財運大吉，投資大宜。投資什麼賺什麼，不必多慮，盡量賺就是。

♥愛情婚姻

愛情一帆風順，必有良緣。

婚姻美滿，神明祝福，百年好合。

工作事業

工作沒有阻礙，乃大展拳腳之際。

事業欣欣向榮，有神明保佑，自可諸事順利。

第十五卦 ䷎「地山謙」盈滿招損 謙虛受益（吉）

卦辭原文：亨 君子有終

解釋：亨 君子有終。此句是說亨通，君子將有善終。

此卦【謙】卦就是謙虛之義。【滿招損，謙受益】是大家耳熟能詳的名言，也就是【謙】卦的精神。

熟讀〈易經〉的朋友都知道，六十四卦中無論是卦辭爻辭全部皆吉利的，公認只有【謙】卦一卦。

換個方式說如果卜中【謙】卦，無論是卜中哪一爻，肯定都是吉利的。所以本卦自然是吉。

★整體運勢

運勢佳，莫忘【謙】卦之精神，自可福澤綿延。

財運投資

財運好，投資可。獲利將可平順進帳。

愛情婚姻

愛情順遂，代表對象是有真實力之人。

婚嫁可，主腳踏實地之佳偶。

工作事業

工作勤奮，內心謙虛，凡事可成。

事業平順，眾人歸心，可保長久。

䷎【謙】卦 初六 始終謙虛 用以涉險（吉）

爻辭原文：謙謙君子 用涉大川 吉

解釋：【謙】卦初爻是陰爻，故稱初六。

爻辭曰：

謙謙君子 用涉大川 吉。此句是說謙虛的君子，用【謙】道的精神來涉險過大川，當然是吉利的。

此卦是說當今運勢欲【涉大川】，必用【謙】道。何謂【涉大川】？古之險莫過於川，古代交通不方便，要渡過大河不是那麼簡單的事情，要看時機，並且要有冒險犯難的勇氣。【涉大川】代表的就是勇於冒險犯難，追求大利益。此卦是說當在外面打拼開創事業時，別忘了要始終謙虛，這樣對自己才最有利。此卦當然為吉。

★整體運勢

整體運勢好，可以積極開創事業，重點是莫忘謙虛自處，則無不利。

財運投資

財運佳，投資宜。可以搏大風險大獲利的投資，獲利必可觀。

愛情婚姻

愛情婚姻皆宜，主得謙虛又有真實力的對象。

工作事業

工作事業外可積極開創，內則保持謙虛，則事無不成。

䷎【謙】卦 六二 謙名在外 人皆信之（吉）

爻辭原文：鳴謙 貞吉

解釋：【謙】卦二爻是陰爻，故稱六二。

爻辭曰：

鳴謙 貞吉。此處的【鳴】字代表大鳴大放。此句是說謙虛的名聲聞名在外，所以眾人皆信服之。如此乃吉。

六十四卦中無論是卦辭爻辭全部皆吉利的，公認只有【謙】卦一卦。

換個方式說如果卜中【謙】卦，無論是卜中哪一爻，肯定都是吉利的。所以本卦自然是吉。

★整體運勢

運勢佳。有名聲，則做任何事情皆得利。

財運投資

財運好，投資宜。名聲吸引眾人前來，可共襄盛舉，共謀福利。

❤愛情婚姻

愛情婚姻主佳偶，聲名好，實力強。

工作事業

工作事業一帆風順，不僅有實績，還有好名聲，吉。

䷎【謙】卦 九三 功不自居 常保其福（吉）

爻辭原文：勞謙 君子有終 吉

解釋：【謙】卦三爻是陽爻，故稱九三。

爻辭曰：

勞謙。有兩個層面意義：其一是勞己勞力，事必躬親，加上謙虛的態度。其二是有功勞而不自居，謙虛的極致。

君子有終 吉。此句是說君子如此做肯定會有好福氣，吉祥。

此卦是說有功而不自居，所以能常保福氣。六十四卦中無論是卦辭爻辭全部皆吉利的，公認只有【謙】卦一卦。換個方式說如果卜中【謙】卦，無論是卜中哪一爻，肯定都是吉利的。所以本卦自然是吉。

★整體運勢

運勢好，雖然可能勞心勞力，但是終必有所回報，吉。

財運投資

財運投資運勢皆好，辛苦終將有所成，是收割之時也。

❤愛情婚姻

愛情婚姻不辭辛勞，可得好姻緣。

工作事業

工作事業雖則事必躬親，親力親為，然則辛苦是有代價的，尤其晚運會越來越好。

䷎【謙】卦 六四 發揮謙德 無往不利（吉）

爻辭原文：無不利 撝謙

解釋：【謙】卦四爻是陰爻，故稱六四。

爻辭曰：

無不利 撝謙。【撝】即【揮】發揮也。此句是說發揮謙虛的德行，自然可以無往而不利。

此卦是說有謙虛，無不利。六十四卦之中無論是卦辭或爻辭全部皆吉利的，公認只有【謙】卦。也就是說如果卜到【謙】卦，無論是哪一爻，都是吉利的。因而本卦自然是吉。

★整體運勢

整體運勢極好，只要謙虛待人處事，則事事無不利，吉。

財運投資

財運好，投資宜。可以無往不利也。

❤愛情婚姻

愛情婚姻如魚得水，無往不利，吉。

工作事業

工作順心，不忘謙虛之道，自可長長久久順利。

事業發揮得心應手，風生水起大獲利。

䷎【謙】卦 六五 不誇己功 剛柔並濟（吉）

爻辭原文：不富以其鄰 利用侵伐 無不利

解釋：【謙】卦五爻是陰爻，故稱六五。

爻辭曰：

不富以其鄰。不以自己的富有向鄰居誇耀。也就是謙虛之意。

利用侵伐 無不利。此句是說雖然已經謙虛處事，然而卻可能還有些不善之人不服氣，這時候該打就要打，如此才能無往不利。

此卦是說不誇耀自己的功勞本是謙虛的美德，然而謙虛並不是完全的忍讓，有不平之事，還是要出面對付敵人，如此剛柔並濟，才能無往不利。故而此卦為吉卦。

★整體運勢

整體運勢大好，有謙虛，有威望，文武全才，吉。

財運投資

財運佳，大可進場積極投資。然而中間可能會有少許風波，以致鬧事者出現，必快刀斬亂麻處理之，可保無憂大獲利。

愛情婚姻

愛情婚姻運勢好，可能小有波折，打退對方便是，安心，吉。

工作事業

工作事業心中常保謙懷，但不可失威望。若有敗壞紀律之事，還是得明快處理，如此可以常保無憂。

䷎【謙】卦 上六 不平則鳴 可用出征（吉）

爻辭原文：鳴謙 利用行師 征邑國

解釋：【謙】卦上爻是陰爻，故稱上六。

爻辭曰：

鳴謙。此處之【鳴】有【不平則鳴】的味道。

利用行師 征邑國。此句是說出動軍隊去討伐不平的地方。

此卦是說不平則鳴，雖然謙道注重忍讓，但是並非一味容忍，凡是有不公不義的事情，還是要出面處理的，甚至可以出征討伐，這樣才能維護公眾的利益。如此當然是吉。

★整體運勢

整體運勢不差，雖然可能會有反對聲浪，處理掉即可，不用憂心。

財運投資

財運佳，投資可。尤其可用富侵略性投資策略，強攻猛打，如此必有收穫可期。

❤愛情婚姻

愛情婚姻若出現小風波不要擔憂，收拾收拾就好，仍然是吉利。

工作事業

工作可能出現反彈聲浪，打壓下去便是，如此則吉也。

事業會有競爭對手搞鬼，必肅清之，可以高枕無憂。

第十六卦 ䷏「雷地豫」築城積糧 待時而戰（小吉）

卦辭原文：利建侯行師

解釋：利建侯行師。其實是兩段式做法：先建侯，再行師。先廣建諸侯，佈署兵力，等到時機成熟，才可以進兵行師開打。如此才能真正得利。

此卦是說卜到【豫】卦首先切莫躁進。第一要務乃劉伯溫對朱元璋所說：【高築牆 廣積糧 緩稱王】，必須先充實自我實力，儲備戰力，不要心急想要馬上成大業，必須等到我軍實力夠強了，而且時機成熟了，此時再開打我軍就猶如魚得水，無往不利。而此卦重點在於是否能夠暫時先忍耐，而且忍耐期間不斷充實自己，如此則吉。如果做不到反而是凶。所以整體運勢個人將之標示為小吉之卦。

★整體運勢

運勢可，但必須忍耐不躁進，以待時機成熟。

💰 財運投資

財運尚可，投資宜小做。投資即是練兵，見好就收，儲備實力等真正大好機會再大舉進場。

❤ 愛情婚姻

愛情婚姻還可暫時先忍耐一下，等時機更成熟對自己更有好處。

💼 工作事業

工作事業可先暫時按兵不動，時機成熟再一舉進攻，必得好處。

䷏【豫】卦 初六 有人罩著 自鳴得意（凶）

爻辭原文：鳴豫 凶

解釋：【豫】卦初爻是陰爻，故稱初六。

爻辭曰：

鳴豫 凶。此處的【鳴】是【自鳴得意】。【豫】是【逸豫】。此句是說自鳴得意，享逸豫樂，後果當然凶。

此卦是說有些人往往依靠有權勢的人罩著，而自鳴得意，放蕩享樂，如此的結果必然是凶。因而本卦是凶卦。

★整體運勢

運勢由盛轉差，只因仗著人勢得意，如此不能經過考驗而必敗，凶。

財運投資

財運不佳，投資不宜。財運已經轉為衰微，切不可再冒進，否則必凶。前期獲利最好能見好就收。

❤愛情婚姻

愛情不易，因所遇可能並非是紮實做人之人，宜慎。

婚姻暫時不宜，表面形象不可信，否則易吃虧。

工作事業

工作必須低調以對，不可自鳴得意，否則必凶。

事業保守為宜，忌躁進。尤其不可恃寵而驕，慎之。

☷【豫】卦 六二 操守堅固 不溺豫樂（吉）

爻辭原文：介於石 不終日 貞吉

解釋：【豫】卦二爻是陰爻，故稱六二。

爻辭曰：

介於石。此句是說個性剛毅如石頭一樣硬。

不終日。就算偶爾疏忽陷入豫樂，也很快就能抽身出來，不沉迷。

貞吉。此句是說堅持如此作為則吉。

此卦是說操守堅固，就算有時候享受豫樂，也不會沉迷，這是吉事啊。因而此卦為吉。

★整體運勢

運勢好，因為為人端正，嚴以律己，故吉。

財運投資

財運不錯，投資適宜。尤其投資策略不要輕易為他人所動，堅持自己意見，必可獲利也。

愛情婚姻

愛情婚姻代表忠貞不二，吉也。

工作事業

工作勤勉，操守高尚，人才也。吉。

事業經營不要為人所惑，堅持正道，必有所獲。

䷏【豫】卦 六三 趨炎附勢 趁早悔改（小凶）

爻辭原文：盱豫 悔 遲有悔

解釋：【豫】卦三爻是陰爻，故稱六三。

爻辭曰：

盱豫。【盱】是【張望】之意，此處是代表巴結渴求別人的眷顧。

悔 遲有悔。此句是說如果這麼做遲早會後悔，應該盡早悔改。

此卦是說如果趨炎附勢，用拍馬屁的方式企圖獲得豫樂，這是不好的，必須趁早悔改，否則為凶。本卦吉凶端看個人做為，如果能趁早改之，則能化險為夷。若不能改則必凶。綜合以上，故此卦標示為小凶。

★整體運勢

運勢端看自己作為，若是行事不正，則必有凶。

💰財運投資

財運投資則是要快狠準，遲了就後悔。必看清之後迅速下手，獲利之後立刻了結，乃為高招。

❤愛情婚姻

愛情婚姻有悔恨之象，宜重新調整心態再出發。

💼工作事業

工作事業易犯錯，宜速改之，免生後悔。

☷【豫】卦 九四 群策群力 大有所得（吉）

爻辭原文：由豫 大有得 勿疑 朋盍簪

解釋：【豫】卦四爻是陽爻，故稱九四。

爻辭曰：

由豫。此句意思是和豫之由來，全仰仗自己之力。

大有得 勿疑。此句是說不用懷疑 此番定大有所得。

朋盍簪。【盍】就是【合】。【簪】髮簪，用它把頭髮聚集起來，引申為聚集之意。此句是說要把朋友的力量聚集起來。

此卦是說雖然自己已經能夠獨當一面，然而還是要聚集大家的力量，群策群力，如此就會大有收穫。因此這是個吉卦。

★整體運勢

整體運勢極強，自己強，周圍的人也強，強上加強，吉也。

財運投資

財運佳，投資大宜。不要猶豫，人可作為領頭羊齊聚眾人一起投資，大家都會豐收。

❤愛情婚姻

愛情婚姻主得好頭家，有能力有擔當，吉。

工作事業

工作獨當一面，再聚攏人心更加，可更上一層樓。

事業無憂，大有斬獲。可藉此機會併購，收納人才。

䷏【豫】卦 六五 柔君強臣 雖疾不死（小凶）

爻辭原文：貞疾 恆不死

解釋：【豫】卦五爻是陰爻，故稱六五。

爻辭曰：

貞疾。此句是說老毛病。

恆不死。此句是說雖然有老毛病，卻死不了。形容憂心不快。

此卦是說在一個組織裏反而是大臣掌握實權，主子卻是虛位，如此柔君強臣的結果，做主子的好像長年帶著毛病不愉快，但是雖有疾病，也不到死的地步。此卦也就是事事讓人掐著脖子，無法自主，然而還不至於到死的地步，因而標示為小凶。

★整體運勢

運勢不佳，被人掐著脖子，無法自主，唯一之計乃自立自強。

💰 財運投資

財運不佳，若貿然投資，錢財容易落入別人之手，宜慎。

❤ 愛情婚姻

愛情婚姻皆不宜，恐會遇到太強勢對象，心生不快。

💼 工作事業

工作為人所限，極不愉快，先暫時忍讓。

事業不順，用人須特別小心，可能會惹禍。

䷏【豫】卦 上六 沉溺豫樂 速改無咎（平至凶）

爻辭原文：冥豫 成有渝 無咎

解釋：【豫】卦上爻是陰爻，故稱上六。

爻辭曰：

冥豫。此句是說沉溺於豫樂。

成有渝 無咎。【渝】是【變】。此句是說趕快改變則沒有咎害。

此卦是說若沉溺於豫樂，一定要趕快悔改，則可以不會有災禍。但是如果不改則災禍將臨頭。此卦吉凶在乎個人悔改與否？改則平，不改則凶，故列為平至凶卦。

★整體運勢

運勢端看個人作為，改過向善則後勢大有可為，不改則必凶。

財運投資

財運普通，投資宜慎。最忌壞習慣影響投資結果，速改之。

❤愛情婚姻

愛情容易遇上不成材對象，宜慎。

婚姻暫時不宜，還需仔細清楚觀察對象。

工作事業

工作容易有外務，導致分神，最忌玩物喪志。

事業須謹慎酒色財氣纏身，即起振作，尚有可為。

第十七卦 ䷐「澤雷隨」捨己隨人 內外不失（平）

卦辭原文：元亨利貞 無咎

解釋：元亨利貞 無咎。此句是說大大亨通有利堅貞，如此才可無咎。

此卦為【隨】卦，【隨】字就是【跟隨】的意思。進一步來說是捨棄自己而跟隨別人，外跟隨別人以圓滿局面，內則繼續修持自己。

卦辭前半段【元亨利貞】跟【乾】卦是完全一樣的。差別是【乾】卦卦辭就只有【元亨利貞】，因而是個吉卦。而【隨】卦卦辭最後還加了個【無咎】，等於最後也只得了個【沒有咎害，平順】而已，因而此卦列為平卦。

★整體運勢

整體運勢平平，最好能低調修練自己，充實實力，以待後運。

財運投資

財運普通，投資宜慎。若有人報投資明牌須謹慎，切莫輕易跟隨，可能造成損失。

❤愛情婚姻

愛情姻緣容易跟著別人走，務必好好思考之後再做決定。

工作事業

工作最好低調以對，勿涉入幫派紛爭以求自保。

事業則是平平，眼睛睜大，不要隨便跟著別人走。

䷐【隨】卦 初九 通權達變 出門廣交（小吉）

爻辭原文：官有渝 貞吉 出門交有功

解釋：【隨】卦初爻是陽爻，故稱初九。

爻辭曰：

官有渝。【官】有二解：其一是【心官】，就是指內心。第二是【官場】指的是環境。【渝】是【變】。此句是說形勢轉變了。

貞吉 出門交有功。此句是說要出門廣交朋友，如此才會得吉。

此卦是說，環境形勢已經改變了，而人要曉得通權達變，更要出門廣結善緣，如此才會獲得吉利。此卦的吉凶是有條件說的，要出門廣結善緣才會得吉，否則不會。因而只能列為小吉。

★整體運勢

整體運勢正在風雲際會轉變之間，要懂得抓住機會，打通人脈，則吉。

財運投資

財運與投資重點在於人際關係，外面環境已變，可能主事者也換了，投資亦需曉得變竅，多與人脈，則無往不利。

愛情婚姻

愛情取決於想法改變，不要再用舊思維思考愛情，則必有所獲。婚姻則不要一成不變的生活，好好經營會有一番新風貌。

工作事業

工作事業腦袋要能轉得快，出外經營業務是好選擇。

䷐【隨】卦 六二 事無雙全 因小失大（凶）

爻辭原文：繫小子 失丈夫

解釋：【隨】卦二爻是陰爻，故稱六二。

爻辭曰：

繫小子 失丈夫。【隨】卦就是【跟隨】的意思。【繫】也是【隨】的意思。此句是說跟隨小子，失去丈夫。

此卦所謂小子，指的是不成材的人，或者尚未成氣候之人。而丈夫則是相反，指的是體面成熟之人。意思是說世上之事本來就難以兩全，選擇小的，就會失去大的。也因為因小失大所以本卦為凶。

★整體運勢

整體運勢不佳，容易做出錯誤抉擇，宜小心能靜思考，再做決定。

💰財運投資

財運不好，投資不宜。若輕易投資容易選擇錯誤，導致失敗虧損。

❤愛情婚姻

愛情方面容易跟錯人，宜慎。

婚姻暫時不宜，冷靜思考一下再說，不然容易嫁不對人。

💼工作事業

工作方面判斷事情易生錯誤，要清楚環觀全局再說。

事業最忌貪小失大，最宜慎。

䷐【隨】卦 六三 吃大賠小 有求有得（吉）

爻辭原文：繫丈夫 失小子 隨有求得 利居貞

解釋：【隨】卦三爻是陰爻，故稱六三。

爻辭曰：

繫丈夫 失小子。【隨】卦就是【跟隨】的意思。【繫】也是【隨】的意思。此句是說跟隨丈夫，失去小子。

隨有求得 利居貞。此句是說有求有得，但是得到之後要堅貞自守，如此才會得利。

此卦丈夫指的是體面成熟之人，而小子指的是不成材的人，或者尚未成氣候之人。也就是說選擇正確，跟對人了。就好像玩博弈吃大賠小，結算還是贏很多。如此算來就是有求就有得，當然是吉卦，不過切記獲得後要守住，因為所得是靠他人而來，要珍惜。

★整體運勢

目前正走好運勢，有所求便有所得，好運連連。

財運投資

財運佳，投資大宜。投資什麼賺什麼，有貴人幫忙，更是無往不利。

愛情婚姻

愛情婚姻皆如意，完全在於選擇正確，跟對人。

工作事業

工作事業方面跟對人比什麼都重要，利益可期。

䷐【隨】卦 九四 私心招罪 開誠可免（凶）

爻辭原文：隨有獲 貞凶 有孚在道以明 何咎

解釋：【隨】卦四爻是陽爻，故稱九四。

爻辭曰：

隨有獲。此句是說跟隨他人做事而有收穫。

貞凶。既然跟隨他人做事而有收穫，理論上應該是吉，何以為凶？因為把收穫中飽私囊，這麼做當然是凶。

有孚在道以明 何咎。應該趕快坦承認錯，可能就不會自招災害。

此卦是說因為自己的私心貪利而招罪，此刻必須開誠布公跟老大認錯，可能還能逃過一劫。然而大致上這種情形表示情況已經相當嚴重，故而仍然是凶卦。

★整體運勢

有得有失，然而最可能變成得不償失，不可貪小便宜，宜慎。

財運投資

財運不是不好，但是君子愛財須取之有道。否則會惹禍。

投資須謹慎，尤其獲利後要防有後端生事。

❤愛情婚姻

愛情婚姻暫時不可，以為得到的，卻是失去的，要小心。

工作事業

工作事業勿貪婪，適可而止。否則得到越多，失去越多。

䷐【隨】卦九五 擇善固執 天下臣服（吉）

爻辭原文：孚於嘉 吉

解釋：【隨】卦五爻是陽爻，故稱九五。

爻辭曰：

孚於嘉 吉。【孚】是【誠信】。【嘉】是【喜上加喜】。此句是說誠信感人，當然是吉。

此卦是說在上位者必須擇善固執，堅持理念。以誠信的作為讓天下臣服，如此乃吉。自然而然是個吉卦。

★整體運勢

運勢正旺，事無不成。大有天下歸心之勢。

💰財運投資

財運一級棒，投資可加碼。所投資之事項必可獲利豐收。

❤愛情婚姻

愛情婚姻主得貴婿良緣。吉。

💼工作事業

工作得宜，表現傑出，必可有所成就。

事業大大看好，生產商品優良，可大獲利。

䷐【隨】卦 上六 強力留人 必用誠信（平）

爻辭原文：拘繫之 乃從維之 王用亨於西山

解釋：【隨】卦上爻是陰爻，故稱上六。

爻辭曰：

拘繫之 乃從維之。此處之【繫】乃【綁】的意思。【維】是【維護】。此句是說把他抓起來不是為了傷害他，反而是為了維護他。

王用亨於西山。此句是說王在岐山設宴招待功臣。

此卦是說愛之深，責之切。有時候我們喜歡一個人，會用比較激烈的手段，甚至強力留人。但是這麼做的前提必須是用誠信，如此才不會惹禍端。此卦無置吉凶，乃平卦也。

★整體運勢

運勢平平，做事似乎有些綁手綁腳，平順度過就好。

財運投資

財運普通，投資宜慎。小得利即可收。

♥愛情婚姻

愛情婚姻可能會遇上強勢作為對象，須好好溝通，免生事端。

工作事業

工作小心有人強力干預，低調面對無須抵抗，過了就好了。

事業未能事事盡如人意，誠信待人，以待後福。

第十八卦 ䷑「山風蠱」淫亂敗壞 力圖振作（凶）

卦辭原文：元亨 利涉大川 先甲三日 後甲三日

解釋：元亨 利涉大川。此句是說大大亨通。有利於涉過大川，冒險犯難，謀取高利。此段真正的意義是說當蠱惑發生，治蠱惑之才必先整頓蠱惑之後，方能亨通以利涉大川。

先甲三日 後甲三日。十天干是【甲乙丙丁戊己庚辛壬癸】，先甲三日是【辛】，取其【更新】之意。後甲三日是【丁】，取其【叮嚀】之意。整治蠱惑必須立法實施，實施必在【甲】日，新法實施三天前先公告，乃先甲三日【辛】。實施三天之後再三叮嚀，乃後甲三日【丁】。

此卦是說當有蠱亂發生，必有治蠱之才應時而生。雖然此刻正值淫亂敗壞，更應力圖振作。然而敗壞已是既定事實，因而此卦為凶。

★整體運勢

運勢不佳，尤其積弊已深，必須發憤圖強，改革維新。

💰 財運投資

財運差，投資不宜。必須防範弊端出現，小心謹慎觀察。

♥ 愛情婚姻

愛情婚姻部分恐會出現私情，要特別小心。

💼 工作事業

工作事業預防弊端，必須馬上整治，以圖救治。

䷑【蠱】卦 初六 振興舊業 戰戰兢兢（先凶後吉）

爻辭原文：幹父之蠱 有子考無咎 厲 終吉

解釋：【蠱】卦初爻是陰爻，故稱初六。

爻辭曰：

幹父之蠱。【幹】是【整治】之意。【蠱】指【淫亂敗壞之事】。此句是說整治父親留下來的敗壞之事。

有子考無咎。【考】指【父親】。此句是說有兒子繼承家業，整治禍患，人家也不會再對父親的罪責追究。

厲 終吉。此項任務雖然危險艱巨，但是最後終究是吉利的。

此卦是說要振興舊基業並非易事，並須時時刻刻戰戰兢兢。先人留下的爛攤子為凶，整治好它則為吉，因而此卦乃先凶後吉。

★整體運勢

運勢開低走高，漸漸會有起色，然現階段還是必須辛苦勤勉。

💰財運投資

財運普通，投資宜慎。投資項目最好是自己舊事業，或者熟悉的行業。

❤愛情婚姻

愛情婚姻須特別謹慎，運勢呈現慢慢開朗狀況，先不必急，以待時運。

💼工作事業

工作事業須改革圖新，積極奮鬥，則後勢有可為。

䷑【蠱】卦 九二 柔緩行事 以濟舊業（小凶）

爻辭原文：幹母之蠱 不可貞

解釋：【蠱】卦二爻是陽爻，故稱九二。

爻辭曰：

幹母之蠱 不可貞。【幹】是【整治】之意。【蠱】指【淫亂敗壞之事】。此句是說整治母親留下來的敗壞之事時，不可用太激烈的手段。

此卦是說面對不同的情況，也要用不同的方式整治。此刻須用的方法是柔緩行事，不可過剛或過急，如此才有利於救濟舊基業。此卦因為敗壞之事仍在，整治非一天兩天之事，因而還是小凶卦。

★整體運勢

運勢不濟，弊案叢生，必須寬緩治之，始可慢慢緩解。

💰財運投資

財運不佳，投資不宜。暫時抱著現金過日為宜。

❤愛情婚姻

愛情婚姻主男方家中母親專權，宜慎之。

💼工作事業

工作事業要防弊端，必須耐心對待整治，不可過於嚴苛。

䷑【蠱】卦 九三 除弊興業 沒有大礙（平）

爻辭原文：幹父之蠱 小有悔 無大咎

解釋：【蠱】卦三爻是陽爻，故稱九三。

爻辭曰：

幹父之蠱 小有悔 無大咎。【幹】是【整治】之意。【蠱】指【淫亂敗壞之事】。此句是說整治父親留下來的敗壞之事時，必然會因為意見不合等等而稍有悔恨，然而還是必須堅持改革，如此就不會有咎害。

此卦是說除舊弊興事業中間過程，難免會有口角是非等等令人後悔之事，但還是要堅定改革之心，如此就不會有大礙。故而此卦是平卦。

★整體運勢

運勢平平，或許小有波折，但是最終將無大礙。

財運投資

財運平平，投資宜慎。小賠就是賺。

❤愛情婚姻

愛情婚姻路上難免會有爭吵不合，心平氣和以對，可以無憂。

工作事業

工作事業有些爭端，無須太過介意，寬心以待，過了就好了。

䷑【蠱】卦 六四 因循苟且 整治宜速（小凶）

爻辭原文：裕父之蠱 往見吝

解釋：【蠱】卦四爻是陰爻，故稱六四。

爻辭曰：

裕父之蠱 往見吝。【裕】是【寬裕】之意。【蠱】指【淫亂敗壞之事】。此句是說寬裕對待父親留下來的敗壞之事而不整治，這樣的結果會招致悔吝。

此卦是說因循苟且只會讓事端更加擴大，因而產生悔恨，必須速速整治才是良策。因而此卦乃屬小凶。

★整體運勢

時運不濟，加上因循苟且之故，會有災禍發生，宜慎。

財運投資

財運不佳，投資宜慎。若投資恐怕會陷入迷思陷阱，導致損失。

❤愛情婚姻

愛情婚姻舊問題叢生，不加以處理，日久恐生事端。

工作事業

工作本來就不易，加上得過且過，必然了無新意，宜慎。

事業最忌守舊不改革，弊端叢生，宜速改之。

䷑【蠱】卦 六五 振興除弊 名利雙收（吉）

爻辭原文：幹父之蠱 用譽

解釋：【蠱】卦五爻是陰爻，故稱六五。

爻辭曰：

幹父之蠱 用譽。【幹】是【整治】之意。【蠱】指【淫亂敗壞之事】。此句是說整治父親留下來的敗壞之事成功了，不僅有獲利，還得到好名譽。

此卦是說振興除弊已經成功，自然名利雙收。所以此乃吉卦。

★整體運勢

運勢已經翻新，逐漸看好，必有揚名立萬之時。

財運投資

財運漸有起色，投資可適時加碼。如此必有收穫。

愛情婚姻

愛情終於獻出曙光，自此豁然開朗，良緣可期。

婚姻適宜，主對象有名聲有財富。

工作事業

工作大有起色，成績好，名聲好，樣樣好。

事業振興起弊，名利雙收有望。

䷑【蠱】卦 上六 陋習已除 功成身退（平）

爻辭原文：不事王侯 高尚其事

解釋：【蠱】卦上爻是陰爻，故稱上六。

爻辭曰：

不事王侯 高尚其事。【蠱】卦本指整治蠱亂之事，這邊卻隻字未提蠱亂，其實是表示蠱亂已經整治完畢。既然如此就可以不需要再侍奉王侯，可以去做自己高尚之事。

此卦是說陋習已除，是時候功成身退了。因而此卦僅是平卦。

★整體運勢

運勢高潮已過，暫時轉為平淡，務求平順度過就好。

💰財運投資

財運普通，投資宜慎。首要之務是守住老本，靜觀其變。

❤愛情婚姻

愛情婚姻適宜，有門當戶對之象。

💼工作事業

工作事業暫時以退為進，勿與人爭，自保為宜。

第十九卦 ䷒「地澤臨」大運之時 防範未然（吉）

卦辭原文：元亨利貞 至於八月有凶

解釋：元亨利貞 至於八月有兇。此句是說大大亨通有利堅貞，但是要小心八月會有災禍。

此卦乃【臨】卦，有【親臨】【臨視】之意。卦辭前半段跟【乾】卦相同皆是【元亨利貞】，不過【臨】卦後面又加了【至於八月有凶】幾個大字。【至於八月有凶】的解釋自古以來眾說紛紜，有人說是農曆八月正值中秋，正是陽氣漸消，陰氣漸長之時，故而有凶。也有人說根據經驗農曆八月往往是水災最嚴重之時，所以有凶。

這一句【至於八月有凶】最主要的意義在於告誡要有憂患意識，必須防範於未然。而看前面【元亨利貞】這段，當知此卦必是吉卦。

★整體運勢

整體運勢大好，正是大運之時，然還須有危機意識，以防萬一。

財運投資

財運極佳，投資大宜。獲利必豐也。

❤愛情婚姻

愛情姻緣皆合宜，吉。

工作事業

工作事業順心如意，大吉大利。

䷒【臨】卦 初九 情投意合 事無不吉（吉）

爻辭原文：咸臨 貞吉

解釋：【臨】卦初爻是陽爻，故稱初九。

爻辭曰：

咸臨 貞吉。【咸】是【感應】。【臨】有【親臨】【臨視】之意。此句是說彼此之間有感應，如此則為吉。

此卦是說人與人之間相處彼此會有感應，甚至產生默契，情投意合，如此事無不吉。此卦當然為吉。

★整體運勢

運勢極佳，好運初來乍到，可以順風順水。

💰財運投資

財運佳，投資宜。可以找尋意見相合的朋友合資，共創大利。

❤愛情婚姻

愛情運勢順遂，情投意合，吉。

婚姻大宜，必是佳偶，門當戶對。

💼工作事業

工作順心如意，上下和諧，同事和樂，必創佳績。

事業有好搭檔，則好事連連。

䷒【臨】卦 九二 有貴人罩 吉上加吉（大吉）

爻辭原文：咸臨 吉無不利

解釋：【臨】卦二爻是陽爻，故稱九二。

爻辭曰：

咸臨 吉無不利。【咸】是【感應】。【臨】有【親臨】【臨視】之意。此句是說彼此之間有感應，如此萬事吉而無不利。

此卦是說人與人之間相處彼此會有感應，甚至產生默契，情投意合，如此萬事吉而無不利。與初爻的【咸臨貞吉】比起來，這裡又更加吉祥了，加上此卦又主有貴人照顧，乃是吉上加吉。此卦必然是大吉卦。

★整體運勢

本身運勢已經夠好，又有貴人相助，吉上加吉，大吉。

財運投資

財運極強，投資宜大舉加碼，加上有貴人運，必大有斬獲。

❤愛情婚姻

愛情婚姻運勢旺盛，必有佳偶現身。

工作事業

工作事業可大展鴻圖，事無不利。吉。

䷒【臨】卦 六三 巧言令色 宜速悔改（平至凶）

爻辭原文：甘臨 無攸利 既憂之 無咎

解釋：【臨】卦三爻是陰爻，故稱六三。

爻辭曰：

甘臨 無攸利。【臨】有【親臨】【臨視】之意。此句是說想用甜言蜜語的方式巴結奉承別人，如此不會有好處。

既憂之 無咎。此句是說如果對此等不好之事感到憂心，那就要趕快改，這樣就不會招致悔恨。

此卦是說巧言令色以巴結別人，並非好事，必須改快悔改，才不會後悔。此卦之吉兇在於改與不改之別，如果知錯能改則可平安無咎度過，若不能改則是凶也，故列為平至凶卦。

★整體運勢

運勢差，乃因行事不端，速改或可免災。

財運投資

財運不佳，投資不宜。貿然投資沒有好處。

愛情婚姻

愛情婚姻容易遇上花言巧語之人，最宜慎之。

工作事業

工作事業防小人，尤忌花言巧語之人。凶。

䷒【臨】卦六四 現時平順 大運將來（平）

爻辭原文：至臨 無咎

解釋：【臨】卦四爻是陰爻，故稱六四。

爻辭曰：

至臨 無咎。【臨】有【親臨】【臨視】之意。此句是說以至誠之心臨政，則可以沒有咎害。

此卦是說心誠意正，目前就可以平順地度過，以等待明年的大運來臨。此卦為平卦。

★整體運勢

目前運勢平平，安守度日，明年大運將至，敬請期待。

💰 財運投資

財運尚可，投資宜小做。

❤ 愛情婚姻

愛情婚姻運勢平順，惟可暫緩觀察等待明年大運來到。

💼 工作事業

工作事業堪稱平順，沒有大起大落，如此也是福氣。明年將是大展鴻圖好時機。

䷒【臨】卦 六五 知人善用 君臨天下（吉）

爻辭原文：知臨 大君之宜 吉

解釋：【臨】卦五爻是陰爻，故稱六五。

爻辭曰：

知臨 大君之宜 吉。【臨】有【親臨】【臨視】之意。此句是說君王有知人之明，任用賢才，如此當然為吉。

此卦是說有智慧之人懂得知人善用，如此自己將如同君臨天下，可以無往不利。此卦乃吉卦也。

★整體運勢

運勢風生水起，人旺之時。又得賢人相助，可以大大豐收也。

財運投資

財運大好，投資最宜。最好可以廣納專家意見，如此大舉進軍，必可無往不利，吉。

❤愛情婚姻

愛情如魚得水，可得合宜之人。

婚娶大佳，主得富貴人家。

工作事業

工作順風順水，有貴人助，吉。

事業須廣納賢才，必有一番作為，吉。

䷒【臨】卦 上六 忠厚篤實 可保平順（小吉）

爻辭原文：敦臨 吉 無咎

解釋：【臨】卦上爻是陰爻，故稱上六。

爻辭曰：

敦臨 吉 無咎。【臨】有【親臨】【臨視】之意。此句是說敦厚老實為人處世，則可以獲吉，沒有災害。

此卦是說忠厚篤實才是根本，如此起碼可以常保平順。此卦爻辭之中有【吉】，又有【無咎】，根據個人閱讀諸多歷代大家的版本，以及自己為人卜卦的經驗，本卦就是趨近於【吉】與【無咎】之間，故個人將之列為小吉。

★整體運勢

運勢不差，忠厚老實做人就沒錯，可保平順度日。

財運投資

財運投資須平實穩健操作，見小利即收，可以常保獲利。

♥愛情婚姻

愛情婚事有忠厚老實對象，亦佳。

工作事業

工作勤奮，內心篤實，可立於不敗之地。

事業經營踏實為本，便可永久不敗。

第二十卦 ䷓「風地觀」心誠則靈 心悅臣服（平）

卦辭原文：盥而不薦 有孚顒若

解釋：盥而不薦。【盥】是【洗手】。【薦】是【祭禮】。此句是說先洗手而還沒有行祭禮。

有孚顒若。【孚】是【誠心】。【顒】是【嚴正的樣子】。此句是說面貌嚴正，心中誠信。

此卦是說在還沒行祭禮之前的洗手，已經心存誠敬，代表心誠則靈，以如此態度為人處事，必可令人心悅誠服。此卦未置吉凶，因而為平卦。

★整體運勢

運勢平順，為人行事首重誠心，如此則無往不利。

財運投資

財運普通，投資宜慎。【觀】卦有【觀察】之意，意思是投資前多多觀察，好好做功課，則收穫可期。

❤愛情婚姻

愛情婚姻運勢尚可，但是不需急躁，多多耐心觀察，會有更多想法，屆時再決定不遲。

工作事業

工作事業要【走動式管理】，四處走走多觀察，必有收益。

䷓【觀】卦 初六 見識淺短 難以成就（平）

爻辭原文：童觀 小人無咎 君子吝

解釋：【觀】卦初爻是陰爻，故稱初六。

爻辭曰：

童觀。【觀】卦之【觀】有【觀察】【觀點】等意思。此句是說猶如小孩子般的見識。

小人無咎 君子吝。既然只是如同小孩子般的見識，小人本來就是有如小孩子般的見識，不足為奇，所以對小人而言沒有咎害。但是君子就不同了，君子理應見多識廣，如今卻僅僅是一般見識，如果這樣的話可能會導致鄙吝。

此卦是說見識短淺，難以有所成就。所以吉凶禍福端看個人見地。因而此卦乃屬平卦。

★整體運勢

運勢平平，但是若陷入小孩見識，則可能惹禍上身，宜慎。

財運投資

財運普通，投資要慎重。不可輕言投資，小孩玩家家酒一樣會有損失。

❤愛情婚姻

愛情婚姻要穩重對待，宜慎宜緩，不宜躁急。

工作事業

工作事業重點在個人眼界心界，切莫狹隘看待事情。

䷓【觀】卦 六二 門縫看人 見識短淺（女吉男凶）

爻辭原文：闚觀 利女貞

解釋：【觀】卦二爻是陰爻，故稱六二。

爻辭曰：

闚觀。【觀】卦之【觀】有【觀察】【觀點】等意思。【闚】其實就是【窺】，【闚觀】是從門縫裡偷偷看人，而在古代只有女人會這麼做。此句是說猶如女人般的見識。

利女貞。此句是說這樣的行為只適合女人，因為女人本來就是如此。若是男人就不妙了，變成目光短淺。

此卦是說從門縫裡瞧人，只會顯示自己目光短淺。然而這樣的作為是女人本該有的，所以若是女人卜到此卦乃屬吉。男人就相反了，男人卜到此卦是凶。因而此卦是女吉男凶。

★整體運勢

運勢女吉男凶，因而女人卜中此卦要積極作為，男人則要低調行事。

財運投資

財運投資同樣女吉男兇，不妨讓女人作主操作，必可獲利。

❤愛情婚姻

愛情婚姻女權意識抬頭，女人做主為宜。

工作事業

工作事業以女人意見為主，肯定不會錯。

䷓【觀】卦 六三 進退之間 操之在己（平）

爻辭原文：觀我生 進退

解釋：【觀】卦三爻是陰爻，故稱六三。

爻辭曰：

觀我生 進退。【觀】卦之【觀】有【觀察】【觀點】等意思。而在這邊更多了【反觀】【省思】的意義。此句是說省思自己過去的所作所為，以決定日後的進退。

此卦是說人必須時時省思自己的所作所為，如果好就繼續這麼做，不好的地方就要趕快改，進退之間，完全操之在己，不須旁人多言。此卦吉兇在於個人修為，因而是平卦。

★整體運勢

運勢操之在己，時刻反省思考，補其不足，則後有可為。

財運投資

財運投資端看個人造化。也就是說自己來，無須聽別人煩言。

♥ 愛情婚姻

愛情婚姻本就是自己的事，別人無從置喙，自己想法才是最重要的。隨心而行就沒錯。

工作事業

工作事業要獨立自主，免受他人牽扯，如此日後可期。

䷓【觀】卦 六四 入幕之賓 大展鴻圖（吉）

爻辭原文：觀國之光 利用賓於王

解釋：【觀】卦四爻是陰爻，故稱六四。

爻辭曰：

觀國之光。【觀】卦之【觀】有【觀察】【觀點】等意思。此句是說到其他國家考察，看看別人的風俗民情，看看別人的光彩菁華之處。

利用賓於王。此句是說本來只是到這個國家考察作客卿貴賓，結果最後被這個國家延攬入閣做大官。

此卦是說入幕之賓，無心插柳柳成蔭，到後來自己變成主人了，如此未嘗不可，可以大展鴻圖。雖然有些出乎意料，然而還是吉卦。

★整體運勢

運勢強盛，有若天助，天助之後人助，故吉也。

財運投資

財運大好，投資可強勢操作。此番天賜良機，就算買錯支股票還是會漲的意思，大舉獲利。

❤愛情婚姻

愛情婚姻則成為入幕之賓，可享榮華富貴。

工作事業

工作事業有意外之喜，可能升遷或者跳槽。

䷓【觀】卦 九五 反躬自省 操之在己（小吉）

爻辭原文：觀我生 君子無咎

解釋：【觀】卦五爻是陽爻，故稱九五。

爻辭曰：

觀我生 君子無咎。【觀】卦之【觀】有【觀察】【觀點】等意思。而在這邊更多了【反觀】【省思】的意義。此句是說省思自己過去的所作所為，如果無愧於心，自然不會有咎害。

此卦是說人要時刻反躬自省，自己想清楚最重要，別人說的意見頂多也只是參考，一切操之在己。其實這是一種負責任的態度，督促自己自立自強。而此卦吉凶也操之在己，若不做則沒用。所以綜合評估只得個小吉。

★整體運勢

運勢不差，正道行事做人，時時刻刻反省調整，如此則吉。

財運投資

財運投資自己一把罩，無須在乎他人，自己好好做便會獲利也。

❤愛情婚姻

愛情婚姻也掌握在自己手中，幸福在己。

工作事業

工作事業自己決定，大權操之在己，無須假手他人。

䷓【觀】卦 上九 反躬自省 可無失也（平）

爻辭原文：觀其生 君子無咎

解釋：【觀】卦上爻是陽爻，故稱上九。

爻辭曰：

觀其生 君子無咎。【觀】卦之【觀】有【觀察】【觀點】等意思。而在這邊更多了【反觀】【省思】的意義。此句是說省思自己過去的所作所為，如果無愧於心，自然不會有咎害。

此卦與五爻【觀我生 君子無咎】只差一個字，其實意義是一樣的，差別在於【位子】不一樣，所以做法，吉凶程度也不一樣。五爻是君位，吉利自然高人一等。上爻已經是不管事的退隱大臣，只求平順度日最好。因而這個卦是說反躬自省，可以沒有過失。所以也只是平卦。

★整體運勢

運勢但求平順，平安就是福，時時自省，可保無憂。

財運投資

財運普通，投資要慎。謹慎是指導原則，退場亦無所謂，保本為佳。

愛情婚姻

愛情婚姻但憑一心，平平安安過日子。

工作事業

工作事業不求大起，但求無憂，如此心態可行。

第二十一卦 ䷔「火雷噬嗑」有人作梗 剛柔並濟（平）

卦辭原文：亨 利用獄

解釋：亨 利用獄。【噬嗑】分別是【咬】與【合】。簡單說也就是吃東西。基本上【噬嗑】卦是用吃東西與獄政這兩件事來形容整個卦與爻。此句是說獄政做好，賞罰分明，就會亨通。

要讀懂【噬嗑】卦，必須從符號的形象來看，最下與上面的初爻，上爻就如同兩片嘴唇，二三五爻是牙齒，而四爻則是嘴巴裡面的東西。嘴巴裡面的東西必須咬一咬（噬）合起來（嗑）才能吞下去。這就是【噬嗑】卦的由來。嘴巴的東西代表有人作梗，必須剛柔並濟以治之。本卦吉兇分際在於執行能力，做到剛柔並濟則吉。因而總觀僅是平卦。

★整體運勢

運勢因人而定，如果做到恩威並施，【噬嗑】卦是亨通之卦。

財運投資

財運投資運勢平平，小心有人從中作梗。但凡卜到【噬嗑】卦便要小心口角是非官司。

♥ 愛情婚姻

愛情婚姻平順，但要防有人搞鬼，必須小心。

工作事業

工作事業治軍要嚴謹，賞罰要分明，必須得恩威並行。

䷔【噬嗑】卦 初九 小懲大誡 以守為宜（平）

爻辭原文：屨校滅趾 無咎

解釋：【噬嗑】卦初爻是陽爻，故稱初九。

爻辭曰：

屨校滅趾 無咎。基本上【噬嗑】卦是用吃東西與獄政這兩件事來形容整個卦與爻。【屨】就是【履】穿戴之意。【校】是古代木頭做的刑具。此句是說戴上腳銬，腳趾頭都看不見了，這樣可以沒有咎害。然而都被帶上腳銬了為何無咎？因為適當的處罰會防止以後犯更大的錯，所以其實是好事，因而沒有咎害。

此卦是說適當的處罰，小懲大誡，可以有很好的警示作用，也可以避免此人犯更大的罪。同時也告誡凡事要保守為宜，不要犯錯。因而此卦是個平卦。

★整體運勢

運勢普通，可能有小災，是給自己警惕，明瞭便無大礙。

財運投資

財運普通，投資要慎重。但凡卜到【噬嗑】卦便要小心口角是非官司。

❤愛情婚姻

愛情婚姻不宜，易口角，是非多，還須多多留意觀察。

工作事業

工作事業易犯小錯，當自警惕，免鑄大錯，宜慎。

䷔【噬嗑】卦 六二 小有風險 幸無大礙（平）

爻辭原文：噬膚滅鼻 無咎

解釋：【噬嗑】卦二爻是陰爻，故稱六二。

爻辭曰：

噬膚滅鼻 無咎。【噬嗑】卦是用吃東西與獄政這兩件事來形容整個卦與爻。【噬】是【咬】。【膚】是【膚肉】也就是肥肉。此句是說吃肥肉吃到鼻子都陷進去看不見了，這樣不會有災禍。

此卦是說有人請吃肥豬肉，肥肉軟爛好吃，一不小心就把鼻子陷進去看不見了，有人請吃東西是好事，當然沒有災害。不過但凡卜到【噬嗑】卦便要小心口角是非官司。可能小有風險，最後幸無大礙。因而這是個平卦。

★整體運勢

運勢普通，最好能借力使力，靠著別人的力量攀爬而上。

財運投資

財運投資穩妥為上，暫時按兵不動。若有貴人現身，可趁其力量獲利。

❤愛情婚姻

愛情婚姻則是長輩介紹牽成，可以成事。

工作事業

工作事業戰戰兢兢，可以平順度過。好處是或許有貴人助，壞處是要小心口角是非官司。

䷔【噬嗑】卦 六三 小有損失 幸無大礙（平）

爻辭原文：噬臘肉 遇毒 小吝 無咎

解釋：【噬嗑】卦三爻是陰爻，故稱六三。

爻辭曰：

噬臘肉 遇毒。【噬嗑】卦是用吃東西與獄政這兩件事來形容整個卦與爻。【噬】是【咬】。【臘肉】是【帶骨頭的乾肉】。此句是說吃帶骨頭的乾肉，不小心中毒了。

小吝 無咎。此句是說造成了小小鄙吝，所幸最後無大咎害。

此卦是說雖然小有損失，所幸最後沒有大礙。從過程來看可以算是小凶，因為有小損失。但是從結果來看最後沒有大礙。所以此卦列為平卦。

★整體運勢

運勢不算好，吃東西也會噎到，小有風波損失，所幸最後無恙。

💰財運投資

財運明明看來還不錯，但是投資都小賠。乾脆休息比較好。

❤愛情婚姻

愛情婚姻小小跌一跤，還好沒有受大傷，爬起來沒事繼續走。

💼工作事業

工作事業遇到小打小鬧，不過沒事，很快風平浪靜。

䷔【噬嗑】卦 九四 有人作梗 恩威並行（吉）

爻辭原文：噬乾胏 得金矢 利艱貞 吉

解釋：【噬嗑】卦四爻是陽爻，故稱九四。

爻辭曰：

噬乾胏 得金矢。【噬嗑】卦是用吃東西與獄政這兩件事來形容整個卦與爻。【噬】是【咬】。【乾胏】是【帶骨頭的硬乾肉】。此句是說吃帶骨頭的硬乾肉，不小心在裡面卻吃到金箭頭。這是形容艱苦之中有意外之喜。

利艱貞 吉。此句是說必須刻苦努力才能得利，最後得吉。

【噬嗑】卦要從符號形象來看，最下與上面的初爻，上爻就是兩片嘴唇，二三五爻是牙齒，四爻則是嘴巴裡面的東西，代表有人作梗，要恩威並行以治之。此卦雖然艱辛，最後得吉。仍然算是吉卦。

★整體運勢

運勢苦中帶甘，必得辛苦奮鬥才會有美好成果。

財運投資

財運佳，投資可。過程看來驚險，然而必可獲利，且有意外之喜。

❤愛情婚姻

愛情婚姻主紮實勤奮對象，可。

工作事業

工作事業就是穩紮穩打不囉嗦，可有意外的收穫。

䷔【噬嗑】卦 六五 意外之喜 雖厲仍吉（小吉）

爻辭原文：噬乾肉 得黃金 貞厲 無咎

解釋：【噬嗑】卦五爻是陰爻，故稱六五。

爻辭曰：

噬乾肉 得黃金。【噬嗑】卦是用吃東西與獄政這兩件事來形容整個卦與爻。【噬】是【咬】。【乾肉】是指【不帶骨頭的乾肉】。此句是說吃不帶骨頭的乾肉，不小心在裡面卻吃到黃金。這是形容艱苦之中有意外之喜。

貞厲 無咎。此句是說雖然形式危厲，然而最終沒有咎害。

此卦得黃金代表有意外之喜，乃吉。加上雖然艱辛，最後可以無咎。吉與無咎相加，故只算是小吉卦。

★整體運勢

運勢酸中帶甜，辛苦奮鬥可以平順度過。還有意外之喜，小吉。

財運投資

財運投資可獲小利，或有意外收穫。

❤愛情婚姻

愛情婚姻戰戰兢兢經營，小有成果。

工作事業

工作事業雖大環境不佳，然本身卻可獲利，一枝獨秀。

䷔【噬嗑】卦 上九 自恃剛強 宜柔處事（凶）

爻辭原文：何校滅耳 凶

解釋：【噬嗑】卦上爻是陽爻，故稱上九。

爻辭曰：

何校滅耳 凶。【噬嗑】卦是用吃東西與獄政這兩件事來形容整個卦與爻。【何】就是【荷】負荷，穿戴之意。【校】是古代木頭做的刑具。此句是說頭肩戴上刑具，耳朵都看不見了，這樣凶也。

此卦是說所犯之罪極重，被追究的結果是凶也。也告誡為人不可自恃剛強，並須用溫柔態度為人處事。此卦為凶卦。

★整體運勢

整體運勢極差，還需得小心血光之災，做事要溫和謙虛，或可無恙。

💰財運投資

財運大壞，投資千萬不可。爻辭中有【滅耳】字眼，意思就是【斷頭】，比如股票，房地產遇斷頭，大凶也。

❤愛情婚姻

愛情婚姻岌岌可危，須用溫柔態度化解剛強，或許可保。

💼工作事業

工作面臨極大危險，甚至有被炒魷魚的可能。

事業考驗重重，特別小心官司與血光之災。

第二十二卦 ䷕「山火賁」文質彬彬 小利可得（小吉）

卦辭原文：亨 小利有攸往

解釋：亨 小利有攸往。此句是說亨通，但是僅止於得小利。

【賁】卦之【賁】字意思是【文飾】【裝飾】。也就是說【賁】卦第一層意義首重外表的修飾。人要衣裝，佛要金裝，說的就是這個意思。然而光是有外表的【文】其實是不夠的，內心的【質】也是很重要的。所以【賁】卦第二層意義再重內心的質量。

因而【賁】比較精確的意義是文質彬彬，而且小利可得。因而此卦是個小吉之卦。

★整體運勢

運勢不差，然而所得有限，小利可得，可以滿足矣。

財運投資

財運尚可，投資可行。然而勿貪大功，只求小利，可保長久。

愛情婚姻

愛情平順，勿多苛求，平穩過日子，也是一種幸福。

婚姻可，主對象俊美，其他不用多過要求。

工作事業

工作事業堪稱平順，不要貪心，漸漸進步就可滿足。

䷕【賁】卦 初九 循規蹈矩 捨位而退（平）

爻辭原文：賁其趾 舍車而徒

解釋：【賁】卦初爻是陽爻，故稱初九。

爻辭曰：

賁其趾 舍車而徒。【賁】卦之【賁】字意思是【文飾】【裝飾】。在古代各式各樣的裝飾都要按照禮法。例如做官的才可以坐車坐轎子，平民老百姓不行。此句說的是捨棄坐車，改用走路。意思是說不超越禮法，按規矩辦事。

此卦是說做事循規蹈矩，不該做的事情不要做，不合乎自己地位的位子也不要坐，如此才可常保平安。因而此卦乃平卦。

★整體運勢

整體運勢普通，品行高尚，但暫無利益可圖。

💰財運投資

財運平平，投資宜慎。最好是以保本為宜。

❤愛情婚姻

愛情婚姻規規矩矩，平平淡淡，也是福氣。

💼工作事業

工作循規蹈矩，嚴守紀律，雖無大得，可保無憂。

事業腳踏實地，勤勉努力，打好基礎。

䷕【賁】卦 六二 鬚在嘴上 靠人成事（平）

爻辭原文：賁其須

解釋：【賁】卦二爻是陰爻，故稱六二。

爻辭曰：

賁其須。【賁】卦之【賁】字意思是【文飾】【裝飾】。【須】是【鬚】鬍鬚。此句是說修飾鬍鬚。

此卦是說修飾鬍鬚，這是何意？原來背後的意義是鬍鬚是長在嘴巴上，就好像要靠別人才能成事。因而此卦只能算是平卦。然而若是找到可以依靠之貴人，則此卦轉變為吉。

★整體運勢

運勢平平，要注意貴人現身，抱住大腿，可保富貴。

財運投資

財運平，投資慎。重點在於要靠人才能成事，也就是說若有貴人相助指點幫忙，則可投資可獲利。

❤愛情婚姻

【須】字另一個意思是【等待】，【歸妹以須】愛情婚嫁之事要暫緩，切莫心急。

工作事業

工作平順，多多培養人脈，靠人幫忙好過自己奮鬥。

事業最好找大咖合資，必可獲利。

䷕【賁】卦 九三 正值盛運 守正則吉（吉）

爻辭原文：賁如濡如 永貞吉

解釋：【賁】卦三爻是陽爻，故稱九三。

爻辭曰：

賁如濡如。【賁】卦之【賁】字意思是【文飾】【裝飾】。【濡如】是【光彩的樣子】。此句是說運勢正旺，光彩耀人。

永貞吉。此句是說堅持正道則長久吉祥。

此卦是說此刻正值盛運，應該堅持正道，如此可以長長久久獲得吉利。此乃吉卦也。

★整體運勢

運勢正旺，事事皆宜，外表光鮮，內心光華，吉也。

💰財運投資

財運極佳，投資最宜。【濡】是【潤澤】之意，有水代表財，也就是財運旺，投資無不獲利。

❤愛情婚姻

愛情婚姻大好，門當戶對，光彩之家。

💼工作事業

工作事業不僅外表好看，底子也實質獲利，內外兼備，可以說是最好的狀況。

䷕【賁】卦 六四 中有阻隔 然無惡意（平）

爻辭原文：賁如皤如 白馬翰如 匪寇婚媾

解釋：【賁】卦四爻是陰爻，故稱六四。

爻辭曰：

賁如皤如。【賁】卦之【賁】字意思是【文飾】【裝飾】。【皤】是【白色】,【皤如】是【沒有光彩】。此句是說運勢普通，沒有光彩。

白馬翰如。【翰】是【白色馬】。此句跟上句一樣意思，沒有光彩。

匪寇婚媾。〈易經〉中多次出現【匪寇婚媾】字眼。【匪】是【非】，此句指的都是對方並不是盜寇，不是具有惡意，只是為了婚嫁而來。

此句是說運勢平平，因為其中有所阻隔，一開始我們誤以為對方是盜寇，其實不是，對方沒有惡意，是為了娶親而來，所以誤會冰釋。因而此卦雖然小有緊張，但是整體算是平卦。

★整體運勢

整體運勢平平，中間有人作梗，然而低調處事便可度過，以待後運。

💰財運投資

財運一般，投資宜慎。平平白白沒有光華，不如不做。

♥愛情婚姻

愛情婚姻平淡，可能小有風波，最好平順過日子就好。

💼工作事業

工作事業進度緩慢，還有不良插曲，所以可以安然度過。

䷕【賁】卦 六五 去奢崇實 外吝內吉（吉）

爻辭原文：賁於丘園 束帛戔戔 吝 終吉

解釋：【賁】卦五爻是陰爻，故稱六五。

爻辭曰：

賁於丘園 束帛戔戔。【賁】卦之【賁】字意思是【文飾】【裝飾】。【束帛】是【禮物】。【戔戔】是【微薄】。此句是說退隱於山林之間，連送人的禮物都很微薄。

吝 終吉。此句是說表面看起來很吝嗇，但是最後會獲得吉祥。

此卦是說切莫太注重奢華外表，要崇尚實際，雖然外表看起來吝嗇，但是內在卻是很紮實，如此才是吉。故而此卦乃吉。

★整體運勢

運勢好，然切莫奢華，實際生活最好，如此才是此刻王道。

財運投資

財運不錯，投資適宜。但是不須投資太多項目，看準少數標的，便可獲利無窮。

❤ 愛情婚姻

愛情婚姻外表看來似乎稍嫌寒酸，內在卻是無比豐富，是最實際可行的生活。吉。

工作事業

工作事業靜靜的賺，賺到沒人知道，就是此卦。

䷕【賁】卦 上九 返璞歸真 靜守為宜（平）

爻辭原文：白賁 無咎

解釋：【賁】卦上爻是陽爻，故稱上九。

爻辭曰：

白賁 無咎。【賁】卦之【賁】字意思是【文飾】【裝飾】。【白賁】是【沒有裝飾】，樸實無華。此句是說樸實無華，反而不會惹來咎害。

此卦是說返璞歸真，不追求外表的虛華，凡事不與人爭，靜守為宜。故而此乃平卦。

★整體運勢

運勢燦爛歸於平淡，凡事低調，靜守為宜，務求平順過日。

財運投資

財運空白，投資不宜。投了只怕作白工。

愛情婚姻

愛情婚姻白紙一張，莫苛求，暫時低調過日子。

工作事業

工作進度停滯，但無所求，平安就是福。

事業暫無進展，靜守是最好政策。

第二十三卦 ䷖「山地剝」小人當道 諸事不宜（凶）

卦辭原文：不利有攸往

解釋：不利有攸往。【剝】卦之【剝】字是【剝落】【剝奪】。從字面上看就知道是凶卦，所以說【不利有攸往】諸事不宜。

此卦是說此刻世道乃小人當道，剝奪君子，因而諸事不宜。所以此卦是凶卦。

★整體運勢

運勢惡劣，明哲保身是最高指導原則，其它莫論。

財運投資

財運極差，投資千萬不宜。如貿然投資易為奸人所害，小則破財，大則傷身。

❤愛情婚姻

愛情婚姻不可，否則猶如花兒漸漸凋落，要快跑。

工作事業

工作要防小人，另外要注意健康安全。平安就是福氣，其他的東西暫時莫去追求。

事業危急，小人當道君子退。只能暫時忍讓，諸事不宜。

䷖【剝】卦 初六 以下滅上 奴僕欺主（凶）

爻辭原文：剝床以足 蔑貞凶

解釋：【剝】卦初爻是陰爻，故稱初六。

爻辭曰：

剝床以足。【剝】卦之【剝】字是【剝落】【剝奪】。此句是說如同一張床已經從床腳開始剝落敗壞。

蔑貞兇。【蔑】是【滅】。床腳已經滅了，當然是凶啊。

此卦是用床比喻整體的關係，床腳代表是基礎，也就是下屬。床腳開始剝落敗壞也就是說下面部屬欺滅上司老闆，如同奴僕欺主。這是凶卦也。

★整體運勢

運勢壞，諸事不順，要嚴防下面之人作亂，否則一發不可收拾。

財運投資

財運爛，投資忌。貿然投資的話，小賠就算幸運。

❤愛情婚姻

愛情婚姻不可。卦象直指對象不佳。

工作事業

工作要防小人，身體健康要顧，特別注意足部安全，

事業運勢差，要慎之又慎，防員工作亂，以免鑄成大錯。

䷖【剝】卦 六二 一凶再凶 形勢險惡（凶）

爻辭原文：剝床以辨 蔑貞凶

解釋：【剝】卦二爻是陰爻，故稱六二。

爻辭曰：

剝床以辨。【剝】卦之【剝】字是【剝落】【剝奪】。【辨】是【分辨之處】，在此指床身跟床腳連接的地方。此句是說如同一張床已經剝落敗壞到床身跟床腳連接的地方。

蔑貞凶。【蔑】是【滅】。床身跟床腳連接的地方已經滅了，當然是凶。

此卦是用床比喻整體的關係，初爻是床腳壞了，此二爻更嚴重，連床身跟床腳連接的地方也壞了，等於凶上加凶，形勢相當險惡。因而此卦為凶卦。

★整體運勢

運勢極差，諸事不宜，務求平安度過為宜。

💰 財運投資

財運投資想都別想。貿然投資易為奸人所害，小則破財，大則傷身。

❤ 愛情婚姻

愛情婚姻皆不宜。寧願暫時等待，也不要急著追求，否則必凶。

💼 工作事業

工作事業一再為人剝奪，只能暫時忍讓，平安度過最好。

䷖【剝】卦 六三 獨排眾議 可以免咎（平）

爻辭原文：剝之 無咎

解釋：【剝】卦三爻是陰爻，故稱六三。

爻辭曰：

剝之 無咎。【剝】卦之【剝】字是【剝落】【剝奪】。此句是說眾人皆搶著剝奪別人獲利，唯獨只有自己反對，如此作為不會有咎害。

此卦是說自己獨排眾議，不跟大家一起和稀泥，如此可以免咎。這是一個平卦。

★整體運勢

運勢普通，因大環境不佳。但是若逆向思考，或許另有所得。

💰財運投資

財運普通，投資要慎重。

若能反其道而行，或許能殺出一條血路，獨自獲利。

❤愛情婚姻

愛情婚姻不走普通路。特立獨行的結果並沒有什麼不好。

💼工作事業

工作切忌人云亦云。要走自己的路，不要別跟人一樣。

事業莫跟人屁股走，獨排眾議才有好結果。

䷖【剝】卦 六四 大難臨頭 宜速閃避（大凶）

爻辭原文：剝床以膚 凶

解釋：【剝】卦四爻是陰爻，故稱六四。

爻辭曰：

剝床以膚 凶。【剝】卦之【剝】字是【剝落】【剝奪】。【膚】是【人身體的皮膚】。此句是說剝奪敗壞的程度變本加厲，已經傷到人身了，必然是大凶。

【剝】卦是用床比喻整體的關係，初爻與二爻是剝壞到床的下半部，而此四爻已經傷害到床上的人，代表敗壞已極，大難臨頭，為今之計只能快速閃避。此卦已經傷及人身，可能有血光之災，所以是個大凶之卦。

★整體運勢

運勢最差，凡事不宜。特別要注意身體健康安全，尤其血光之災。

財運投資

財運投資皆要停。投資的話只是一再損失，還可能因而傷身，宜慎。

❤愛情婚姻

愛情婚姻不可。小心感情沒談成，破財又傷身。

工作事業

工作事業務必低調再低調，平安度過就很萬幸。特別小心身健康安全。

䷖【剝】卦 六五 主導局面 眾皆得利（吉）

爻辭原文：貫魚 以宮人寵 無不利

解釋：【剝】卦五爻是陰爻，故稱六五。

爻辭曰：

貫魚 以宮人寵。【貫魚】是【一串魚】，形容人數眾多。【宮人】指【後宮嬪妃】。此句是說率領眾人，可以像嬪妃一樣得寵。

無不利。此句是說這樣做可以無往不利。

此卦是說已經被剝奪到極點，物極必反。因而開始有擁護的眾人出現，而主導這個局面，會使眾人皆得利。因而本卦為吉。

★整體運勢

運勢否極泰來，不僅己身獲利，周圍之人同受其利。吉。

💰 財運投資

財運佳，投資宜。錢財滿貫，投資大獲利。

❤ 愛情婚姻

愛情婚姻可受寵，所求皆成，富貴之象。

💼 工作事業

工作順心如意，眾人同受其利，吉。

事業無不順心，可以帶領大家共同開創新局，共同獲利。

䷖【剝】卦 上九 君子小吉 小人大凶（平）

爻辭原文：碩果不食 君子得輿 小人剝廬

解釋：【剝】卦上爻是陽爻，故稱上九。

爻辭曰：

碩果不食。【剝】卦之【剝】字是【剝落】【剝奪】。此刻已經剝落經過極點，不再剝落了，因而是碩果僅存。

君子得輿 小人剝廬。【輿】是【車子】。【廬】是【房子】。此句是說君子得到車子，代表地位。小人連房子都被剝奪走，代表連庇護之地都沒有。

此卦是說此刻運勢乃君子可得小吉，而小人則是大凶。若以一般人總論，就是個平卦。

★整體運勢

運勢平平，行正道或可獲吉，歪道則自取滅亡。

財運投資

財運投資要正派而行。正則獲利，歪則失敗。

♥愛情婚姻

愛情婚姻可成正果。得來不易，望自珍重。

工作事業

工作事業小可得利，不可求大。

第二十四卦 ䷗「地雷復」好運剛到 靜待時機（小吉）

卦辭原文：亨 出入無疾 朋來無咎 反復其道 七日來復 利有攸往

解釋：亨 出入無疾 朋來無咎。此句是說亨通，出入平安，朋友往來也不會有咎害。

反復其道 七日來復。此句是說生生不息，反覆正道，日復一日。

利有攸往。此句是說如此作為可以獲利。

此卦是說【復】卦乃是【回復】【重生】之意。運勢上代表壞運已去，好運才剛剛到來，此刻也不要著急躁進，要靜待更好的時機來臨。此卦雖然好運已來，但還只是剛來而已，故算是小吉。

★整體運勢

運勢猶如好運重生，初來乍到，可謂小吉。可以靜待大運到來。

財運投資

財運尚可，投資還是宜慎。可以保守先等待之，後必更佳。

愛情婚姻

愛情婚姻尚稱不錯，但時機尚未完全成熟，宜靜待之。

工作事業

工作且戰且走，還會有更好之一日。

事業暫時穩定，來日可期。

䷗【復】卦初九 迷途知返 有過速改（大吉）

爻辭原文：不遠復 無祇悔 元吉

解釋：【復】卦初爻是陽爻，故稱初九。

爻辭曰：

不遠復。【復】卦乃是【回復】【回復正道】之意。此句是說若是不小心稍微偏離正道，也會馬上回復正道。

無祇悔 元吉。此句是說這麼做就不會導致悔恨，進而享受大吉。

此卦是說人非聖賢，孰能無過。犯錯不要緊，最重要須趕快改正。迷途要知返，有過要速改，這才是真正獲取大吉之道。所以本卦乃大吉。

★整體運勢

運勢極強，無往不利。然不要怕承認錯誤，改正錯誤最重要，大吉。

💰財運投資

財運投資可以豐收。以前所損失的，現如今可以加倍奉還。

❤愛情婚姻

愛情婚姻是分而又合。如此無妨，亦是吉事。

💼工作事業

工作順心，事業如意。有東山再起之勢，大吉。

䷗【復】卦 六二 休惡復善 共同獲利（吉）

爻辭原文：休復 吉

解釋：【復】卦二爻是陰爻，故稱六二。

爻辭曰：

休復 吉。此句是說休惡復善，如此則吉。

【復】卦乃是【回復】【回復正道】之意。此句是說鄙棄壞事，回復善事，休惡復善，自然是吉事。而且此卦卦象不僅自己獲利，還能帶著他人一起獲利。大家共同獲利，自然是吉卦。

★整體運勢

運勢不僅自己好，大家都好，互蒙其利，堪稱圓滿。吉。

財運投資

財運運勢強，自己獲利不打緊，還能帶著大家共同獲利，實在是最好的局面。

愛情婚姻

愛情婚姻皆適宜。主門當戶對，皆大歡喜。

工作事業

工作圓滿，大家開心，事事如意。

事業則必分享利益與他人，或與人合作，則業必日益昌隆，吉。

䷗【復】卦 六三 屢得屢失 屢失屢得（平）

爻辭原文：頻復 厲 無咎

解釋：【復】卦三爻是陰爻，故稱六三。

爻辭曰：

頻復。【復】卦乃是【回復】【回復正道】之意。此句是說頻頻回復正道，又頻頻失去正道。

厲 無咎。此句是說這樣是很危險的，所幸可以即時再回復正道，所以沒有咎害。

此卦是說屢得屢失，屢失屢得。這麼瞎忙，等於白做工。所以此卦為平卦。

★整體運勢

運勢起起伏伏，有得有失。堅守正道才可得而不失。

財運投資

財運投資起起落落，有賺有賠。重點在於賺時必須守住，如此才是王道也。

愛情婚姻

愛情婚姻每多口角是非，對小兩口本是常事。勿多苛求，可得無憂。

工作事業

工作事業並非一帆風順，起落在所難免，堅持正路，久必興旺。

䷗【復】卦 六四 依附善人 可保平順（平）

爻辭原文：中行獨復

解釋：【復】卦四爻是陰爻，故稱六四。

爻辭曰：

中行獨復。【復】卦乃是【回復】【回復正道】之意。此句是說堅行中道，獨自回復正道。

此卦是說人單力薄，雖然自己努力回復正道，然而力量有限。最好是能擇善人依附，如此可以常保平順。基本上此卦僅是平卦。

★整體運勢

運勢普通。此刻必擇明主，暫時可依靠在其身上，順利平安度過。

財運投資

財運平平，投資要慎。自己不要強出頭，選準強勢強運之人，緊跟在其後，沾沾別人的光也能夠獲利，並非壞事。

❤愛情婚姻

愛情婚事自己走的孤獨。暫時有可依靠之人也非壞事。

工作事業

工作不要光是自己單打獨鬥，必須靠全體力量。借力使力才是上策。

事業則是廣結盟友，從善如流，好好運用人際關係為宜。

䷗【復】卦 六五 敦厚良善 不會後悔（小吉）

爻辭原文：敦復 無悔

解釋：【復】卦五爻是陰爻，故稱六五。

爻辭曰：

敦復 無悔。【復】卦乃是【回復】【回復正道】之意。此句是說敦厚善良，回復正道，如此不會有悔恨。

此卦是說敦厚良善做事，就不會有後悔之事發生。在〈易經〉之中，最常出現表示吉凶的字眼是【吉凶悔吝】。【悔】是【後悔】，【無悔】是【不會後悔】。既然不會有悔恨，代表【無悔】是比較趨近於吉的。因而此卦列為小吉。

★整體運勢

整體運勢不差，切記忠厚老實做事，可以常保無憂。

財運投資

財運不錯，投資可以。但是莫貪功近利，穩健操作，可保長久。

♥愛情婚姻

愛情婚姻擇遇老實對象，吉。

工作事業

工作事業忠厚為本。穩健經營才是長年大計。

䷗【復】卦 上六 迷不知返 一敗塗地（大凶）

爻辭原文：迷復 凶 有災眚 用行師 終有大敗 以其國君凶 至於十年不克征

解釋：【復】卦上爻是陰爻，故稱上六。

爻辭曰：

迷復 凶 有災眚。【復】卦乃是【回復】【回復正道】之意。【眚】是【人禍】。此句是說迷途不知返，如此必凶，天災人禍一起上門。

用行師 終有大敗 以其國君凶 至於十年不克征。此句是說就好像打了大敗仗一樣，還連累了父老長官，嚴重到十年無法復興。

此卦是說為人最怕迷途不知返，如此必將一敗塗地，還會連累到旁人。此卦不僅自己失敗，還波及他人，當然是大凶。

★整體運勢

運勢一敗塗地。低調再低調，保守再保守，有錯速改，或許能免禍。

💰 財運投資

財運極差，投資不可。一投就像投進海裡不復還，還會連累旁人。

❤ 愛情婚姻

愛情婚姻大凶，千萬不可。迷途小羔羊要知道回家避難。

💼 工作事業

工作事業大危機。如不找出禍端，岌岌可危矣。

第二十五卦 ☰☳「天雷無妄」心誠意正 萬事皆宜（吉）

卦辭原文：元亨利貞 其匪正有眚 不利有攸往

解釋：元亨利貞 其匪正有眚 不利有攸往。【無妄】卦是【沒有妄念】，心誠意正。【匪】是【非】。【眚】是【人禍】。此句是說沒有妄念，心誠意正才能大大亨通有利堅貞。若是心態不正會導致人禍，而且不會有獲利。

此卦是說心誠意正則萬事皆吉。因而是個吉卦。

★整體運勢

運勢佳，但憑心無雜念，一心誠意，自然而然萬事皆成。

財運投資

財運佳，投資宜。投資亦無需多想，該怎麼投怎麼投，自然會有好豐收。

❤愛情婚姻

愛情但憑一心，沒有條件，反而會有好姻緣。

婚嫁宜，良緣水到渠成，吉。

工作事業

工作就是埋頭苦幹，不用多想，自然有好回報。

事業保持熱情，一路向前衝，別想太多，該你的一定是你的，放心。

䷘【無妄】卦 初九 積極進取 不宜固守（吉）

爻辭原文：無妄 往吉

解釋：【無妄】卦初爻是陽爻，故稱初九。

爻辭曰：

無妄 往吉。【無妄】卦是【沒有妄念】，心誠意正。此句是說沒有妄念，心誠意正，如此前往定會獲吉。

〈易經〉中的【往】字往往是勉勵要勇往直前，積極進取，不要固守。此卦是說做事要心誠意正，沒有妄念，並且要積極進取，不要固守。此卦當然是吉卦。

★整體運勢

整體運勢強，埋頭苦幹，用力往前衝就對了，老天一定會眷顧。

財運投資

財運好，投資宜。投資宜採取積極策略，冒大風險相對地等於獲取大報酬，吉。

愛情婚姻

愛情不用想太多，傻人有傻福，去做就對了。

婚姻主佳偶天成，天賜良緣，吉。

工作事業

工作事業自有天助，尤其適合出外打拼，必有所成。

䷘【無妄】卦 六二 心無妄念 意外之喜（吉）

爻辭原文：不耕穫 不菑畬 則利有攸往

解釋：【無妄】卦二爻是陰爻，故稱六二。

爻辭曰：

不耕穫 不菑畬。【菑】是【剛開發的新田】，比喻尚未有收穫。【畬】是【已經開發好第二年的田】，比喻容易有收穫。此句是說該耕則更，該菑則菑。不用想太多，該耕作就耕作，心無妄念，自然會有好收成。

則利有攸往。此句是說如此做就會獲利。

此卦是說心無妄念，努力奮鬥，自然會有好收穫。而且會有不耕而獲，不菑而畬的效果，也就是意外之喜。此卦當然屬吉。

★整體運勢

運勢奇佳，不僅努力有所回報，老天爺還會賜給驚喜，吉。

財運投資

財運旺盛，投資大好。正常投資獲利自然不在話下，連沒有想到的部分，都會有意外之財。

♥愛情婚姻

愛情婚姻皆適宜。有水到渠成的富貴象。

工作事業

工作事業不用煩惱，老天爺罩著，只管努力去做，自有福報。吉。

䷘【無妄】卦 六三 意外之災 逆來順受（凶）

爻辭原文：無妄之災 或繫之牛 行人之得 邑人之災

解釋：【無妄】卦三爻是陰爻，故稱六三。

爻辭曰：

無妄之災。此句是說發生出乎意料的倒楣事。

或繫之牛 行人之得 邑人之災。此句是說有人把牛綁在路邊，行人經過了順手牽牛偷走了，主人認為是附近鄰居偷的，鄰居真倒楣，不只被冤枉，還要被調查。

此卦是說人有時難免會遇到意外之災，如果不幸運遇到了，也不要太灰心，暫時逆來順受就是了，總有一天會平反。有句話說【天作孽猶可違 自作孽不可活】，天災或者意外在所難免，遇到了自認倒楣，還是得放寬心繼續過平常日子。儘管如此，此卦仍然是凶。

★整體運勢

運勢不佳，可能有意外災害臨頭，必須謹慎又謹慎。

財運投資

財運投資不可。否則會有錢財被五鬼搬運走的危機。

♥愛情婚姻

愛情婚姻大致上不宜。喝水也會噎著，趴著才不會中槍。

工作事業

工作事業就是謹防有人做亂，自己無故損失，宜慎。

☳【無妄】卦 九四　切忌妄動 可保平順（平）

爻辭原文：可貞 無咎

解釋：【無妄】卦四爻是陽爻，故稱九四。

爻辭曰：

可貞 無咎。【無妄】卦是【沒有妄念】，心誠意正。此句是說堅持【無妄】卦的精神，就不會有咎害。

〈易經〉中常常出現【貞】字，然而自古以來諸家對此字解釋眾說紛紜。比較可靠的說法是【貞正】【堅持】，而且往往帶有【靜守】的味道。此卦是說心誠意正，而且要切忌妄動，如此可保平順。因而此乃平卦。

★整體運勢

整體運勢普通，安分守己，則可平順度日。

財運投資

財運平平，投資慎重。如果手上有投資，繼續抱著就好，盡量以不動為原則，以待後利。

♥ 愛情婚姻

愛情婚姻一動不如一靜。有時不動才是最好的動作。

工作事業

工作事業盡量維持原貌。千萬勿躁進，靜待以後好運到來。

䷘【無妄】卦 九五 偶有意外 無須理會（吉）

爻辭原文：無妄之疾 勿藥有喜

解釋：【無妄】卦五爻是陽爻，故稱九五。

爻辭曰：

無妄之疾。一般【無妄】是指【沒有妄念】，心誠意正。此句是指「不是自找的病」。意思是說人吃五穀雜糧難免會有不舒服的時候，這個不算真正的病。

勿藥有喜。此句是說既然不算真正的病，也不需要用真的藥去治，儘管放寬心，自然會自動痊癒，而且會有意外之喜。

此卦是說人難免會遇上意外，在此刻不需要憂心去理會它，只要放寬心，事情很快就會過去。也就是說如果越理它，事情可能變得越大條，不理它反而沒事，還會有意外收穫。當然是吉卦。

★整體運勢

整體時運強旺。偶爾有意外發生，平淡看待，不須太介意，過了就好。

財運投資

財運佳，投資好。投資就算小有風波，也不用管它，繼續就是了，吉。

♥愛情婚姻

愛情婚姻繼續大步往前走，管它別人怎麼說。吉。

工作事業

工作事業不要看見黑影就開槍，就當沒看見。不理它就是吉。

䷘【無妄】卦 上九 意外之災 宜守勿動（凶）

爻辭原文：無妄 行有眚 無攸利

解釋：【無妄】卦上爻是陽爻，故稱上九。

爻辭曰：

無妄 行有眚 無攸利。【無妄】卦是【沒有妄念】，心誠意正。此句應該加上幾個字才比較容易讀懂：如果不能做到【無妄】，那麼就會【行有眚 無攸利】。也就是說無法心無妄念，可能就會有人禍，這樣不會有利益。【眚】是專指【人禍】。

此卦是說人必須心無妄念，否則容易心生異端，自然容易闖禍，這樣對大家都沒好處。就好像有人闖紅燈，結果撞到其他人，對肇事闖紅燈的人來說其實是人禍，對被撞的人而言卻是意外之災，面對這種運勢，最好就是靜守勿動。因而此卦為凶。

★整體運勢

整體運勢差，天災人禍齊到。最好要凡事低調，不可躁動，切記。

財運投資

財運投資皆不宜。投了就如石沉大海，別衝動。

❤愛情婚姻

愛情婚姻要暫緩。動則有凶。

工作事業

工作事業必須小心加謹慎。安分守己，靜守本分，或能過關。凶。

第二十六卦 ䷙「山天大畜」養精蓄銳 大運將至（吉）

卦辭原文：利貞 不家食 吉 利涉大川

解釋：利貞 不家食 吉 利涉大川。此句是說堅貞有利，尤其出外奮鬥會很吉利，特別是有利於【涉大川】。所謂的【涉大川】是指涉過大河到對面去，因為對面有大商機，大利益。

【大畜】是【大大畜養】與【大有積蓄】之意。此卦是說盛運已經來到，要加速養精蓄銳，如此則萬事皆吉。自然是個吉卦。

★整體運勢

整體運勢強旺。諸事皆吉，尤其有利於出外打拼，謀取厚利。

💰 財運投資

財運好，投資佳。可以選取高報酬的項目投資，必大豐收。

❤ 愛情婚姻

愛情婚姻大吉。在家生活無慮，出外賺錢無限。

💼 工作事業

工作最利出外開拓業務，必有一番成就。

事業順風順水，宜積極發展業務，有人利可得

䷙【大畜】卦 初九 前面有險 宜守勿動（動凶靜吉）

爻辭原文：有厲 利已

解釋：【大畜】卦初爻是陽爻，故稱初九。

爻辭曰：

有厲 利已。【已】是【止】。本句是說有危險，暫時勿動。

本卦是說前面有危險，要暫時勿躁動，靜守為宜。因而此卦是動凶靜吉。

★整體運勢

運勢端看採取何種策略而定：動則凶，靜則吉，切記。

財運投資

財運投資宜靜不宜動。先好好守住本錢，等待運勢變好之時，再一舉進攻，然後必可得大利。

愛情婚姻

愛情婚姻有男受制於女之象。然若此亦無妨，聽某嘴大富貴。

工作事業

工作要保守低調對待，勿與人爭，好好守住本分最好，等待運勢大開。

事業暫時無成，最好先踩剎車，不須急躁，日後方能成大事。

䷙【大畜】卦 九二 宜守勿進 以待後運（動凶靜吉）

爻辭原文：輿說輹

解釋：【大畜】卦二爻是陽爻，故稱九二。

爻辭曰：

輿說輹。【輿】是【車駕】。【說】是【脫】。【輹】是【車子連接車廂與車輪轉軸的部位】，古稱【伏兔】，類似現今車子的齒輪箱，傳動軸的功用。此句簡單講就是車子脫軌了，壞了。

此卦是說車子壞了走不了，比喻時運不當，不要走。也就是宜守勿進，如此等待以後的好運到來，才是上策。吉凶就看採取何種方法而定，動則凶，靜則吉。因而此卦是動凶靜吉。

★整體運勢

整體運勢以退為進才是上策。切莫貪功躁進，如此則凶。

財運投資

財運投資都不好。最好連動都不要動，保本是上策。

❤愛情婚姻

【輿說輹】車子出軌，嚴防人也出軌，宜慎。

工作事業

工作事業就是一個【守】字，其他不必多說。

☰【大畜】卦 九三 齊頭並進 不怕艱難（小吉）

爻辭原文：良馬逐 利艱貞 日閑輿衛 利有攸往

解釋：【大畜】卦三爻是陽爻，故稱九三。

爻辭曰：

良馬逐 利艱貞。馬的習性是喜歡互相追逐賽跑，【良馬逐】比喻良性競爭是好的。雖然競爭是辛苦的，但是對結果卻是有利的。

日閑輿衛 利有攸往。【閑】是【習】學習之意。【輿】是【車駕】此處指駕車的技術。【衛】是【防衛】。此句是說天天練習車駕技術與守衛，不能懈怠，如此才會有利。

此卦是說不要怕競爭，不要怕艱難，眾人一起齊頭並進，努力不懈，如此就會得利。此卦看起來雖吉。然而必須兢兢業業，戒慎恐懼則吉，不是天上掉下來的餡餅。因而綜合評論為小吉。

★整體運勢

運勢不差，但還是要繼續努力，則無往不利。

財運投資

財運投資尚可。看似有風險，結果卻可順利獲利，亦可約眾集資。

❤ 愛情婚姻

愛情婚姻得佳婿。相輔相成，堪稱美滿。

工作事業

工作事業良性競爭是好事，不要怕艱苦，所求必成。

䷙【大畜】卦 六四 小牛綁角 防患未然（大吉）

爻辭原文：童牛之牿 元吉

解釋：【大畜】卦四爻是陰爻，故稱六四。

爻辭曰：

童牛之牿。【牿】是【綁在牛角上的木架】。此句是說牛從小就要在它的角上綁上木塊，這樣牛就不會互鬥，也不會傷人，可以健康長大。

元吉。此句是說如此做乃大吉。

此卦是說在小牛角上綁木頭，是為了防患未然。人做事如果有先見之明，先加以堤防，就是大吉。此卦大吉卦也。

★整體運勢

運勢好，但是必須有憂患意識，洞燭機先，預防措施，可保長久。

財運投資

財運佳，投資宜。投資了也不要急著出售，先綁住，日後價會更高。

❤愛情婚姻

愛情婚姻如同綁上紅繩，姻緣天注定，吉也。

工作事業

工作事業會有大進展，但是必須要注意防範措施，從細節小心預防，如此必得厚利。

☶【大畜】卦 六五 公豬閹割 防範未然（吉）

爻辭原文：豶豕之牙 吉

解釋：【大畜】卦五爻是陰爻，故稱六五。

爻辭曰：

豶豕之牙 吉。【豕】是【豬】，【豶豕】是【閹割過的公豬】。此句是說公豬閹割過脾氣會變比較溫馴，如此比較不會互鬥，豬能快樂健康長大，當然是吉事。

此卦是說提前將公豬閹割，豬比較不會打架，對豬的成長有益，如此防範未然的措施，乃吉。故此卦乃吉。

★整體運勢

整體運勢佳。要有危機意識，預防措施，可保長久。

財運投資

財運投資皆適宜。

❤愛情婚姻

愛情婚姻琴瑟合鳴，對象溫文儒雅，吉。

工作事業

工作事業不要忘記注意防範措施，如此必吉也。

䷙【大畜】卦 上九 大運已至 平步青雲（大吉）

爻辭原文：何天之衢 亨

解釋：【大畜】卦上爻是陽爻，故稱上九。

爻辭曰：

何天之衢 亨。【何】是【荷】【負荷】。【衢】是【大道】。此句是說肩負起天之道，比喻榮耀富貴之極，故亨通。

此卦是說大運已經到來，自可以平步青雲。此乃大吉之卦。

★整體運勢

整體運勢大旺。如魚得水，名利雙收。

財運投資

財運極佳，投資可以加碼。錢賺得像天一樣高。

愛情婚姻

愛情婚姻順遂，佳偶天成。大吉。

工作事業

工作事業得意，名利雙收。要風得風，要雨得雨，大吉。

第二十七卦 ䷚「山雷頤」自我省思 為正則吉（小吉）

卦辭原文：貞吉 觀頤 自求口實

解釋：貞吉。此句是說堅持此道則吉。

觀頤。此句是說觀察頤養之道。

自求口實。【口實】是【吃】也就是【頤】【頤養之道】。此句是說看看自己的頤養之道，也就是說自我省思。

【頤】卦是【頤養】【頤養之道】。民以食為天，人人都要吃東西。小時候父母養你，長大了你養父母，此即頤之道。而頤之道，正是做人的道理。此卦是說要自我省思頤養之道，為正則吉。此卦吉凶牽扯到頤養之道正確與否，故僅是小吉。

★整體運勢

運勢不差，綜歸頤養之道即為人之道，走正道則吉。

財運投資

財運投資須謹慎。投資之道跟吃的道理一樣，吃什麼像什麼，投資正確自然獲利。

♥ 愛情婚姻

愛情婚姻吉。頤為頤養，在外夫賺錢養妻，在內妻飲食養夫，吉。

工作事業

工作事業飲食之道如人倫之道，守正則吉。

䷚【頤】卦 初九 捨內求外 貪得無饜（凶）

爻辭原文：舍爾靈龜 觀我朵頤 凶

解釋：【頤】卦初爻是陽爻，故稱初九。

爻辭曰：

舍爾靈龜。【舍】是【捨】。【爾】是【你】。靈龜自古被視為神物，此處指美好的心靈。此處是說捨棄你自己美好的心靈。

觀我朵頤 凶。卻跑來看我吃東西，如此為凶。

此卦是說你自己內心本來就有美好的東西，然而自己卻不滿足，卻還要覬覦別人嘴巴裡面的東西，如此捨內求外，貪得無饜，當然是凶。因而此卦為凶卦。

★整體運勢

整體運勢差。吃碗內看碗外，貪心不足，必釀大禍，宜慎。

財運投資

財運不佳，投資不宜。就算僥倖獲利，利益也會為人所奪，凶。

❤愛情婚姻

愛情婚姻須當心殺出程咬金，奪人所愛，宜慎。

工作事業

工作事業不穩定，朝三暮四，只貪虛名的結果必大凶。

䷚【頤】卦 六二 不合常理 躁進必凶（凶）

爻辭原文：顛頤 拂經 於丘頤 征凶

解釋：【頤】卦二爻是陰爻，故稱六二。

爻辭曰：

顛頤 拂經。此句是說顛倒頤養之道，拂逆倫常道理。

於丘頤 征凶。【丘】是【山丘】，此處指【高】。此句是說只想往高處去乞求人家養，這樣做是凶事。

此卦是說頤養之道不合常理，只想巴著別人求別人養，如此做會招凶。所以切忌躁進，躁進則必凶。因而此卦是凶卦。

★整體運勢

整體運勢差。不照道理辦事的結果，災禍自招，凶。

財運投資

財運差，投資不可。投資則必損失。

❤愛情婚姻

愛情婚姻運勢不佳，暫且觀望為宜。否則可能有不倫之事發生。

工作事業

工作事業不順，凡事須保守為宜。只因不尋常道做事，凶。

䷚【頤】卦 六三 違逆常道 一蹶不振（大凶）

爻辭原文：拂頤 貞凶 十年勿用 無攸利

解釋：【頤】卦三爻是陰爻，故稱六三。

爻辭曰：

拂頤 貞凶。此句是說拂逆頤養之道，如此做必凶。

十年勿用 無攸利。不僅是凶，而且禍及十年，這麼做沒有好處。

此卦是說違逆常道，會使自己一蹶不振，如此沒有好處。此卦凶之極，凶達十年，故乃大凶。

★整體運勢

運勢大壞，諸事不成。只因違逆倫常，不可取也，大凶。

💰 財運投資

財運極差，投資不可。凡投資必慘賠。

❤ 愛情婚姻

愛情婚姻不可取，否則必敗。亦可能有不貞之事發生。

💼 工作事業

工作事業一敗塗地。不照規矩辦事的結果，自取滅亡。

䷚【頤】卦 六四 得所該得 虎不吃素（吉）

爻辭原文：顛頤 吉 虎視眈眈 其欲逐逐 無咎

解釋：【頤】卦四爻是陰爻，故稱六四。

爻辭曰：

顛頤 吉。此句是說雖然顛倒頤養之道，卻會得吉。乃因得所該得，不逾越本分。

虎視眈眈 其欲逐逐 無咎。就好像老虎發現獵物虎視眈眈，滿滿的慾望想追逐獵物，這是為了想填飽肚子，此乃天性，所以沒有咎害。

此卦是說頤養之道如果是得所該得，那便是吉。就像老虎不是吃素的，它追獵物的真正目的不在殺死它，只是為了生存填飽肚子，所以也沒有災害。因而此卦為吉。

★整體運勢

整體運勢好。照天道人倫做事，不逾越剛常，吉也。

財運投資

財運佳，投資宜。虎虎生風發大財是謂也。

❤愛情婚姻

愛情婚姻追逐美好姻緣本常事，儘管放手去做，吉。

工作事業

工作事業飛黃騰達。君子愛財取之有道，如此則大吉。

䷚【頤】卦 六五 君為臣養 靜守則吉（平）

爻辭原文：拂經 居貞吉 不可涉大川

解釋：【頤】卦五爻是陰爻，故稱六五。

爻辭曰：

拂經 居貞吉。此句是說拂逆經常之道，要靜守才是吉。

不可涉大川。此句是說不可以涉過大河去追求高利益，也就是說不能躁進，要守住原位。

此卦是說形勢比人強，如今的氣運自己雖名為主子，但是卻要依靠手下的臣子幫忙，如此的情勢當然不可急進，靜守則吉。此卦吉凶在於進或退的選擇，因而此卦為平卦。

★整體運勢

運勢平平，宜守不宜攻，宜退不宜進，堅守此道則吉。否則必凶。

財運投資

財運投資不宜。只可暫時退守，不能躁於進攻。

❤愛情婚姻

愛情婚姻保持原貌，不可妄動。

工作事業

工作事業低調保守才是福。切莫貪功近利，會得不償失。

䷚【頤】卦 上九 雖厲猶吉 積極進取（吉）

爻辭原文：由頤 厲吉 利涉大川

解釋：【頤】卦上爻是陽爻，故稱上九。

爻辭曰：

由頤。此句是說所有頤養的來源都由我而來。

厲吉。此句是說場面雖然危厲，最後卻能得吉。

利涉大川。此句是說有利於涉過大川去冒險犯難，獲取高利。

此卦是說自己是頤養眾人的老大，環境雖然險惡，但是仍然會獲吉，可以積極進取去謀取高利。因而此卦為吉。

★整體運勢

運勢好。儘管大環境不佳，還是可以獲利，可以積極開拓事業。

財運投資

財運佳，投資宜。可以從不利的環境中殺出一條血路，進而獲利。

♥愛情婚姻

愛情婚姻險中求勝。儘管放心去追求。

工作事業

工作事業雖有波折，但是最終會得利，不要安逸，要努力積極進取，開拓事業，必有作為。

第二十八卦 ䷛「澤風大過」過剛易折 獨木難支（凶）

卦辭原文：棟橈 利有攸往 亨

解釋：棟橈。此句是說棟樑彎折。比喻危險。

利有攸往 亨。此句是說既然棟樑彎折，為何還會亨通？這邊是說雖然棟樑已彎，但是要努力把它扶正，比喻化解危機。如此才會獲得利益，達到亨通。

【大過】卦基本上是個凶卦。從卦象來看，四個陽兩個陰，〈易經〉通例陽為大，陰為小。四個陽大於兩個陰，所以此卦名為【大過】卦，【大者過】。陽大於陰也。然而陽剛過盛則易折，這就是此卦危險之處，因為獨木難支，難以解救頹勢。並且若卜得此卦還有性命之憂，必須特別小心。因而此卦是凶卦。

★整體運勢

運勢危。大有傾倒之像，必須力挽狂瀾，否則危矣。

財運投資

財運不佳，投資不宜。局勢既然已經危險，自然不宜投資。

❤愛情婚姻

愛情婚姻岌岌可危，不如放棄。退一步海闊天空。

工作事業

工作事業有覆滅之危機，低調再低調，謙恭處事才是上策。

䷛【大過】卦 初六 寬柔處事 可以無咎（平）

爻辭原文：藉用白茅 無咎

解釋：【大過】卦初爻是陰爻，故稱初六。

爻辭曰：

藉用白茅 無咎。【藉】是【鋪】，把白茅鋪在地上。此句是說要祭祀之時，大可以把祭品直接放在地上，現在還先鋪上白茅。如此虔誠，當然不會有咎害。

此卦是說心懷虔誠，寬柔處事，切不可過於剛暴，如此行事作人可以沒有咎害。因而是個平卦。

★整體運勢

運勢普通。要謙虛待人，不可蠻橫剛暴，如此則凶。

💰 財運投資

財運平平，投資宜慎。

❤ 愛情婚姻

愛情婚姻則是平順，切記要溫柔對待，關係才會長久。

💼 工作事業

工作事業務必謙卑處事，若太過於剛硬則容易惹事，宜慎。

☱【大過】卦 九二 枯木逢春 反敗為勝（吉）

爻辭原文：枯楊生稊 老夫得其女妻 無不利

解釋：【大過】卦二爻是陽爻，故稱九二。

爻辭曰：

枯楊生稊。【稊】是【芽】。此句是說枯萎的楊樹長出新芽。比喻枯木逢春。

老夫得其女妻 無不利。此句是說年紀大了還取了妻子，生了兒子，這樣沒有什麼不利的啊，是吉事。

此卦是說枯木眼看就要死了，沒想到還再次逢春，比喻反敗為勝。此卦當然是吉卦。

★整體運勢

運勢有如倒吃甘蔗，漸入佳境。又有扭轉頹勢之象，吉。

財運投資

財運佳，投資可。猶如利空出盡，好運將來，投資可以獲利。

❤愛情婚姻

愛情婚姻老來俏。枯木逢春，欣欣向榮，吉。

工作事業

工作事業可有第二春，積極開拓，可有成就。

䷛【大過】卦 九三 剛愎自用 孤立無援（凶）

爻辭原文：棟橈 凶

解釋：【大過】卦三爻是陽爻，故稱九三。

爻辭曰：

棟橈 凶。此句是說棟樑彎曲傾斜了，如此為凶。

此卦比喻為人剛暴。太過於剛愎自用，如此容易孤立無援，因而獨木難支。所以此卦是凶卦。為今之計是謙卑待人，廣結善願，或者可救。

★整體運勢

整體運勢惡劣。有傾倒的危機，甚至要小心人身安全，凶。

財運投資

財運極差，投資不可。一投便倒，必須謹慎。

❤愛情婚姻

愛情婚姻不可。有則倒，不如不要。謹慎為宜。

工作事業

工作事業危機重重，要謹慎再謹慎。必須謙卑謙卑再謙卑，或許可以逃過一劫。還必須注意身體健康，人身安全。

䷛【大過】卦 九四 棟樑之材 莫看扁人（吉）

爻辭原文：棟隆 吉 有它 吝

解釋：【大過】卦四爻是陽爻，故稱九四。

爻辭曰：

棟隆 吉。此句是說把傾斜的棟梁扶正，吉。

有它 吝。此句是說如果有其他不同的想法，則會導致鄙吝。

此卦是說本身是棟樑之材，可以挽救頹勢。然而切不可剛愎自用，必須廣納人材，不要看扁人，即便是看來柔弱之人，可能也大有用處。此乃吉卦也。

★整體運勢

整體運勢強。事事皆宜，但是必不可看扁人，天生我材必有用，切記。

💰財運投資

財運好，投資宜。猶如谷底翻升，大可進場大賺一筆。

❤愛情婚姻

愛情婚姻觸底反彈，有回春之象，吉。

💼工作事業

工作事業皆宜。大將之才，必以謙卑之心領導眾人，不可剛愎自用，如此必然大有成就。

䷛【大過】卦九五 老妻少夫 老木開花（平）

爻辭原文：枯楊生華 老婦得其士夫 無咎無譽

解釋：【大過】卦五爻是陽爻，故稱九五。

爻辭曰：

枯楊生華。【華】是【花】。此句是說即將枯萎的楊樹卻開出花。【大過】卦的二爻是【枯楊生稊】，開出的是新芽，代表重獲新生。此處開出的是花，代表華而不實。

老婦得其士夫 無咎無譽。老女人得到小夥子，這樣不好也不壞。

此卦是說老妻少夫，老木居然還開花，華而不實，因而沒有太大用處，不好不壞。此卦乃平卦。

〈易經〉成書頗早，商末周初本就是男尊女卑，自然會有此卦的形容方式。如今女性地位不可同日而語。姑且只當成是一種形容吧。

★整體運勢

運勢平平。重點是實際做人做事，不要奢華而不實，則有所成。

財運投資

財運平平，投資要慎。投資必得腳踏實地，穩健為先。

❤愛情婚姻

愛情婚姻有女大男小之象。端看彼此造化，不必介意如此。

工作事業

工作事業運勢普通，有女權出頭之象，務必腳踏實地處事。

䷛【大過】卦 上六 滅頂之災 其志可嘉（大凶）

爻辭原文：過涉滅頂 凶 無咎

解釋：【大過】卦上爻是陰爻，故稱上六。

爻辭曰：

過涉滅頂 凶 無咎。要涉過河去，卻慘遭滅頂之災，凶。然而想要挽救頹勢的志氣可嘉。

此卦是說為了拯救即將傾倒的大業，自己卻犧牲了，其志可嘉。不過人都死了，當然是大凶之卦。

★整體運勢

運勢大壞。必須特別小心身體健康，人身安全。尤其忌水。

財運投資

財運極爛，投資不可。投資必斷頭。

愛情婚姻

愛情婚姻危急。能退則退，自保為宜。

工作事業

工作事業一團亂，十分危險。必須要小心為了工作犧牲健康，如此至為可惜，先顧好自己最重要。

第二十九卦 ䷜「坎為水」險上加險 學以避險（凶）

卦辭原文：習坎 有孚 維心亨 行有尚

解釋：習坎。此處【習】字有二意：其一為【學習】，比喻要學習以避免危險。其二是【重複】，因為【坎】卦上卦水，下卦也是水，比喻險上加險。

有孚 維心亨 行有尚。此句是說儘管情勢危險，做事還是要有誠信，心中誠信，作為高尚。

【坎】卦的【坎】是【水】，【坎為水】卦。古代高莫過於山，險莫過於水。因而【坎水】代表是【危險】。此卦是說危險重重，必須小心。另外必須學習如何避險。【坎】與【屯】【蹇】【困】卦合稱〈易經〉四大難卦。可見此卦必然是凶卦。

★整體運勢

運勢困難重重。必須靜心以待好時機來臨，不可急躁求功。

財運投資

財運差，投資不宜。投資環境險象環生，不可輕言投資。

❤愛情婚姻

愛情婚姻大不利。皆須暫緩。

工作事業

工作事業危機四伏。守才是最高指導原則。

䷜【坎】卦 初六 學藝未精 險中有險（凶）

爻辭原文：習坎 入於坎窞 凶

解釋：【坎】卦初爻是陰爻，故稱初六。

爻辭曰：

習坎。此處【習】字有二意：其一為【學習】，比喻要學習以避免危險。其二是【重複】，因為【坎】卦上卦水，下卦也是水，比喻險上加險。

入於坎窞 凶。【窞】是【穴】，代表危險。【坎】是【陷】是【穴】，也代表危險。此卦是說險上加險。當然是凶。

此卦是說自己學藝未精，不巧又遇上危機重重。此卦自然是個凶卦。

★整體運勢

運勢極差，凶。危機四伏，小心陷阱。必須學習如何避險。

財運投資

財運極差，投資不可。可能是失財陷阱，宜慎。

❤愛情婚姻

愛情婚姻小心騙局。可能失財失身，務必小心。

工作事業

工作事業一事無成，還要小心設局陷阱，凶。

䷜【坎】卦九二 環境險惡 小利可圖（小事吉）

爻辭原文：坎有險 求小得

解釋：【坎】卦二爻是陽爻，故稱九二。

爻辭曰：

坎有險。此句是說環境險惡。

求小得。此句是說最多只能求小得，莫貪大利。

此卦是說大環境不佳，因而莫貪功近利，只有小利可圖，得利即止。因而此卦標示為小事吉。

★整體運勢

運勢平平。只可小利，不可大利。小利必得，大利必敗。

財運投資

財運投資只宜小做，勿求大得。得利見好就收。

❤愛情婚姻

愛情婚姻雖沒有大富大貴之象，然而小康可期。

工作事業

工作事業小有成就，但是莫急功近利，大利不可圖。

☵【坎】卦 六三 危機重重 遇險須止（凶）

爻辭原文：來之坎坎 險且枕 入於坎窞 勿用

解釋：【坎】卦三爻是陰爻，故稱六三。

爻辭曰：

來之坎坎。【坎】卦的【坎】是【水】，【坎為水】卦。古代高莫過於山，凶莫過於水。因而【坎水】代表是【危險】。此比喻危機。

險且枕。此句是說遇到危險就躺下來睡。此句是比喻既然遇到危險，不如就地安歇，不要動，以免前進遇險。

入於坎窞 勿用。【窞】是【穴】，代表危險。【坎】是【陷】是【穴】，也代表危險。此卦是說險上加險，千萬不可冒進。

此卦是說危機重重，遇到危險必須知道停止，再前進就凶了。因而此卦是凶卦。

★整體運勢

運勢不佳。凡事必須知險而後止，小心損失。

財運投資

財運不好，投資不可。安穩抱著現金才是上策。

愛情婚姻

愛情婚姻主對象不良。必須趕快停止，否則凶也。

工作事業

工作事業須謹慎小心。小心駛得萬年船。

☵【坎】卦 六四 勤儉持家 足昭誠信（平）

爻辭原文：樽酒簋貳用否 納約自牖 終無咎

解釋：【坎】卦四爻是陰爻，故稱六四。

爻辭曰：

樽酒簋貳用否。【樽】是【酒器】。【簋】是【食器】。【缶】是【裝水的瓦器】。此句是說酒水食物只有兩碟，比喻不豪華。

納約自牖 終無咎。【納】是【拿】。【約】是【簡約】。【牖】是【窗】。此句是說從窗戶把簡單的食物拿進來，比喻節儉，如此最終不會有咎害。

此卦是說勤儉持家，做個好榜樣，如此足以昭誠信，就不會有災害。如此是個平卦。

★整體運勢

運勢平平。不可華而不實，最好勤儉持家，如此則無害。

💰 財運投資

財運普通，投資宜慎。需量入為出，小心投資，如此方是良策。

❤ 愛情婚姻

愛情婚姻則是小康之象。莫求大富貴，平實過日就是幸福。

💼 工作事業

工作事業平順，務求腳踏實地做事，如此可以無災。

䷜【坎】卦 九五 虛懷處事 運漸平順（平）

爻辭原文：坎不盈 祇既平 無咎

解釋：【坎】卦五爻是陽爻，故稱九五。

爻辭曰：

坎不盈。古代高莫過於山，凶莫過於水。因而【坎水】代表是【危險】。此比喻為人處事不盈滿，謙虛之意。

祇既平 無咎。【祇】是【適】剛好之意。此句是說平實沒有咎害。

此卦是說虛懷做人處事，運勢就會逐漸平順，不會有災害。因而此卦是平卦。

★整體運勢

運勢平順。雖沒有大富貴，然而小確幸可有。切記謙虛處事則佳。

💰財運投資

財運尚可，投資穩健。平實的投資策略才是上策，穩穩的賺。

♥愛情婚姻

愛情婚姻不求大富貴，然可門當戶對，宜。

💼工作事業

工作事業平平順順。不須求大功，凡事平順度過即是福。

䷜【坎】卦上六 倒楣三年 防有官司（凶）

爻辭原文：繫用徽纆 置於叢棘 三歲不得 凶

解釋：【坎】卦上爻是陰爻，故稱上六。

爻辭曰：

繫用徽纆。【繫】是【綁】。【徽纆】是【繩子】。此句是說被用繩子綁起來。

置於叢棘。此句是說而且被丟進叢棘中。比喻危險受難。

三歲不得 凶。此句是說三年都難以脫身，凶也。

此卦是說運勢極差，差到會倒楣三年。而且【叢棘】代表官司，因為古代衙門監獄外面都種叢棘。因而也要小心官司上身。此卦因而為凶。

★整體運勢

運勢極差。破財傷身，尤其要小心口角是非官司。

財運投資

財運差，投資不可。不僅會損失，可能還會惹上官司，宜慎。

❤愛情婚姻

愛情婚姻不可行。碰上倒楣三年。

工作事業

工作事業極不順利。要有長期抗戰，保守為本的準備。也是要小心口角是非官司。

第三十卦 ☲「離為火」守正則吉 生生不息（吉）

卦辭原文：利貞 亨 畜牝牛 吉

解釋：利貞 亨。此句是說有利堅貞。亨通。

畜牝牛 吉。【牝牛】是【母牛】。此句是說養母牛，則吉。雌性代表溫和柔順，比喻柔順處事則會得吉。

【離】卦上卦火下卦也是火，火光代表光明，美麗燦爛。因而【離】卦代表【麗】【光明燦爛】。卦辭中首揭【利貞】二字，代表必須堅持【離】卦之道才會得吉。而取【畜牝牛】的【蓄】字而不用其它字眼。【蓄】字是【蓄養】之意，代表養母牛是為了生小牛，而不是殺來吃。此中又有【生生不息】的味道。

此卦光明燦爛，生生不息，故乃吉卦。

★整體運勢

整體運勢強。「離為火」，離又為日。運勢如旭日東升，吉。

💰財運投資

財運佳，投資宜。投資火熱，獲利可期。

❤愛情婚姻

愛情婚姻主光明燦爛，富貴之家，吉。

💼工作事業

工作事業火紅。若行業與火有關，更是大吉。

☲【離】卦 初九 偶犯過錯 敬慎不敗（平）

爻辭原文：履錯然 敬之無咎

解釋：【離】卦初爻是陽爻，故稱初九。

爻辭曰：

履錯然 敬之無咎。【履】是【鞋子】，此作動詞【踏】，做事之意。此句是說人難免偶爾犯錯，但是只要保持敬慎之心，有錯立改，如此可立於不敗之地。

此卦未置吉凶，因而只是平卦。

★整體運勢

運勢只有普通，然而後勢可期。首重敬慎可不敗，以待大運之來。

💰 財運投資

財運投資運勢平平。小心駛得萬年船，穩健小心出手才是上策。

❤ 愛情婚姻

愛情婚姻路上自然小有波折，然而只要有錯即改，用心經營，可以無憂。

💼 工作事業

工作事業一時大利難得，然而敬慎恐懼以臨事，暫保平順即可，日後必有大運來臨。

䷝【離】卦 六二 得時得位 大運已至（大吉）

爻辭原文：黃離 元吉

解釋：【離】卦二爻是陰爻，故稱六二。

爻辭曰：

黃離。黃色這個顏色，在方位中代表是【中間】。自古我們崇尚的就是【中道】，因而黃色一直是【大色】。皇帝的衣服是黃袍，可見又有富貴之意。此卦是二爻，剛好在下卦是居中間的位置，所以用【黃】來形容之。【離】卦上卦火下卦也是火，火光代表光明，美麗燦爛。因而【離】卦代表【麗】【光明燦爛】。此句是說得中道，又有文明燦爛。

元吉。此句是說如此因而大吉。

此卦得時得位，代表大運已至。而且看字面就知道乃大吉之卦。

★整體運勢

運勢大好。位子好，機運好，則事無不成，光明燦爛，大吉。

財運投資

財運極佳，投資大宜。開花結果收穫豐。

愛情婚姻

愛情婚姻主對象俊美，又有實力，富貴之象。

工作事業

工作事業可以顯達。戰無不勝，攻無不克，大吉。

䷝【離】卦 九三 日薄西山 應對失序（凶）

爻辭原文：日昃之離 不鼓缶而歌 則大耋之嗟

解釋：【離】卦三爻是陽爻，故稱九三。

爻辭曰：

日昃之離。此句是說太陽西下。比喻運勢不佳。

不鼓缶而歌。【缶】是【瓦器】,【鼓缶】是【敲擊瓦器為節奏】。此句是說沒有敲擊瓦器就唱歌，如此節奏必亂。比喻進退無序，失節。

則大耋之嗟。【耋】字上【老】下【至】，老至也，古八十歲稱【耋】。此句是說還沒有老就哀聲載道說自己老了，這並非好事。

此卦是說運勢不佳，日薄西山，加上自己應對失序，進退無節，這樣只會自己落寞的怨嘆，沒有幫助。此卦爻辭中雖然沒有寫吉凶，但是從意義上來看就是不吉之兆，因而此卦乃凶。

★整體運勢

整體運勢如日落西山，凶。特別小心生活飲食要有序，注意健康。

財運投資

財運差，投資不可。太陽都要下山了，連股市都已經收盤了，投什麼？

♥愛情婚姻

愛情婚姻主難以偕老。凶，不宜。

工作事業

工作事業一片大壞，猶如夕陽西下，事勢已去，凶。

☲【離】卦 九四 突如其來 大難臨頭（大凶）

爻辭原文：突如其來如 焚如 死如 棄如

解釋：【離】卦四爻是陽爻，故稱九四。

爻辭曰：

突如其來如 焚如 死如 棄如。此句是說突如其來的災禍，被火燒，死亡，被拋棄。

此卦是說運勢凶到極點，而且是突如其來大災禍，不僅要小心【火關】，身體健康，人身安全，還要注意可能被拋棄。大難臨頭之卦，因而本卦是大凶。

★整體運勢

運勢大凶，諸事不可。特別小心人身安全，與火有關之災，切記。

財運投資

財運一塌糊塗，投資萬萬不可。否則可能破財傷身，宜慎。

❤愛情婚姻

愛情婚姻想都不要想。能夠自保已屬萬幸，要小心再小心。

工作事業

工作只能求明哲保身，低調再三。小心職場災害，尤其是火。

事業跟工作運勢一樣，差之又差。小心健康，人身安全。

☲【離】卦 六五 憂國憂民 戒慎恐懼（吉）

爻辭原文：出涕沱若 戚嗟若 吉

解釋：【離】卦五爻是陰爻，故稱六五。

爻辭曰：

出涕沱若。此句是說哭的一把鼻涕一把眼淚。

戚嗟若 吉。此句是說憂心嘆氣的樣子，如此反而為吉。

此卦比喻傷心到極點，反而喜極而泣。因為之所以傷心是因為憂國憂民，若能如此戒慎恐懼，反而會得吉。因而此卦是個吉卦。

★整體運勢

運勢轉頹為盛。大有喜極而泣之象，苦盡甘來，吉。

財運投資

財運轉盛，投資適宜。然而投資策略還得穩健小心為宜。

♥愛情婚姻

愛情婚姻苦盡甘來，良緣可成，吉。

工作事業

工作有如倒吃甘蔗，漸入佳境。然而還是要有憂患意識，勤勉謹慎。

事業雖則辛苦，但是終有回報，苦盡甘來。

☲【離】卦 上九 王者之師 只取魁首（小吉）

爻辭原文：王用出征 有嘉折首 獲匪其醜 無咎

解釋：【離】卦上爻是陽爻，故稱上九。

爻辭曰：

王用出征 有嘉折首。此句是說君王指派領兵去打仗，嘉獎抓到敵方首領的有功之士。

獲匪其醜 無咎。【匪】是【非】。【醜】是【類】。此句是說主要是要抓為首作亂的頭頭，其它小跟班可以赦免其罪，以示仁愛之心，如此作法就不會引來咎害。

此卦是說王者之師主要只是抓到為首作亂的極惡，彌平禍亂，不要再擴大傷害，如此做法可以不再帶來災害。此卦代表戰爭獲勝，固然是吉事，然而事關人命，引爆戰爭實非得已。故此卦本人列為小吉。

★整體運勢

整體運勢不差。有獲勝之象，然則必須寬懷仁愛，則可以無害。

財運投資

財運可，投資宜。【折首】謂選取領頭行業或公司，獲利可期。

❤愛情婚姻

愛情婚姻有獲得優秀對象之象。可。

工作事業

工作事業則名列前茅，擊敗對手，大功告成。

第三十一卦 ䷞「澤山咸」貞正則吉 娶親亦吉（吉）

卦辭原文：亨 利貞 取女吉

解釋：亨 利貞 取女吉。此句是說亨通，有利堅貞，娶親亦吉。

【咸】卦是【感】字少了下面的心，稱為【無心之感】，一般翻譯成【感應】。

此卦是說貞正則吉，娶親亦吉。因而是個吉卦。

★整體運勢

整體運勢好。亨通吉祥，尤利嫁娶。

財運投資

財運佳，投資宜。正派的投資則可無往不利，吉。

♥愛情婚姻

愛情婚姻大吉。百年好合。

工作事業

工作事業運勢亨通。取正道努力不懈，必有所成。

䷞【咸】卦 初六 事情之始 宜勿躁動（平）

爻辭原文：咸其拇

解釋：【咸】卦初爻是陰爻，故稱初六。

爻辭曰：

咸其拇。【咸】卦是【感】字少了下面的心，稱為【無心之感】，一般翻譯成【感應】。此句是說腳的大拇指有所感應。

此卦是說腳的大拇指有所感應。腳的大拇指是人體最細微的部分，比喻感應非常微小，還不成氣候。也就是說運勢僅在事情的開始，所以暫時不可躁動。

此卦未言吉凶，僅在告誡不可擅動，因而此卦為平卦。

★整體運勢

運勢普通。事情尚未具有規模，因而一切以守為宜。

財運投資

財運平平，投資宜慎。穩健小心為原則，不要貪功。

❤愛情婚姻

愛情婚姻為萌芽之時，事情之始，可以平順。

工作事業

工作事業平順即可，不可求大功，不可躁進。

䷞【咸】卦 六二 勿隨人動 動凶靜吉（動凶靜吉）

爻辭原文：咸其腓 凶 居吉

解釋：【咸】卦二爻是陰爻，故稱六二。

爻辭曰：

咸其腓。【咸】卦是【感】字少了下面的心，稱為【無心之感】，一般翻譯成【感應】。【腓】是【小腿肚】。此句是說小腿肚有感應。小腿肚無法自己動，腳動則小腿肚也跟著動。此比喻跟著別人動。

凶 居吉。若跟著別人動的結果是凶，安靜不動才能獲吉。

此卦是說不要隨人起舞，勿隨人動，跟著人動則凶，安靜不動則吉。因而此卦標示為動凶靜吉。

★整體運勢

運勢在乎人為。原則上躁動凶，不動吉，宜慎。

財運投資

財運投資以維持原貌為吉，妄動則凶。

♥愛情婚姻

愛情婚姻宜固守，不動就是好事，動則有凶。

工作事業

工作事業在乎處事態度，以退為進才是上策。

䷞【咸】卦 九三 不能自主 志在隨人（動凶）

爻辭原文：咸其股 執其隨 往吝

解釋：【咸】卦三爻是陽爻，故稱九三。

爻辭曰：

咸其股。【咸】卦是【感】字少了下面的心，稱為【無心之感】，一般翻譯成【感應】。【股】是【大腿】。此句是說大腿有感應。

執其隨 往吝。此句是說跟隨別人走的話則會造成鄙吝悔恨。

此卦是說自己不能做主，跟著別人屁股後面走，沒有主見並非好事，會有悔恨。因而此卦列為動凶。

★整體運勢

運勢不佳。凡事必須以退為進，才能保全，否則必凶。

💰財運投資

財運不佳，投資宜慎。千萬不要被牽著鼻子走，否則會損人。

❤愛情婚姻

愛情婚姻則容易為花言巧語所騙，所遇非人。宜慎。

💼工作事業

工作事業小心駛得萬年船，不要隨人起舞，靜守為上。

䷞【咸】卦 九四 靜守則吉 勿涉私情（小吉）

爻辭原文：貞吉 悔亡 憧憧往來 朋從爾思

解釋：【咸】卦四爻是陽爻，故稱九四。

爻辭曰：

貞吉 悔亡。此句是說堅貞則吉，悔恨消亡。

憧憧往來 朋從爾思。此句是說來來往往的人事這麼多，卻只有朋友聽從自己的想法，比喻目前誠信還無法昭及眾人，還不成氣候。

此卦是說時機尚未完全成熟，目前仍然以靜守為吉。而且誠信來往的只是那一撮少少的朋友，恐怕也會陷入朋黨之私，宜慎。

此卦前曰【貞吉】，告誡靜守才是吉，而且不要牽涉私情，有條件的狀況之下才是吉。因而此卦列為小吉。

★整體運勢

整體運勢尚未大成熟，還須暫緩不動，如此才會得吉。

財運投資

財運平平，投資宜慎。穩健才是最高原則，可獲小利。

❤愛情婚姻

愛情婚姻要防有風波私情發生，宜慎。

工作事業

工作事業以退為進，而且千萬不要介入私情，可保平順。

䷞【咸】卦 九五 精誠所至 不會有悔（平）

爻辭原文：咸其脢 無悔

解釋：【咸】卦五爻是陽爻，故稱九五。

爻辭曰：

咸其脢 無悔。【咸】卦是【感】字少了下面的心，稱為【無心之感】，一般翻譯成【感應】。【脢】是【背部】。此句是說背部有感應。人的身體結構，背部是不會自己動的，這邊說背部不動，然而卻有感應，表示是為誠心所感動，如此則不會後悔。

此卦是說若是精誠所至，則不會有後悔。因而是個平卦。

★整體運勢

運勢平平。凡事在乎一心，誠信則不會有悔。

財運投資

財運平，投資慎。小利可得，獲利即止。

愛情婚姻

愛情婚姻精誠所至，精石為開，所做不會後悔。

工作事業

工作事業誠信為先。雖無大富大貴，平順可期。

䷞【咸】卦 上六 口沫橫飛 華而不實（小凶）

爻辭原文：咸其輔頰舌

解釋：【咸】卦上爻是陰爻，故稱上六。

爻辭曰：

咸其輔頰舌。【咸】卦是【感】字少了下面的心，稱為【無心之感】，一般翻譯成【感應】。【輔】是【臉頰】。【輔頰舌】都是指嘴巴。此句是說只想用花言巧語使人感動。

此卦是說要令人感動，首重誠心。如果光只是靠口沫橫飛，如此華而不實，並非好事。

此卦爻辭中雖然沒有言及吉凶，然而若華而不實，到頭來也是危險。而因此卦列為小凶。

★整體運勢

運勢不平順。尤其必須特別小心口舌之爭，還有口蜜腹劍之人。

💰財運投資

財運不佳，投資宜慎。慎防為小人所騙。

❤愛情婚姻

愛情婚姻必須謹慎。恐有花言巧語之人行騙，最要小心。

💼工作事業

工作事業小心口角是非官司。還要小心甜言蜜語之人。

第三十二卦 ䷟「雷風恆」貞正持久 後有可圖（平）

卦辭原文：亨 無咎 利貞 利有攸往

解釋：亨 無咎 利貞 利有攸往。此句是說亨通，沒有咎害，有利堅貞，然後可以前往謀事而得利。

【恆】卦是【恆心】的意思。卜到【恆】卦，首重持之以恆。然後才可以亨通，沒有咎害。若能貞正持久，則後有可圖。

此卦吉凶在於能堅持與否？能貞正持久，則吉。否則為凶。因而此卦整體來看屬於平卦。

★整體運勢

運勢在乎個人做為。恆心持久，不急躁進，則有所成。

財運投資

財運平平，投資長穩。投資策略首重穩健長久，如此可獲利。

愛情婚姻

愛情婚姻則是長長久久，為吉。

工作事業

工作事業必有恆心。堅持奮鬥，必有所成。

䷟【恆】卦 初六 欲速不達 雖正亦凶（凶）

爻辭原文：浚恆 貞凶 無攸利

解釋：【恆】卦初爻是陰爻，故稱初六。

爻辭曰：

浚恆 貞凶 無攸利。【恆】卦是【恆心】的意思。卜到【恆】卦，首重持之以恆。【浚】是【深】。【浚恆】意思是【剛開始就想求永遠】，比喻沒有恆心。此句是說太過急功近利，沒有因循漸進，如此做為就算做正事，還是為凶，沒有任何利益。

此卦是說若欲速則不達，若以此種心態做事，就算是做正事，同樣不會成功，凶也。因而此卦為凶卦。

★整體運勢

運勢差。歸咎於太過急切，沒有恆心，如此則凶。

財運投資

財運差，投資慎。就算已經投資也不要貪圖大利，宜獲利即止。

❤愛情婚姻

愛情婚姻不可。主貪慕富貴高親，不宜，凶。

工作事業

工作事業須腳踏實地。勿求一時近利，恆心經營才是王道。

䷟【恆】卦 九二 堅守崗位 有悔而亡（平）

爻辭原文：悔亡

解釋：【恆】卦二爻是陽爻，故稱九二。

爻辭曰：

悔亡。〈易經〉中多次出現【悔亡】字眼，【亡】是【逝去】【失去】。此句比較精確的解釋應該為【本應有悔，有悔而亡】，悔恨已經不在了。

【恆】卦是【恆心】的意思。卜到【恆】卦，首重持之以恆。此卦是說要堅守恆心之道，堅守崗位，如此才能有悔而亡。因而此卦僅僅是平卦。

★整體運勢

運勢普通。持久堅守，可以沒有悔恨。

財運投資

財運平平，投資宜慎。堅守恆心之道，以待後運。

❤愛情婚姻

愛情婚姻不好不壞。惟求平安無悔過日子。

工作事業

工作事業有恆為本。不躁進，不貪功，暫時保沒災即可。

䷟【恆】卦 九三 無法堅持 恐遭羞辱（小凶）

爻辭原文：不恆其德 或承之羞 貞吝

解釋：【恆】卦三爻是陽爻，故稱九三。

爻辭曰：

不恆其德 或承之羞 貞吝。【恆】卦是【恆心】的意思。卜到【恆】卦，首重持之以恆。此句是說無法堅持恆心的德性，可能會招來羞辱，這樣會有鄙吝後悔。

凡〈易經〉中出現【吝】的字眼，代表是比較接近【凶】。因而此卦乃小凶之卦。

★整體運勢

整體運勢不佳。恐怕還有壞名聲，宜慎。

💰財運投資

財運不好，投資不宜。投資下場就是破財傷名聲。

❤愛情婚姻

愛情婚姻運勢差。尤其提防有傷名節之事。

💼工作事業

工作事業無法長久堅持，當然必敗。而且還要小心名聲受辱。

䷟【恆】卦 九四 居非其位 一無所獲（小凶）

爻辭原文：田無禽

解釋：【恆】卦四爻是陽爻，故稱九四。

爻辭曰：

田無禽。【田】此做動詞，【田獵】【狩獵】。此句是說打獵一無所獲。

【恆】卦是【恆心】的意思。卜到【恆】卦，首重持之以恆。若無法持之以恆，貪功躁進，居非其位，最終只會導致一無所獲。

此卦爻辭雖然沒有言及吉凶，但是一無所獲代表還是要浪費時間與成本。因而本卦為小凶。

★整體運勢

運勢不順，徒勞無功。必須小心省視自己是否居非其位。

財運投資

財運差，投資不可。【田無禽】，投資沒有收穫。

❤愛情婚姻

愛情婚姻不成，一無所有，凶。

工作事業

工作事業一無所獲。宜早轉變環境。

䷟【恆】卦 六五 通權達變 女吉男凶（女吉男凶）

爻辭原文：恆其德 貞 婦人吉 夫子凶

解釋：【恆】卦五爻是陰爻，故稱六五。

爻辭曰：

恆其德。【恆】卦是【恆心】的意思。卜到【恆】卦，首重持之以恆。此句是說堅持恆心的德性。

貞 婦人吉 夫子凶。堅持此道，則婦人為吉，夫子為凶。此句意思是婦人之道本來就是從一而終，因而為吉。然而大丈夫必須懂得通權達變，不曉得變通反而是凶。

此卦是說女人從一而終乃吉。男人卻需要通權達變。因而同一個卦卻是女吉男凶。

★整體運勢

運勢女卜得此卦則吉，男卜得此卦則凶。故事情暫時由女作主為宜。

財運投資

財運投資宜慎。最好由女人主導之則吉。

♥愛情婚姻

愛情婚姻女方卜到則吉，男方則凶。

工作事業

工作事業女吉男凶。凡事由女人出頭為宜。

䷟【恆】卦 上六 動則必凶 只宜靜守（凶）

爻辭原文：振恆 凶

解釋：【恆】卦上爻是陰爻，故稱上六。

爻辭曰：

振恆 凶。【恆】卦是【恆心】的意思。卜到【恆】卦，首重持之以恆。【振】是【震動】，【振恆】也就是沒有恆心。如此當然是凶也。

此卦是說此時時運只可靜守，若躁動則凶。因而此乃凶卦。

★整體運勢

運勢不佳。故躁動必敗，固守或許得以保全。凶。

財運投資

財運投資宜靜不宜動。保持原貌為佳。

❤愛情婚姻

愛情婚姻以不變應萬變。動之則凶。

工作事業

工作事業不可急躁貪功，若此必敗。暫勿忘求，以退為進為宜。

第三十三卦 ䷠「天山遯」速速遁逃 尚有小利（平）

卦辭原文：亨 小利貞

解釋：亨 小利貞。此句是說雖然亨通，但是只有小利可圖。

【遯】卦的【遯】字是古字，其實就是【遁】,【遁逃】之意。此卦是說速速遁逃，尚有小利。若不快跑，恐怕災禍上門。

這個卦的吉凶端看個人的行為態度。走則吉，留則凶。因而整體來說是個平卦。

★整體運勢

運勢平平。吉凶在於個人的行為態度。走則吉，留則凶。

財運投資

財運投資宜退不宜進。

❤愛情婚姻

愛情婚姻不可，退為吉。

工作事業

工作事業以退為進才是上策。

䷠【遯】卦 初六 藏頭露尾 宜退守也（動凶靜吉）

爻辭原文：遯尾 厲 勿用有攸往

解釋：【遯】卦初爻是陰爻，故稱初六。

爻辭曰：

遯尾。【遯】卦的【遯】字是古字，其實就是【遁】，【遁逃】之意。此句是說遁而留其尾，表示走的不乾不淨，還留下尾巴。

厲 勿用有攸往。此句是說如此做危險，千萬不可，因為不會有利益。

此卦是說既然要遁走了，就不要藏頭而露出尾，要全身而退。退守是吉，躁進乃凶。因而此卦為動凶靜吉。

★整體運勢

運勢危厲。凡事退守則能化險為夷，繼續冒進則凶。

財運投資

財運不佳，投資宜緩。最怕想收手還心不甘情不願，最後會損失。

♥愛情婚姻

愛情婚姻暫時不宜。退避三舍才是上策。

工作事業

工作事業以退為進才是本。千萬不要退的不乾不淨，如此為凶。

䷠【遯】卦六二 牢牢綁住 想逃難逃（小凶）

爻辭原文：執之用黃牛之革 莫之勝說

解釋：【遯】卦二爻是陰爻，故稱六二。

爻辭曰：

執之用黃牛之革 莫之勝說。【遯】卦的【遯】字是古字，其實就是【遁】，【遁逃】之意。【執】是【抓起來】。【革】是【皮】。【勝】是【能】。【說】其實是【脫】。此句是說用黃牛皮做的繩子綁起來，連逃都無法逃。

此卦是說被牢牢綁住，想逃也難逃。比喻或許被人情親情所圍繞，或許被人強人所難，所以無法逃脫目前困境。

此卦爻辭中雖然未言吉凶，但明顯已經遭牢牢綁住，自己想跑都跑不了。因為還是個小凶卦。

★整體運勢

整體運勢不佳。天不從人願，惟求自保而以。

財運投資

財運差，投資不可。最甚者可能被人逼迫，必須小心。

❤ 愛情婚姻

愛情婚姻不吉，故不可。勉強成之則凶。

工作事業

工作事業只能勉強自己，暫時無成。

䷠【遯】卦 九三 欲走還留 只宜小事（小事吉）

爻辭原文：繫遯 有疾厲 畜臣妾吉

解釋：【遯】卦三爻是陽爻，故稱九三。

爻辭曰：

繫遯 有疾厲。【遯】卦的【遯】字是古字，其實就是【遁】，【遁逃】之意。【繫】是【綁起來】。【繫遯】是【想逃卻被綁起來】。此句是說想跑卻被抓到綁起來，如此好像病上身，有危險。

畜臣妾吉。此句是說跟國家大事比起來招募人員，娶妻妾等等只是小事，因而為吉。

此卦是說欲走還留，然而留下來也只能做小事，不宜大事。因而此卦標示為小事吉。

★整體運勢

整體運勢小事可，大事不可。小利可，大利不可，切記。

💰 財運投資

財運投資宜謹慎，謹守小利，得利即止，莫貪大利。

❤ 愛情婚姻

愛情婚姻則是莫貪富貴，只求小康。

💼 工作事業

工作事業不可貪功。因循漸進，慢慢進步最宜。

䷠【遯】卦 九四 完全遁走 可得無憂（進凶退吉）

爻辭原文：好遯 君子吉 小人否

解釋：【遯】卦四爻是陽爻，故稱九四。

爻辭曰：

好遯 君子吉 小人否。【遯】卦的【遯】字是古字，其實就是【遁】，【遁逃】之意。此句是說好好的完全遁走，對君子而言是吉，對小人而言是凶，因為小人貪慕富貴，做不到此點，所以凶。

此卦是說既然要走了，就走的乾脆點，完全遁走，如此可得無憂。也就是說此卦進凶退吉。

★整體運勢

運勢不差。但是凡事以退為吉，躁進為凶。

財運投資

財運投資須謹慎。只宜賣出，不宜買進。

愛情婚姻

愛情婚姻不宜。且完全遁走意謂有離婚之嫌。

工作事業

工作事業以退為進，則萬事吉也。

䷠【遯】卦 九五 功成身退 可以獲吉（小吉）

爻辭原文：嘉遯 貞吉

解釋：【遯】卦五爻是陽爻，故稱九五。

爻辭曰：

嘉遯 貞吉。【遯】卦的【遯】字是古字，其實就是【遁】，【遁逃】之意。【嘉】是【美】。【嘉遯】是【美好的遁走，退隱】。此句是說功成身退，可以獲吉也。

此卦吉凶與否，要看是否能急流勇退，功成身退則吉，留戀權位則凶。因而列為小吉。

★整體運勢

運勢頗佳。但須適時功成身退，可保不失。

💰 財運投資

財運投資主已經可以獲利了結。切莫再貪功，如此則吉。

❤ 愛情婚姻

愛情婚姻以退為進，退才是吉。也就是說諸事暫緩為宜。

💼 工作事業

工作事業表示已達成就，不要再貪戀權位，功成身退最吉。

䷠【遯】卦 上九 飛快遁走 游刃有餘（吉）

爻辭原文：肥遯 無不利

解釋：【遯】卦上爻是陽爻，故稱上九。

爻辭曰：

肥遯 無不利。【遯】卦的【遯】字是古字，其實就是【遁】，【遁逃】之意。【肥】有二意：一是【飛】。【肥遁】是【飛快的遁逃】。二是指【有餘裕】。【肥遁】是【輕鬆愉快的遁逃】。如此做則無往不利。

此卦是說飛快遁走，並且游刃有餘，如此為吉。故此卦乃吉卦。

★整體運勢

運勢極好。宜退不宜進，然雖退亦游刃有餘，富裕也，故吉。

💰財運投資

投運投資以退為最高指導原則。收穫已豐，不宜戀棧。

❤愛情婚姻

愛情婚姻退才是硬道理，退一步海闊天空也。

💼工作事業

工作事業以退為進。暫時不予戀棧，反而無往不利。

第三十四卦 ䷡「雷天大壯」陽勢過盛 則宜用柔（平）

卦辭原文：利貞

解釋：利貞。此句是說有利堅貞。

〈易經〉中凡【貞】字往往代表【靜守】之意，不可再躁進。【大壯】卦四陽二陰，〈易〉例中，陽為大，陰為小。【大壯】意為【大者壯】，亦即【陽者壯】，四陽大於二陰，故此卦名曰【大壯】。

然而這也是【大壯】卦缺點之處。【大壯】意思是已經夠強壯，再壯的話，過剛必折，物極必反。也就是目前陽勢過盛，為人處事則宜用柔順。基本上此卦運勢是強的，但是千萬不可再用剛，否則必敗。因而綜合以上標示為平卦。

★整體運勢

運勢已強，切莫再用強。宜以溫柔取勝，則無往不利。

💰 財運投資

財運投資有價格已高之象，適時出脫才是上策。

❤ 愛情婚姻

愛情婚姻則是天作之合，吉。切記凡事溫柔彼此對待。

💼 工作事業

工作事業有功成名就之象。但須注意不可盛勢凌人，則保吉祥。

䷡【大壯】卦 初九 有勇無謀 進必取敗（凶）

爻辭原文：壯於趾 征凶 有孚

解釋：【大壯】卦初爻是陽爻，故稱初九。

爻辭曰：

壯於趾 征凶。【大壯】卦四陽二陰，〈易〉例中，陽為大，陰為小。意為【大者壯】，亦即【陽者壯】，四陽大於二陰，故此卦名曰【大壯】。此句是說壯的部分還僅僅止於微不足道的腳趾頭，比喻勢力還微小，如此出征當然為凶。

有孚。在〈易經〉中大部分【孚】是指【誠信】，然而此處指的是【應驗】。此句是說勢力還微小就妄想出頭必敗，此乃屢試不爽也。

此卦是說有勇無謀，進必取敗，故凶。因而此乃凶卦。

★整體運勢

運勢不佳。必須先衡量自己實力，切莫輕舉妄動，否則為凶。

財運投資

財運投資要謹慎。切莫螳臂擋車，自不量力，躁進投資則凶。

❤愛情婚姻

愛情婚姻進則必凶，宜暫緩。

工作事業

工作事業運勢不好。退一步海闊天空。

䷡【大壯】卦 九二 以柔濟剛 事緩則圓（吉）

爻辭原文：貞吉

解釋：【大壯】卦二爻是陽爻，故稱九二。

爻辭曰：

貞吉。此句是說堅貞獲吉。

〈易經〉中凡【貞】字往往代表【靜守】之意，不可躁進。【大壯】卦四陽二陰，〈易〉例中，陽為大，陰為小。【大壯】意為【大者壯】，亦即【陽者壯】，四陽大於二陰，故此卦名曰【大壯】。然而這也是【大壯】卦缺點之處。【大壯】意思是已經夠強壯，再壯的話，過剛必折，物極必反。

此卦是說以柔濟剛，事緩則圓，如此作法才是吉。如此自然是個吉卦。

★整體運勢

運勢好。柔順處事，自然無往不利。

財運投資

財運佳，投資可。

♥愛情婚姻

愛情婚姻堅貞則吉。

工作事業

工作事業不可太過剛，柔順以對，則諸事皆宜。

䷡【大壯】卦 九三　盛勢凌人 反遭牽制（剛凶柔吉）

爻辭原文：小人用壯 君子用罔 貞厲 羝羊觸藩 羸其角

解釋：【大壯】卦三爻是陽爻，故稱九三。

爻辭曰：

小人用壯 君子用罔 貞厲。【罔】是【無】。此句是說小人容易以為自己強盛而盛勢凌人，君子則不會，因為如此做很危險。

羝羊觸藩 羸其角。【羝羊】是【公羊】。【藩】是【藩籬】。【羸】是【傷】。此句是說公羊生性衝動，喜歡用角去頂離笆，結果角反而卡住了。

此卦是說若要盛勢凌人，恐怕會反遭牽制，得不償失。如此是告誡剛凶柔吉，因而此卦列為剛凶柔吉。

★整體運勢

運勢進凶退吉，剛凶柔吉。切記。

財運投資

財運投資以退守為宜，保本為佳。

❤愛情婚姻

愛情婚姻宜以柔順處之。且有一方盛勢凌人之象，凶。

工作事業

工作事業寧柔順，勿剛暴。剛則凶，柔則吉。

☳【大壯】卦 九四 限制已除 滿載而歸（吉）

爻辭原文：貞吉 悔亡 藩決不羸 壯於大輿之輹

解釋：【大壯】卦四爻是陽爻，故稱九四。

爻辭曰：

貞吉 悔亡。此句是說堅貞獲吉。悔恨消亡。【大壯】卦四陽二陰，〈易〉例中，陽為大，陰為小。【大壯】意為【大者壯】，亦即【陽者壯】，四陽大於二陰，故此卦名曰【大壯】。

藩決不羸。【藩】是【藩籬】。【羸】是【傷】。此句是說藩籬已經潰決。比喻限制不再。

壯於大輿之輹。【輿】是【車駕】。【輹】是【車身與車軸連接之處】。此句是說要用大車來裝載。

此卦是說限制已除，滿載而歸。因而是個吉卦。

★整體運勢

運勢主前途一片平坦，可以積極行事，必有所得，吉。

💰財運投資

財運極佳，投資大可。可以滿載而歸，吉。

❤愛情婚姻

愛情婚姻主富貴之家，吉。

💼工作事業

工作事業主一帆風順，沒有障礙，可以大展拳腳，吉。

䷡【大壯】卦 六五 小有損失 然無大悔（平）

爻辭原文：喪羊於易 無悔

解釋：【大壯】卦五爻是陰爻，故稱六五。

爻辭曰：

喪羊於易。【喪】是【丟失】。【易】有二解，一是【容易】，二通【埸】，意思是【牧埸】。此句意思簡單說就是羊不見了。

無悔。【大壯】卦四陽二陰，〈易〉例中，陽為大，陰為小。【大壯】意為【大者壯】，亦即【陽者壯】，四陽大於二陰，故此卦名曰【大壯】。【大壯】是已經夠強壯，再壯的話，過剛必折。上一句之【羊】也代表【陽】，【大壯】卦中喪失陽剛並非壞事，故曰【無咎】，沒有咎害。

本卦是說雖然小有損失，然而陽剛稍損，若取而代之用陰柔，就不會有大悔。因而此卦乃平卦。

★整體運勢

運勢平平。雖則小有損失，然無大礙，萬幸。

💰財運投資

財運普通，投資宜慎。沒有大得大失，或有小損，然乃常事，無憂。

❤愛情婚姻

愛情婚姻不利。【喪羊】，則婚事不成。

💼工作事業

工作事業有小失，無大損。謙懷處事，可以無虞。

䷡【大壯】卦 上六 進退兩難 艱守以待（凶轉吉）

爻辭原文：羝羊觸藩 不能退 不能遂 無攸利 艱則吉

解釋：【大壯】卦上爻是陰爻，故稱上六。

爻辭曰：

羝羊觸藩。【羝羊】是【公羊】。【藩】是【藩籬】。此句是說公羊生性衝動，喜歡用角去頂離笆，結果角反而卡住了。

不能退 不能遂 無攸利。此句是說進退兩難，如此沒有利益。

艱則吉。此句是說最好的做法是艱守以待，最後能轉變為吉。

此卦是說目前運勢困住，進退兩難，只能艱守以待。此卦雖然目前艱辛，然而會轉變為吉，故此卦乃凶轉吉。

★整體運勢

運勢艱難。只能暫時忍耐，以待大運來到，後必亨通。

財運投資

財運不佳，投資暫時不可。目前運勢未開，暫勿投資為宜。

❤愛情婚姻

婚姻愛情有苦盡甘來之象，暫時忍讓，後則必佳。

工作事業

工作事業陷入進退兩難困境。暫時以退為進，以待亨通之運到來。

第三十五卦 ䷢「火地晉」旭日東昇 升官發財（吉）

卦辭原文：康侯用錫馬蕃庶 晝日三接

解釋：康侯用錫馬蕃庶。【錫】在〈易經〉中都做【賜】【賞賜】。【蕃庶】是【眾多】。此句是說天子賞賜諸侯眾多寶物。

晝日三接。此句是說而且一天之內接見三次，可謂尊榮備至。

【晉】卦是【晉升】【加官晉爵】。從卦象看下卦是地，上卦是火。這世上最大一把火就是太陽，也就是太陽從地面升起，象徵旭日東昇，升官發財。

此卦從字面上一看便知是吉卦，尤其官場職場之人，更是大吉。

★整體運勢

整體運勢興旺。旭日東昇，日漸興旺，名利雙收，吉。

💰財運投資

財運極佳，投資大宜。主獲利漸豐，滿載而歸。

❤愛情婚姻

愛情婚姻主富貴之象。良緣可得，富貴之家。

💼工作事業

工作事業一帆風順。越爬越高，光明燦爛，吉。

䷢【晉】卦 初六 欲進受阻 寬裕以待（小吉）

爻辭原文：晉如摧如 貞吉 罔孚 裕無咎

解釋：【晉】卦初爻是陰爻，故稱初六。

爻辭曰：

晉如摧如。【晉】卦是【晉升】【加官晉爵】。從卦象看下卦是地，上卦是火。也就是太陽從地面升起，象徵旭日東昇，升官發財。【摧】是【摧殘】【破壞】。此句是說眼看像是要晉升了，卻被阻攔。

貞吉。此句是說堅貞靜守則吉。

罔孚 裕無咎。【罔】是【無】。【孚】是【誠信】。【裕】是【寬裕】。此句是說只因誠信未能普及，宜暫時寬裕自處，則沒有咎害。

此卦是說運勢尚未大開，欲進而受阻。宜內心寬裕自處，以待大運來臨。此卦正處即將亨通，而尚未亨通之際，因而運勢僅為小吉。

★整體運勢

運勢尚未大發。放開胸懷，暫時等待，很快大運就將來臨。

💰財運投資

財運尚可，投資要慎。要得不得的樣子，最好還是等人運來。

♥愛情婚姻

愛情婚姻本該開花結果，遇事所阻。然後必可成，宜耐心等待。

💼工作事業

工作事業接近臨門一腳。誠信待人處事，日後必有所成。

䷢【晉】卦 六二 臨事而懼 必有後福（小吉）

爻辭原文：晉如愁如 貞吉 受茲介福 於其王母

解釋：【晉】卦二爻是陰爻，故稱六二。

爻辭曰：

晉如愁如。【晉】卦是【晉升】【加官晉爵】。從卦象看下卦是地，上卦是火。也就是太陽從地面升起，象徵旭日東昇，升官發財。此句是說對於晉升頗為憂心，比喻憂患意識。

貞吉。此句是說堅貞靜守則吉。

受茲介福 於其王母。【介】是【大】。【王母】是【太后】，泛指德高望重，有權勢之女性。此句是說能從王母那邊得到大福氣。

此卦是說雖然前途看好，卻還是臨事而懼。如此心態做法，必有後福。故而雖此卦未言吉凶，卻是吉運將來之小吉卦。

★整體運勢

運勢不差，但尚缺臨門一腳。注意女性貴人，提攜必在此。

財運投資

財運尚可，投資仍須謹慎。處於要發不發之際，需留意女貴人。

❤愛情婚姻

愛情婚姻暫時未成，然後必有女大人做主，後必有成。

工作事業

工作事業無須太過憂慮。該做什麼做什麼，後必有成。

䷢【晉】卦 六三 眾望所歸 悔恨遠去（小吉）

爻辭原文：眾允 悔亡

解釋：【晉】卦三爻是陰爻，故稱六三。

爻辭曰：

眾允 悔亡。【晉】卦是【晉升】【加官晉爵】。從卦象看下卦是地，上卦是火。這世上最大一把火就是太陽，也就是太陽從地面升起，象徵旭日東昇，升官發財。此句是說眾人允諾，則悔恨可以消去。

此卦是說眾望所歸，則悔恨遠去。爻辭中雖然沒有言明吉凶，然而悔恨既去，後必亨通。因而運勢列為小吉。

★整體運勢

運勢尚可。必昭誠信，然後諸事可成，後勢可期。

財運投資

財運平順，投資宜。與眾人和睦故行之，則可獲利。

❤愛情婚姻

愛情婚姻主心心相印，和睦相待，不會後悔。

工作事業

工作事業要群策群力，集中眾人心力，則事可成。

䷢【晉】卦 九四 貪權竊位 如此必危（凶）

爻辭原文：晉如鼫鼠 貞厲

解釋：【晉】卦四爻是陽爻，故稱九四。

爻辭曰：

晉如鼫鼠 貞厲。【晉】卦是【晉升】【加官晉爵】。從卦象看下卦是地，上卦是火。這世上最大一把火就是太陽，也就是太陽從地面升起，象徵旭日東昇，升官發財。【鼫鼠】指【貪吃的老鼠】。此句是說像鼫鼠那麼貪吃，名不符實，如此會有危險。

此卦是說人若太過於貪心權位，不循正道晉升，如此必危。因而此乃凶卦。

★整體運勢

運勢凶，岌岌可危。切莫貪戀富貴，手段不正，必危。

💰 財運投資

財運差，投資不可。貪財貿然投資的結果，自損或者被損。

♥ 愛情婚姻

愛情婚姻防偷情之事，宜慎。

💼 工作事業

工作事業防小人竊位。也要自我省思，不可貪慕富貴。

䷢【晉】卦 六五 不計得失 反得大利（吉）

爻辭原文：悔亡 失得勿恤 往吉 無不利

解釋：【晉】卦五爻是陰爻，故稱六五。

爻辭曰：

悔亡 失得勿恤。【晉】卦是【晉升】【加官晉爵】。從卦象看下卦是地，上卦是火。這世上最大一把火就是太陽，也就是太陽從地面升起，象徵旭日東昇，升官發財。此句是說悔恨消除，得與失之間不須太過憂慮。

往吉 無不利。此句是說如此即能獲吉而無不利。

此卦是說不要太計較得失，如此豁達的態度，反而會得大利。因而此乃吉卦。

★整體運勢

整體運勢強。壞運已去，好運已來。自可無往不利。

財運投資

財運佳，投資大可。有扭轉乾坤之象，投資開始反敗為勝。

♥愛情婚姻

愛情婚姻門當戶對，吉。

工作事業

工作事業無須憂心，放開得失勇往直前去做，反而會有大收穫，吉。

䷢【晉】卦 上九 進無可進 唯用改革（雖凶然吉）

爻辭原文：晉其角 維用伐邑 厲吉 無咎 貞吝

解釋：【晉】卦上爻是陽爻，故稱上九。

爻辭曰：

晉其角。【晉】卦是【晉升】【加官晉爵】。【角】乃長在頭上，【晉其角】字面上意思是晉升過頭，也就是已經進無可進之意。

維用伐邑。比喻雖用武力以維護公權力，乃是不得已而為之。

厲吉 無咎 貞吝。此句是說動武是為了公義，儘管危險還是能獲吉，所以沒有咎害。但是從另一個角度看，武力並非長久之計，如果再繼續動武則會導致鄙吝，宜慎。

此卦是說運勢已經進無可進，短時間動武是可行的，但不宜長久，要用和平改革。此卦環境險惡，然最終可以得吉。因而列為雖凶然吉。

★整體運勢

運勢危中轉吉。得利即可止，不可再戀棧，如此吉也。

財運投資

財運投資要慎重。大環境險惡，但是謹慎小心還是可獲利。

❤愛情婚姻

愛情婚姻恐怕出現強人所難之象。然終能獲吉。

工作事業

工作事業小有波瀾，必強力除之，而後和平改革，如此則吉。

第三十六卦 ䷣「地火明夷」日落西山 只能苦撐（凶）

卦辭原文：利艱貞

解釋：利艱貞。此句是說只能艱苦奮鬥撐下去。

【明夷】卦與【晉】卦上下卦相反。【明夷】卦卦象是地在上，火在下。比喻太陽下到地面下去了，日落西山。也代表運勢極為惡劣，當此情勢只能苦撐。

而【明夷】卦又有【傷】【傷害】之意，所以也必須小心身體健康，人身安全。故而此乃凶卦也。

★整體運勢

整體運勢惡劣，一敗塗地。必須十分謹慎小心，尤其健康安全。凶。

財運投資

財運極差，投資不可。貿然投資黯淡無光，只賠不賺。

❤愛情婚姻

愛情婚姻不宜。慎防不正之事，還需注意身體，凶。

工作事業

工作事業就如同太陽已下山，漆黑一片，凶。

必須特別小心職場安全，自我健康。

䷣【明夷】卦 初九 趁早逃跑 雖傷能保（小凶）

爻辭原文：明夷於飛 垂其翼 君子於行 三日不食 有攸往 主人有言

解釋：【明夷】卦初爻是陽爻，故稱初九。

爻辭曰：

明夷於飛 垂其翼。【明夷】卦與【晉】卦上下卦相反。【明夷】卦卦象是地在上，火在下。比喻太陽下到地面下去了，日落西山。也代表運勢極為惡劣。此句是說鳥受傷了，只能低飛求平安。

君子於行 三日不食。此句是說在逃跑的過程中，哪還顧得及吃喝。比喻倉皇而逃。

有攸往 主人有言。不僅如此，逃跑的行為，舊主人還頗有微詞。

此卦是說運勢已經差了，就要盡早遠離是非之地。趁早逃跑，雖然負傷，然而可以保全性命。此卦傷而不死，故為小凶。

★整體運勢

運勢差。不如趁早遠離是非之地，以求自保。

財運投資

財運惡劣，投資不可。投資不僅傷財，還會惹來口角是非。

❤愛情婚姻

愛情婚姻代表受傷慘重。唯一之計只有快逃。

工作事業

工作事業無法順心。屢有波折，不如歸去。

䷣【明夷】卦 六二 傷勢嚴重 幸而得救（逢凶化吉）

爻辭原文：明夷 夷於左股 用拯馬壯 吉

解釋：【明夷】卦二爻是陰爻，故稱六二。

爻辭曰：

明夷 夷於左股。【明夷】卦與【晉】卦上下卦相反。【明夷】卦卦象是地在上，火在下。比喻太陽下到地面下去了，日落西山。也代表運勢極為惡劣。此句是說傷在左邊大腿。

用拯馬壯 吉。此句是說還好有壯馬來相救，比喻有貴人相助，因此可以逢兇化吉。

此卦是說傷勢嚴重，運勢惡劣，所幸有貴人相助，因而得救。所以此卦列為逢凶化吉。

★整體運勢

運勢不佳，所幸有貴人相助逢凶化吉。留意與【馬】相關之貴人。

💰 財運投資

財運差，投資宜慎。主投資已損，然有貴人出面解圍。

❤ 愛情婚姻

愛情婚姻不宜，有傷疾之象。遇與【馬】相關之貴人可逢凶化吉。

💼 工作事業

工作事業恐有損失，得遇貴人助而脫險。

留意與【馬】相關之貴人事物。

䷣【明夷】卦 九三 形勢險惡 得利則止（凶中得吉）

爻辭原文：明夷於南狩 得其大首 不可疾貞

解釋：【明夷】卦三爻是陽爻，故稱九三。

爻辭曰：

明夷於南狩。【明夷】卦與【晉】卦上下卦相反。【明夷】卦卦象是地在上，火在下。比喻太陽下到地面下去了，日落西山。也代表運勢極為惡劣。此句是說於險惡的環境下向南方出獵。

得其大首 不可疾貞。【疾】是【快】。此句是說雖然獵得大獵物，然而接下來不可操之過急，須得利即止。

此卦是說在形勢險惡的狀況下，必須得利則止，不要戀戰。因而此卦是凶中得吉。

★整體運勢

運勢險惡，所幸可以突出重圍。然而須獲利就止，可保無恙。

財運投資

財運投資須慎。大有千軍萬馬中取上將首級之勢，但是須適可而止。

❤ 愛情婚姻

愛情婚姻險中得吉。喻雖有波折，然終可以獲吉。

工作事業

工作事業得其大首，比喻有所收穫，然而必見好就收。

䷣【明夷】卦 六四 棄暗投明 出門避難（小凶）

爻辭原文：入於左腹 獲明夷之心 於出門庭

解釋：【明夷】卦四爻是陰爻，故稱六四。

爻辭曰：

入於左腹 獲明夷之心。【明夷】卦與【晉】卦上下卦相反。【明夷】卦卦象是地在上，火在下。比喻太陽下到地面下去了，日落西山。也代表運勢極為惡劣。【左腹】即【心腹】也。此句是說因為太過於了解此非明主。

於出門庭。此句是說於是準備棄暗投明，先出門避難去。

此卦是說所遇非人，準備棄暗投明，出門避難。此卦留則凶，出而逃或許還有生機，故曰小凶卦。

★整體運勢

運勢不佳。看清情勢，棄暗投明，或有生機。

財運投資

財運差，投資不可。只可出貨，不可進貨。

❤愛情婚姻

愛情婚姻不宜。還須防女子腹中有孕。

工作事業

工作事業宜轉謀他就。或可自保。

䷣【明夷】卦 六五 臣賢君昏 艱待後亨（平）

爻辭原文：箕子之明夷 利貞

解釋：【明夷】卦五爻是陰爻，故稱六五。

爻辭曰：

箕子之明夷 利貞。【明夷】卦與【晉】卦上下卦相反。【明夷】卦卦象是地在上，火在下。比喻太陽下到地面下去了，日落西山。也代表運勢極為惡劣。此句是說箕子是商紂王叔父，雖知商紂王無道，然同是一家人，無奈之下還是得艱貞以待。

此卦是說臣賢君昏，只能艱辛以待後運亨通。此卦目前艱辛，然而日後必亨通，因為是個平卦。

★整體運勢

運勢未到，艱貞以待。

財運投資

財運未到，投資暫緩。

❤愛情婚姻

愛情婚姻不宜。

工作事業

工作事業辛苦，只能暫時忍讓，後必亨通。

䷣【明夷】卦 上六 昏昧不明 由天掉地（先吉後凶）

爻辭原文：不明 晦 初登於天 後入於地

解釋：【明夷】卦上爻是陰爻，故稱上六。

爻辭曰：

不明 晦。【明夷】卦與【晉】卦上下卦相反。【明夷】卦卦象是地在上，火在下。比喻太陽下到地面下去了，日落西山。也代表運勢極為惡劣。此句是說運勢昏暗不明。

初登於天 後入於地。此句是說運勢一開始高高在天上，最後卻由天上掉下來。

此卦是說運勢昏昧不明，如同由天上掉到地下。因而此卦標示為先吉後凶。

★整體運勢

運盛由盛轉衰。必須小心退守，或許可保無恙。

財運投資

財運由盛轉衰，故而投資不可。亦主價格由高轉低。

愛情婚姻

愛情婚姻漸走下坡。宜慎。

工作事業

工作事業運勢轉差。退一步海闊天空。

第三十七卦 ䷤「風火家人」女宜主內 貞正則吉（吉）

卦辭原文：利女貞

解釋：利女貞。此句是說有利於女人堅貞自守。

【家人】卦主要講持家之道。男主外，女主內。一家之內主要由女人做主，因而【家人】卦卦辭說【利女貞】。

【家人】卦卦象上卦風下卦火，風得火風越強，火得風火越熾。此卦是說女人宜主一家之內，貞正行事則吉。因而此卦為吉卦。

★整體運勢

運勢旺盛。主和樂之家，興旺之團體，吉。

財運投資

財運旺，投資強。風得火風越強，火得風火越熾，財運投資強強滾。

♥愛情婚姻

愛情婚姻主天作之合。本該是一家人一家親，吉。

工作事業

工作事業興旺，諸事皆宜。由女人做主，更佳。吉。

䷤【家人】卦 初九 家教甚嚴 故無悔恨（平）

爻辭原文：閑有家 悔亡

解釋：【家人】卦初爻是陽爻，故稱初九。

爻辭曰：

閑有家 悔亡。【家人】卦主要講持家之道。【閑】是門後那條阻擋的橫木，也就是【門閂】，比喻家規。此句是說家規嚴厲，因而家人不會做出後悔之事。

此卦是說家教甚嚴，故無悔恨。此卦乃平卦。

★整體運勢

運勢平順。嚴守紀律，可以無憂。

💰財運投資

財運普通，投資宜慎。嚴格的投資操作策略，可以保其無損。

❤愛情婚姻

愛情婚姻主家門嚴謹，家風清白，宜。

💼工作事業

工作事業須恪守紀律，規矩辦事，乃能平順度過。

䷤【家人】卦 六二 心無旁鶩 治理家事（吉）

爻辭原文：無攸遂 在中饋 貞吉

解釋：【家人】卦二爻是陰爻，故稱六二。

爻辭曰：

無攸遂。【家人】卦主要講持家之道。此句是說不以利益為目的。

在中饋 貞吉。【饋】是【烹飪之事】。此句是說專心治理家事，如此做則吉。

此卦是說家內之事本來就無關利益，若能心無旁鶩治理家事，則吉。因而此為吉卦。

★整體運勢

整體運勢佳。不以利益為先，專心於事，則事必可成。吉。

財運投資

財運佳，投資宜。不想著獲利，獲利就自然而來。吉。

❤ 愛情婚姻

愛情婚姻大吉。主一家衣食無憂，和樂無虞。吉。

工作事業

工作事業順心。凡事問心去做，無愧於心，自有大得。

尤其利於餐飲業，傳統民生產業。

䷤【家人】卦 九三 治家之道 嚴優於鬆（平）

爻辭原文：家人嗃嗃 悔厲吉 婦子嘻嘻 終吝

解釋：【家人】卦三爻是陽爻，故稱九三。

爻辭曰：

家人嗃嗃 悔厲吉。【家人】卦主要講持家之道。【嗃嗃】是【嚴厲的樣子】。此句是說家規嚴厲，雖然難免偶爾家人會心生不快，但是整體而言還是對的，吉利的。

婦子嘻嘻 終吝。此句是說如果家規鬆散，母子一天到晚嘻笑玩鬧，最終會導致鄙吝，終非好事。

此卦是說治家之道，寧願嚴而不要鬆，否則容易生事端。此卦吉凶在於治家之道如何？因而是平卦。

★整體運勢

運勢普通。嚴厲處事則吉，荒廢嬉戲則凶。

財運投資

財運投資在乎個人心態。嚴格的投資操作策略則吉。

愛情婚姻

愛情婚姻宜。然必端正互相對待，則吉。

工作事業

工作事業表現在乎紀律。嚴則吉，荒則凶。

䷤【家人】卦 六四 治家有成 大吉大利（大吉）

爻辭原文：富家 大吉

解釋：【家人】卦四爻是陰爻，故稱六四。

爻辭曰：

富家 大吉。【家人】卦主要講持家之道。此句是說富貴之家，當然是大吉。

【家人】卦卦象上卦風下卦火，風得火風越強，火得風火越熾。因而【家人】卦基本上為吉卦。此卦是說治家有成，因而大吉大利。更是大吉之卦。

★整體運勢

整體運勢火紅。大富大貴之象，大吉。

財運投資

財運極強，投資最佳。積極加碼投資，必可大獲利。

愛情婚姻

愛情婚姻大吉。主富貴之家，聲勢頂旺。

工作事業

工作事業大吉大利。順心如意，利益可期。

䷤【家人】卦 九五 大富之家 無須憂慮（大吉）

爻辭原文：王假有家 勿恤 吉

解釋：【家人】卦五爻是陽爻，故稱九五。

爻辭曰：

王假有家。【家人】卦主要講持家之道。〈易經〉中【假】字其實都是【格】字，【至】的意思。此句字面意思是說王至我家。王者，乃天下一家。猶言我家即王者之家，大富大貴之家也。

勿恤 吉。此句是說因此沒有什麼好憂慮的，這是吉祥的。

此卦是說大富大貴之家，自然沒有什麼好憂慮的，吉。由此可見此卦乃大吉之卦。

★整體運勢

運勢如日中天，興旺不已。所求所想必成，無須憂慮。

財運投資

財運極旺，投資大好。主大筆買賣，大單獲利。大吉。

愛情婚姻

愛情婚姻主大富大貴。尊榮之極，大吉。

工作事業

工作事業如魚得水，有貴人運。事無不成，名利雙收。

䷤【家人】卦 上九 誠信威嚴 諸事皆宜（吉）

爻辭原文：有孚 威如 終吉

解釋：【家人】卦上爻是陽爻，故稱上九。

爻辭曰：

有孚 威如 終吉。【家人】卦主要講持家之道。〈易經〉中【孚】字大多作【誠信】解。此句是說有誠信，又有威望，如此作為最終會獲吉。

【家人】卦卦象上卦風下卦火，風得火風越強，火得風火越熾。因而【家人】卦基本上為吉卦。此卦說的是有誠信有威嚴，則諸事皆宜。因而此卦當然是個吉卦。

★整體運勢

運勢持續旺盛。誠信威嚴兼具，則事無不成也。吉。

財運投資

財運佳，投資宜。穩健獲利可期。

❤愛情婚姻

愛情婚姻大好。主有德性又有富貴之家。吉。

工作事業

工作事業無往不利。恩威兼備，獲利可觀。

第三十八卦 ䷥「火澤睽」目不相視 只宜小事（小凶）

卦辭原文：小事吉

解釋：小事吉。此句是說只適合小事。

【睽】卦意思是目不相視。用現代的話來形容就是大眼瞪小眼，誰也不鳥誰，也就是關係不融洽。

此卦所言【小事吉】，精確的意義是只適合做小事，大事則凶。因為處在【睽】卦之時，關係不睦，無法群策群力，因而大事無成。也就是說整體來看，【睽】卦難以成大事。因而此卦是小凶卦。

★整體運勢

運勢不佳，關係不睦。因而只能成小事，大事不可。

財運投資

財運投資宜慎。只可得小利，大利沒有。謀大利必敗。

❤愛情婚姻

愛情婚姻主關係不睦。宜慎。

工作事業

工作事業宜小不宜大。小事吉，大事凶。小利可得，大利必敗。

䷥【睽】卦 初九 往者不追 來者不拒（平）

爻辭原文：悔亡 喪馬勿逐 自復 見惡人 無咎

解釋：【睽】卦初爻是陽爻，故稱初九。

爻辭曰：

悔亡 喪馬勿逐 自復。【睽】卦意思是目不相視。用現代的話來形容就是大眼瞪小眼，誰也不鳥誰，也就是關係不融洽。此句是說悔恨已經消亡，馬跑掉了不用急著去追，自己會回來。

見惡人 無咎。此句是說就算遇見惡人也不用害怕，同樣以禮相待，如此可以沒有咎害。

此卦是說往者不追，來者不拒。用這樣的心態處事，則可以沒有災害。因而此乃平卦。

★整體運勢

運勢一般。凡事處之泰然，不卑不亢，則沒災害。

財運投資

財運平，投資慎。暫時無利可圖。甚或已有損失，然後必可追回。

♥ 愛情婚姻

愛情婚姻暫時不成，也不要強求。以後必會有成得吉。

工作事業

工作事業有失而復得之象。放開胸懷做事，先求無憂。

䷥【睽】卦 九二 甩開衰運 偶遇貴人（小吉）

爻辭原文：遇主於巷 無咎

解釋：【睽】卦二爻是陽爻，故稱九二。

爻辭曰：

遇主於巷 無咎。此句是說在巷弄裡偶遇主人，沒有咎害。

【睽】卦意思是目不相視。用現代的話來形容就是大眼瞪小眼，誰也不鳥誰，也就是關係不融洽。如今有幸可以偶遇貴人，代表好運來到，可以甩開衰運。

此卦運勢本來不佳，偶遇貴人助，可以轉危為安。因而此卦是小吉之卦。

★整體運勢

運勢由壞轉好。主有意外之喜，得貴人助，可以無憂。

財運投資

財運投資宜慎。或有危機，偶得貴人相助，化險為夷。

❤愛情婚姻

愛情婚姻曰【遇於巷】而非大道，恐有私情之象，宜慎。

工作事業

工作事業由衰轉旺之良機。貴人現身必抱大腿不放。

䷥【睽】卦 六三 被人牽制 靜待後運（凶）

爻辭原文：見輿曳 其牛掣 其人天且劓 無初有終

解釋：【睽】卦三爻是陰爻，故稱六三。

爻辭曰：

見輿曳 其牛掣。【輿】是【車子】。【曳】是【拖住】。【掣】是【牽制】。此句是說車子被拖住，牛被牽制住。比喻運勢受困。

其人天且劓。【天】是【剃頭的刑罰】。【劓】是【割掉鼻子的刑罰】。此句是比喻形勢危急受災難。

無初有終。此句是說初期運勢不佳，最終可得好運。

此卦是說運勢艱困，被人牽制難以動彈。而且還有可能有身體的刑傷。如此只能靜待後運。因而此卦為凶。

★整體運勢

運勢差。慎防身體健康，人身安全。低調保守，以待後運。

財運投資

財運差，投資不可。投資不但虧損，還有傷身之虞。

♥愛情婚姻

愛情婚姻不可。必須暫緩，否則可能有血光之災，宜慎。

工作事業

工作事業運勢差。處處為人牽制，必須暫時忍耐，以待後運。

䷥【睽】卦 九四 有人相助 雖危無事（平）

爻辭原文：睽孤 遇元夫 交孚 厲 無咎

解釋：【睽】卦四爻是陽爻，故稱九四。

爻辭曰：

睽孤。【睽】卦意思是目不相視。用現代的話來形容就是大眼瞪小眼，誰也不鳥誰，也就是關係不融洽。此句是說關係不睦，孤立無援。

遇元夫 交孚。【遇元夫】字面上意思是【遇見前夫】，此處泛指【志同道合之人】。【孚】是【誠信】。此句是說遇見有誠信志同道合之人。

厲 無咎。此句是說如此雖然危厲，最後卻沒有災害。

此卦是說所幸有人相助，雖危無事。因而是個平卦。

★整體運勢

運勢不佳，所幸有人相助，可以化險為夷。

財運投資

財運差，投資不宜。或有人相救脫離險境。

♥愛情婚姻

愛情婚姻不可。然可能遇舊情，得其相助，或可免災。

工作事業

工作事業危厲，得朋友所助度過難關。

䷥【睽】卦 六五 同宗共事 勇往直前（小吉）

爻辭原文：悔亡 厥宗噬膚 往何咎

解釋：【睽】卦五爻是陰爻，故稱六五。

爻辭曰：

悔亡。此句是說悔恨消亡。

厥宗噬膚 往何咎。【厥】是【其】。【厥宗】是【同宗親族】。【噬】是【吃】。【膚】是【膚肉】，就是【肥肉】。此句是說同宗的親族請吃肥豬肉，這沒什麼不好。表示關係密切，當然去有好處。

此卦是說關係和睦，同宗共事，如此大可以勇往直前做事。此卦帶有壞運已去的味道，所以雖然沒有言吉，卻是小吉之卦。

★整體運勢

運勢有轉好之跡象。有貴人助，尤其留意親族。

財運投資

財運投資宜謹慎。可聽親友之言共同投資，則利。

❤愛情婚姻

愛情婚姻主親戚朋友介紹成事，如此則吉。

工作事業

工作事業得貴人助，可以成事。

☲【睽】卦 上九 疑神疑鬼 誤會冰釋（先凶後吉）

爻辭原文：睽孤 見豕負塗 載鬼一車 先張之弧 後說之弧 匪寇婚媾 往遇雨 則吉

解釋：【睽】卦上爻是陽爻，故稱上九。

爻辭曰：

睽孤。此句是說關係不睦，孤立無援。

見豕負塗 載鬼一車 先張之弧 後說之弧。此句是說看見全身都是泥巴的豬跟滿滿一車的鬼。本來想彎弓射它，後來又放棄。

匪寇婚媾 往遇雨 則吉。【匪】是【非】。此句是說對方不是盜寇，而是求婚而來。如此陰陽相遇化成雨，則吉。

此卦是說在關係不睦之時，容易疑神疑鬼。等到誤會冰釋，一切便可轉而為吉。因而此卦乃先凶後吉。

★整體運勢

運勢由衰轉盛。最好穩定心性，不要疑神疑鬼，如此才有好運。

財運投資

財運轉好，投資適宜。不要看見黑影就開槍，安穩才能獲利。

♥愛情婚姻

愛情婚姻易生猜忌，宜化解誤會，如此為吉。

工作事業

工作事業易生誤會，不要多疑猜忌，自然可以逢凶化吉。

第三十九卦 ䷦「水山蹇」運正艱難 求貴人助（凶）

卦辭原文：利西南 不利東北 利見大人 貞吉

解釋：利西南 不利東北。此句是說往西南方則吉，往東北方則凶。

利見大人 貞吉。此句是說利於求見可以解難貴人，如此則吉。

【蹇】字乃【跛足】之意，不良於行，也代表困難，故稱【蹇難】也。【蹇】卦上卦水，下卦山。坎水位於北方，艮山位於東北方，也就是【蹇難】本在東北方，若往東北方而行，則難上加難。不如往西南而行，則可以化解蹇難。

此卦是說卜中【蹇】卦代表運勢正處艱難，必須找貴人相助以化解蹇難。此卦困難重重，因而為凶卦。

★整體運勢

運勢困難重重。有如跛腳難行，唯一之計乃尋貴人助以脫險。

財運投資

財運差，投資不可。財水不流通，何來獲利？

愛情婚姻

愛情婚姻不宜。就像跛腳殘缺，難以圓滿。

工作事業

工作事業重難重重。若得貴人相助，或許能化險為夷。

䷦【蹇】卦 初六 有險在前 宜守以待（進凶）

爻辭原文：往蹇 來譽

解釋：【蹇】卦初爻是陰爻，故稱初六。

爻辭曰：

往蹇 來譽。【蹇】字乃【跛足】之意，不良於行，也代表困難，故稱【蹇難】也。【往】是【前往】。【來】是【回來】。此句是說前進則會遇上困難，不如退守尚可保全。

此卦是說有險阻在前面，不要輕言犯險，以靜守以待。

因而此卦標示為進凶之卦。

★整體運勢

運勢未到，不可輕易躁進，如此則凶。退守或可保全。

財運投資

財運如跛腳，投資不可行。貿然投資則凶。

愛情婚姻

愛情婚姻不宜。必須暫緩，等待困難消除。

工作事業

工作事業以退為進。不可急躁，否則必凶。

䷦【蹇】卦 六二 難上加難 鞠躬盡瘁（凶）

爻辭原文：王臣蹇蹇 匪躬之故

解釋：【蹇】卦二爻是陰爻，故稱六二。

爻辭曰：

王臣蹇蹇。【蹇】字乃【跛足】之意，不良於行，也代表困難，故稱【蹇難】也。此句是說君王也困難，大臣也困難，難上加難。

匪躬之故。【匪】是【非】。【躬】是【身】指【自身】。此句是說不是自己的過錯，乃是時運不佳的緣故。

此卦意謂運勢難上加難，是運勢所為，不是自己的過錯。然而有志之人還是鞠躬盡瘁。因而此卦之爻辭雖未言及凶，然而凶險四伏，乃凶卦也。

★整體運勢

運勢難上加難。運途不順外，還要小心人身安全。凶。

財運投資

財運大壞，投資不可。大環境惡劣，非己力可為。

❤愛情婚姻

愛情婚姻主雖有良緣，可惜無法長久。凶。

工作事業

工作事業多險阻。須防人財兩失。凶。

䷦【蹇】卦 九三 前進有凶 不如返回（進凶）

爻辭原文：往蹇 來反

解釋：【蹇】卦三爻是陽爻，故稱九三。

爻辭曰：

往蹇 來反。【蹇】字乃【跛足】之意，不良於行，也代表困難，故稱【蹇難】也。【往】是【前往】。【來】是【回來】。此句是說前進則會遇上困難，不如返回尚可保全。

此卦是說前進有凶，不如返回。故曰進凶之卦。

★整體運勢

運勢差，諸事不宜。只可退，不可進。進則有凶。

財運投資

財運極差，投資不可。

❤愛情婚姻

愛情婚姻則是不如歸去，暫緩為宜。

工作事業

工作事業以能退守，暫時忍讓。如再躁進，則必凶也。

䷦【蹇】卦 六四 聯合眾人 以過難關（平）

爻辭原文：往蹇 來連

解釋：【蹇】卦四爻是陰爻，故稱六四。

爻辭曰：

往蹇 來連。【蹇】字乃【跛足】之意，不良於行，也代表困難，故稱【蹇難】也。【往】是【前往】。【來】是【回來】。此句是說前進則會遇上困難，不如退回以聯絡眾人，共商大計。

此卦是說險難在前，目前最好方式是先退回，聯合眾人共商，以過難關。因而此卦為平卦。

★整體運勢

運勢仍是困難重重。唯一之計為聯合眾人力量，共度難關。

財運投資

財運差，投資不可。

♥愛情婚姻

愛情婚姻不可期。

工作事業

工作事業困厄，必聯合眾人心力，共度難關。

䷦【蹇】卦 九五 群賢來救 可以脫險（平）

爻辭原文：大蹇 朋來

解釋：【蹇】卦五爻是陽爻，故稱九五。

爻辭曰：

大蹇 朋來。【蹇】字乃【跛足】之意，不良於行，也代表困難，故稱【蹇難】也。此句是說蹇難雖大，所幸有朋友來相救，得以脫險。

此卦是說纏身以久的困難，因為群賢前來相救，終於可以脫險。此卦化險為夷，因而是個平卦。

★整體運勢

壞運漸退，有眾人相助，終於可以脫險。

財運投資

財運平平，投資宜慎。

愛情婚姻

愛情婚姻有危機化解之象，漸漸平順。

工作事業

工作事業終於有困難已去的徵兆。有貴人助，日後必漸漸亨通。

䷦【蹇】卦 上六 壞運將去 好運將來（吉）

爻辭原文：往蹇 來碩 吉 利見大人

解釋：【蹇】卦上爻是陰爻，故稱上六。

爻辭曰：

往蹇 來碩 吉 利見大人。【蹇】字乃【跛足】之意，不良於行，也代表困難，故稱【蹇難】也。【碩】者【大】也，指【大運】。此句是說蹇難已去，大運將來，因而為吉。此時利於晉見貴人。

此卦是說壞運將去，好運將來。還可得貴人助。因而此乃吉卦也。

★整體運勢

運勢否極泰來。可以積極開拓事業，漸漸得利，吉。

💰財運投資

財運轉好，投資可以。可以一掃陰霾而獲利。

❤愛情婚姻

愛情婚姻久旱逢甘霖。可得大貴之對象。

💼工作事業

工作事業轉危變吉。可以開始大展拳腳，無往不利。吉。

第四十卦 ䷧「雷水解」無難休養 有難速平（吉）

卦辭原文：利西南 無所往 其來復 吉 有攸往 夙吉

解釋：利西南。此句是說往西南方有利。

無所往 其來復 吉。此句是說若沒有蹇難，則讓人民恢復生息休養，如此則吉。

有攸往 夙吉。【夙】是【早】。此句是說若蹇難還未解，則要速速平定，則吉。

【解】卦緊接著在【蹇】卦之後，代表著【解】卦乃【解蹇難】之卦也。此卦是說【蹇難】位於東北方，遠離此方位往西南方走，則有利。若蹇難已平，則讓人民休養生息。如果還有蹇難發生，就要去速速平定。如此則吉。此卦大難解決，得以恢復。因而是個吉卦。

★整體運勢

運勢上升。難關已過，正是開始發奮圖強之際。吉。

財運投資

財運佳，投資宜。猶如天降甘霖，久逢獲利。

♥愛情婚姻

愛情婚姻膏雨潤澤，如魚得水。吉。

工作事業

工作事業恢復生機，欣欣向榮。吉。

䷧【解】卦 初六 大難初解 靜守無咎（平）

爻辭原文：無咎

解釋：【解】卦初爻是陰爻，故稱初六。

爻辭曰：

無咎。此句是說沒有咎害。

【解】卦緊接著在【蹇】卦之後，代表著【解】卦乃【解蹇難】之卦也。蹇難已平，最好讓人民休養生息。

此卦是說大難初解，應該讓人民休養生息，恢復活力，靜守則無咎。因而是個平卦。

★整體運勢

整體運勢漸漸轉強。但由於大難剛過，必須好好恢復，靜守才是上策。

財運投資

財運投資需慎。剛剛恢復元氣，不宜再妄動，投資宜暫緩。

❤愛情婚姻

愛情婚姻運勢普通。暫時平順過日子。

工作事業

工作事業有復甦之象。正是養兵之時，暫時勿動，培養實力，以待日後亨通也。

䷧【解】卦 九二 解決小人 然後得吉（吉）

爻辭原文：田獲三狐 得黃矢 貞吉

解釋：【解】卦二爻是陽爻，故稱九二。

爻辭曰：

田獲三狐。【解】卦緊接著在【蹇】卦之後，代表著【解】卦乃【解蹇難】之卦也。若蹇難已平，則讓人民休養生息。若還有蹇難發生，就要去速速平定。如此則吉。【田】是【田獵】。此句是說打獵獲得三隻狐狸。比喻解決小人。

得黃矢 貞吉。此句是說得到黃金箭頭，如此為吉也。比喻有意外之喜，堪稱吉利也。

此卦是說不僅解決小人，同時還有意外之喜，當然是吉。因而此乃吉卦。

★整體運勢

運勢走俏。壞人壞運皆去，好運來，又有意外之喜。吉。

財運投資

財運極強，投資大利。獵利得利，又有意外收穫，喜上加喜。吉。

愛情婚姻

愛情婚姻恐有狐媚風波，宜速處理之。會有意外之得。

工作事業

工作事業去除作祟小人。不僅功成名就，還有意外之喜。

䷧【解】卦 六三 竊位招搖 自取其災（小凶）

爻辭原文：負且乘 致寇至 貞吝

解釋：【解】卦三爻是陰爻，故稱六三。

爻辭曰：

負且乘。【解】卦緊接著在【蹇】卦之後，代表著【解】卦乃【解蹇難】之卦也。蹇難已平，人民休養生息之後，日漸富足。【負】是【背負】。【乘】是【乘車】。此句是說富裕之後，抱著大量財物，大搖大擺地坐在車上。

致寇至 貞吝。此句是說錢財露白，導致賊寇上門，是自找的。

此卦是說富裕之後得意忘形，竊位招搖的結果，只會自取其災。本卦爻辭中雖未言凶，然而只要【吝】字出現，代表離凶不遠矣。因而此卦乃小凶。

★整體運勢

運勢不是不好，然而自鳴得意，招惹是非，禍自招也，宜慎。

💰財運投資

財運投資不可。投資則必招偷盜損失。凶。

❤愛情婚姻

愛情婚姻不宜。主品行不佳之象，宜慎。

💼工作事業

工作事業易生事端，必須操性端正，或許可免災。

䷧【解】卦 九四 所得微小 望友相助（平）

爻辭原文：解而拇 朋至斯孚

解釋：【解】卦四爻是陽爻，故稱九四。

爻辭曰：

解而拇。【解】卦緊接著在【蹇】卦之後，代表著【解】卦乃【解蹇難】之卦也。【拇】是【拇指】，形容微小。此句是說只解決了問題微小部分。

朋至斯孚。【斯】是【乃】。【孚】是【應驗】【解決】。此句是說朋友相助，困難得以解決。

此卦是說所得甚少，希望得朋友之助，如此可過難關。因而此乃平卦。

★整體運勢

整體運勢不旺。求貴人朋友相助，可以暫度危機。

財運投資

財運投資暫時不可。投資回收極少，虧。

愛情婚姻

愛情婚姻需得貴人助，化解危機，方能成事。

工作事業

工作事業不順，收入極少，必求朋友相助，暫時可解。

䷧【解】卦 六五 君子大度 小人拜服（吉）

爻辭原文：君子維有解 有孚於小人

解釋：【解】卦五爻是陰爻，故稱六五。

爻辭曰：

君子維有解。【解】卦緊接著在【蹇】卦之後，代表著【解】卦乃【解蹇難】之卦也。此句是說君子解除困難之後。

有孚於小人。【孚】是【誠信】。連小人也感昭到君子的誠信。

此卦是說君子泱泱大度，連小人都拜服，還有什麼困難不可解？何愁何事不能成？因而此卦為吉。

★整體運勢

運勢強盛。小人退散，君子正位，諸事可成。吉。

財運投資

財運佳，投資宜。必用君子手段光明操作，獲利可期。

❤愛情婚姻

愛情婚姻主得大度對象，泱泱君子。吉。

工作事業

工作事業無往不利，名利雙收。

䷧【解】卦 上六 掃平餘孽 吉利無憂（吉）

爻辭原文：公用射隼於高墉之上 獲之 無不利

解釋：【解】卦上爻是陰爻，故稱上六。

爻辭曰：

公用射隼於高墉之上。【隼】是【兇猛的老鷹】。【墉】是【城牆】。此卦是說諸侯將兇猛的老鷹射下，比喻掃平餘孽。

獲之 無不利。此句是說獲得老鷹，當然是好事。比喻餘孽盡除，以後可以無往不利。

此卦是說掃平餘孽，自然可以吉利無憂。因而此乃吉卦。

★整體運勢

運勢旺盛。戰無不勝，攻無不克，可大獲利。

💰財運投資

財運強，投資宜。可以選擇強勁項目投資，獲利更佳。

❤愛情婚姻

愛情婚姻猶如征服對手，手到擒來。吉。

💼工作事業

工作事業擊敗強敵，再無對手，一帆風順。吉。

第四十一卦 ䷨「山澤損」損得誠信 誠信乃吉（平）

卦辭原文：有孚 元吉 無咎 可貞 利有攸往 曷之用 二簋可用享

解釋：有孚 元吉 無咎 可貞 利有攸往。【孚】是【誠信】。此句是說有誠信，大吉大利，沒有咎害。堅持此道，就可以無往不利。

曷之用 二簋可用享。【曷】是【何】。【簋】是【食器】。【享】是【享用】，此處指【天享用】就是【祭祀】。此句是說此道用來做什麼？兩道菜就可以用來祭祀。也比喻節儉過日子。

【損】卦精確的意義是【損下益上】，原本應該屬於下面人的利益，上面人拿走了。因而【損】卦卦辭告誡說必須具有誠信，才能獲吉。就算自己有所損失也無所謂。如同祭祀只要兩道菜，心誠則靈。

此卦吉凶端看人作為，【損】不一定代表不好。此卦乃是平卦。

★整體運勢

運勢平平。好與壞就看自己怎麼做？誠信則吉，不誠則否。

財運投資

財運不佳，投資不宜。【損】是【減損自己】，因而不會獲益。

❤愛情婚姻

愛情婚姻有減損自己，成全大局之象，可。

工作事業

工作事業損己利人，然昭誠信。

䷨【損】卦 初九 有事速辦 小損無咎（平）

爻辭原文：已事遄往 無咎 酌損之

解釋：【損】卦初爻是陽爻，故稱初九。

爻辭曰：

已事遄往 無咎。【已事】是【過去事】。【遄】是【快】。此句是說過去事就趕快讓它過去，放開胸懷別再多想，如此才會沒有咎害。

酌損之。此句是說既然會有損失，斟酌損失，減少損失就是賺。

此句是說過去事就趕快讓它過去，趕快專心去做該做的事。小小損失不會造成大害，不用憂心。因而此卦乃平卦。

★整體運勢

運勢平平。暫時忘記小小不愉快，快馬加鞭辦正事才是上策。

財運投資

財運平，投資宜慎。若投資則要速戰速決，獲利就了結。

愛情婚姻

愛情婚姻盡速敲定。雖然目前平平，後必有福。

工作事業

工作事業勇往直前，義無反顧，暫時不要計較得失，後必獲吉。

䷨【損】卦 九二 不損不益 損之則凶（靜吉動凶）

爻辭原文：利貞 征凶 弗損益之

解釋：【損】卦二爻是陽爻，故稱九二。

爻辭曰：

利貞 征凶。〈易經〉中【貞】字，往往帶有【靜守】之意。【征】字則代表【前進】。此句是說利於貞靜自守，若躁進則凶。

弗損益之。也就是說不損不益，反而才是好事。如果減損自己則是凶。

此卦是說當損則損，當益則益。此刻則要不損不益，若損己則凶。因而此卦是靜吉動凶。

★整體運勢

運勢平平。以不變應萬變，以不動為最高指導原則，如此則吉。

財運投資

財運投資保持原貌，無須動作。日後則必獲利。

愛情婚姻

愛情婚姻維持目前狀態最好。吉。

工作事業

工作事業敵不動，我不動。敵動，我亦不動。久必得利。

䷨【損】卦 六三 多則有害 少則得利（居中得吉）

爻辭原文：三人行 則損一人 一人行 則得其友

解釋：【損】卦三爻是陰爻，故稱六三。

爻辭曰：

三人行 則損一人。若三人同行，則會減損一人，變成兩人。

一人行 則得其友。此句是說一人獨行，則會得到一個朋友，也是變成兩人。

此卦是說【剛剛好最好】。天道乃一陰一陽，兩個剛剛好。多了自然會減損掉，少了則自然會增益來，此乃天道，亦即中道。此時運勢反而是多則有害，少則得利。因而此卦乃居中得吉之卦。

★整體運勢

運勢普通。多則反而遭損，少則反而獲利。中道即王道。

財運投資

財運投資宜逆勢操作。越不被看好的越好。

❤愛情婚姻

愛情婚姻【得其友】謂【得佳偶】。

若三人行，則必分。宜慎。

工作事業

工作事業合夥之眾不宜多。兩人共計最佳，一人獨做亦宜。

☶【損】卦 六四 先有小災 轉憂為喜（平）

爻辭原文：損其疾 使遄有喜 無咎

解釋：【損】卦四爻是陰爻，故稱六四。

爻辭曰：

損其疾。此句是說減損其疾病。比喻壞運漸漸輕微。

使遄有喜 無咎。【遄】是【快】。此句是說疾病很快能去除，所以沒有咎害。

此卦是說剛開始雖然有小災，但是很快能消除。可以轉憂為喜。因而此乃平卦。

★整體運勢

運勢先衰後盛。可以沒有災害，平順過日。

財運投資

財運平，投資慎。手上籌碼不宜多，獲利須快速脫手。

❤愛情婚姻

愛情婚姻先苦後甘。可得喜慶，宜。

工作事業

工作事業可以轉憂為喜。雖然一時平平，後運必興隆。

䷨【損】卦 六五 意外之喜 不必推辭（大吉）

爻辭原文：或益之十朋之龜 弗克違 元吉

解釋：【損】卦五爻是陰爻，故稱六五。

爻辭曰：

或益之十朋之龜。【或】是【或許】。【益】是【增益】，此處指【贈送】。【朋】是【古代貨幣】。【龜】指【靈性】。此句是說可能有人會送來大量財寶，也指意外之喜。

弗克違 元吉。此句是說不要違逆，欣然接受，如此為大吉。

此卦是說有人好意大力贊助，而且是正當錢財。如此的意外之喜，不必推辭，可以獲大吉。因而此乃大吉之卦。

★整體運勢

運勢旺盛。還有意外收穫，意外之喜，有如天助，當然大吉。

💰財運投資

財運強盛，投資大可。錢要跟人，城牆都擋不住，大吉。

❤愛情婚姻

愛情婚姻主富貴之家。大吉。

💼工作事業

工作事業得貴人助，意外之喜。自然可以無往不利。大吉。

䷨【損】卦 上九 不減不加 天下為家（吉）

爻辭原文：弗損益之 無咎 貞吉 利有攸往 得臣無家

解釋：【損】卦上爻是陽爻，故稱上九。

爻辭曰：

弗損益之 無咎 貞吉。【損】卦精確的意義是【損下益上】，原本應該屬於下面人的利益，上面人拿走了。此句是說不需要讓利，不加不減，維持原狀就可以沒有咎害，堅守這個態度就會獲吉。

利有攸往。此句是說有利於去追求獲利。

得臣無家。此句是說得到良臣，良臣以天下為家。如此必然百業興旺，民皆獲利。

此卦是說不減不加，天下為家。運勢正是大大興旺之時，所以本卦乃吉卦也。

★整體運勢

運勢強強滾。無往不利，萬事皆宜。吉。

財運投資

財運極強，投資大好。買賣皆宜，全部獲利。吉。

♥愛情婚姻

愛情婚姻大富大貴。名利雙收之卦。

工作事業

工作事業如魚得水，大大興旺。正是得意之時。吉。

第四十二卦 ䷩「風雷益」積極作為 冒險犯難（大吉）

卦辭原文：利有攸往 利涉大川

解釋：利有攸往。此句是說有利於前往追求利益。

利涉大川。此句是說有利於冒險犯難，涉過大河。古之高莫過山，險莫過川。冒險過大川，因為河的對岸有大利可圖。

【益】卦精確的意義是【損上益下】，減損上面人的利益，來給下面的人。因為上面的人本來就很肥了，減損一些也無所謂，還能換來好名聲。等於是人人獲益，如此大吉也。

此卦是說時運大好，應該趁此時有積極作為，去冒險犯難追求高利。因而此乃大吉之卦。

★整體運勢

運勢大好。有利於積極做事，必取高利。大吉。

財運投資

財運極佳，投資大宜。可得厚利，利於積極操作策略。

愛情婚姻

愛情婚姻天作之合。益。大吉。

工作事業

工作事業大展拳腳，積極開拓業務，必可無往不利。大吉。

䷩【益】卦 初九 大運剛來 大事可成（大吉）

爻辭原文：利用為大作 元吉 無咎

解釋：【益】卦初爻是陽爻，故稱初九。

爻辭曰：

利用為大作 元吉 無咎。【益】卦精確的意義是【損上益下】，減損上面人的利益，來給下面的人。因為上面的人本來就很肥了，減損一些也無所謂，還能換來好名聲。等於是人人獲益，如此大吉也。【大作】是【大事】。此句是說利於做大事，如此大吉，沒有咎害。

此卦是說大運剛來，正好趁此時機做一番大事，則大事可成，如此則吉。因而此卦為大吉之卦。

★整體運勢

大運到，當然做大事。如此大吉也。

財運投資

財運極強，投資大好。可獲大利也。

❤愛情婚姻

愛情婚姻主大富大貴之象。大吉。

工作事業

工作事業大吉大利。做大事，獲大利。

䷩【益】卦 六二 意外之喜 鴻運長久（大吉）

爻辭原文：或益之十朋之龜 弗克違 永貞吉 王用享於帝吉

解釋：【益】卦二爻是陰爻，故稱六二。

爻辭曰：

或益之十朋之龜。【或】是【或許】。【益】是【增益】，此處指【贈送】。【朋】是【古代貨幣】。【龜】指【靈性】。此句是說可能有人會送來大量財寶，也指意外之喜。

弗克違 永貞吉。此句是說不要違逆，欣然接受，如此長久吉利。

王用享於帝 吉。此句是說天子設宴款待王侯，吉。比喻尊榮之極。

此卦是說有意外之喜，而且鴻運長久。此卦自然是大吉之卦。

★整體運勢

運勢旺盛。不僅旺運可長可久，還有意外之喜。大吉。

💰財運投資

財運大旺，投資大宜。有如天助，吉上加吉獲大利。

♥愛情婚姻

愛情婚姻吉祥長久。大吉。

💼工作事業

工作事業大吉大利。還有意外收穫，堪稱大吉。

䷩【益】卦 六三 有凶無咎 誠信處事（先凶後平）

爻辭原文：益之用凶事 無咎 有孚中行 告公用圭

解釋：【益】卦三爻是陰爻，故稱六三。

爻辭曰：

益之用凶事 無咎。【凶事】是【災事】。此句是說把收益拿來作賑災之事，如此沒有咎害。

有孚中行 告公用圭。【孚】是【誠信】。【圭】是【大臣上朝手持玉器】代表【誠信】。此句是說有誠信，行中道。誠實的向上報告把錢花在賑災之上。

此卦是說雖然有凶災之事發生，以誠信的態度處理，最後不會有咎害。因此為先凶後平之卦。

★整體運勢

運勢不佳，所幸處理得宜，可以無災。

💰財運投資

財運不好，投資宜慎。投資先有損耗，後得無恙。

❤愛情婚姻

愛情婚姻恐有凶事先發生，再有喜慶。

💼工作事業

工作事業雖有危急，但是處理得當，沒有大礙。

䷩【益】卦 六四 誠實上報 上必遵從（平）

爻辭原文：中行 告公從 利用為依遷國

解釋：【益】卦四爻是陰爻，故稱六四。

爻辭曰：

中行 告公從。此句是說行中道，誠實向上秉告，上面會遵從實行。

利用為依遷國。此句是說藉此將國家遷移至它處。

此卦是說做該做的事情，既然國家該遷移，就該據實以報，上面的人以會遵從實施。此乃平卦。

★整體運勢

運勢走到變遷之時。該變則變，據實以從之，如此則無災。

財運投資

財運投資要慎。此指要改變投資標的了。

♥愛情婚姻

愛情婚姻需做別的考慮。目前對象不宜，改之則吉。

工作事業

工作事業有變遷之象。或換公司，或換地點，改變並非壞事。

䷩【益】卦九五 誠信相交 投桃報李（大吉）

爻辭原文：有孚惠心 勿問元吉 有孚惠我德

解釋：【益】卦五爻是陽爻，故稱九五。

爻辭曰：

有孚惠心。【孚】是【誠信】。【惠】是【恩惠】。此句是說誠信相交，施予恩惠。

勿問元吉。此句是說如此不用多問就知道是大吉。

有孚惠我德。此句是說別人也會回報給我們恩惠。

此卦是說彼此誠信相交，今日你給別人恩惠，明日別人也會投桃報李，如此是大吉。因而此乃大吉之卦。

★整體運勢

運勢有如天助，事事得宜。廣澤恩惠，投桃報李，大吉也。

財運投資

財運旺盛，投資大好。大家一起獲大利。大吉。

愛情婚姻

愛情婚姻不用求神問卜就知道大吉。

工作事業

工作事業誠實待人，給人方便，它日人亦給我方便。大吉。

䷩【益】卦 上九 好運已過 防有意外（凶）

爻辭原文：莫益之 或擊之 立心勿恆 凶

解釋：【益】卦上爻是陽爻，故稱上九。

爻辭曰：

莫益之。此句是說切莫增益它。

或擊之。【或】是【或許】。此句是說可能還有人打擊它。

立心勿恆 凶。此句是說沒有恆心堅持【益】卦之道，如此則凶。

此卦是說好運已過，運勢轉壞，並且要防範有意外，凶。因而此乃凶卦是也。

★整體運勢

運勢變差，好運不再。切記要提防意外。凶。

財運投資

財運差，投資不宜。越貪利，則越失利。凶。

愛情婚姻

愛情婚姻不能恆久。可能有人出現干擾，不祥。

工作事業

工作事業貪得無厭，則必起禍端。凡事需適可而止。

第四十三卦 ䷪「澤天夬」戒慎恐懼 緩兵以待（平）

卦辭原文：揚於王庭 孚號 有厲 告自邑 不利即戎 利有攸往

解釋：揚於王庭 孚號 有厲。此句是說在王庭上大聲宣告，齊聲呼號有危險了。

告自邑 不利即戎。此句是說向人民宣告，此刻不宜兵戎相見。

利有攸往。此句是說必須等時機成熟之後，再興兵討伐。

【夬】卦之【夬】字乃【決】，【決斷】【果決】之意。卦象最上一陰統治下面五陽，五陽不服，因而齊聲決斷欲興兵討伐。然而此刻獨陰勢力太大，眾陽還不能敵，所以只能暫時緩兵以待。

此卦是說此刻雖然想決除小人，但目前還不是對手，必須戒慎恐懼，緩兵以待。此卦吉凶禍福端看個人如何作為，因而此卦乃平卦。

★整體運勢

運勢雖強，然不能敵。凡事暫緩，以待後運。

財運投資

財運投資須謹慎。投資暫緩為宜，否則無法敵大景氣。

❤愛情婚姻

愛情婚姻不可。獨陰統五陽，女緣太好太強，不宜。

工作事業

工作事業雖居高位，然強中自有強中手，暫需忍讓。

䷪【夬】卦 初九 實力懸殊 必不能勝（進凶）

爻辭原文：壯於前趾 往不勝 為咎

解釋：【夬】卦初爻是陽爻，故稱初九。

爻辭曰：

壯於前趾。此句是說強壯的部分只在前腳指，比喻勢力弱小。

往不勝 為咎。此句是說因而若前去挑戰必敗，會造成咎害。

【夬】卦之【夬】字乃【決】，【決斷】【果決】之意。卦象最上一陰統治下面五陽，五陽不服，因而齊聲決斷欲興兵討伐。然而此刻獨陰勢力很大，眾陽還不能敵，所以只能暫時緩兵以待。

此卦是說自己太弱，與對手實力懸殊，前往進攻必不能勝。因而此卦為進凶之卦。

★整體運勢

運勢不強，宜暫退守。若貿然躁進，必自取敗，如此則凶。

財運投資

財運不佳，投資不宜。急於投資則必敗。

❤愛情婚姻

愛情婚姻不可取。主地位不相當，行之則敗。

工作事業

工作事業以退為進。躁進則敗，退守自保為先。

䷪【夬】卦九二 號令森嚴 有備無患（平）

爻辭原文：惕號 莫夜有戎 勿恤

解釋：【夬】卦二爻是陽爻，故稱九二。

爻辭曰：

惕號。此句是說嚴厲呼號，因為敵軍來襲，有危險了。

莫夜有戎 勿恤。【莫】者【暮】也。此句是說從黃昏到深夜都戒備森嚴，如此就無須擔憂。表示有備無患。

此卦是說雖然情勢危急，但是只要號令森嚴，就可以有備無患。因而此乃平卦。

★整體運勢

運勢雖危然無患。凡事謹慎小心，有備無患。

財運投資

財運投資宜慎。穩健的策略最保險。

愛情婚姻

愛情婚姻可。雖有競爭對手，嚴厲防守可成。

工作事業

工作事業有備無患。宜小心職場災害，勿忘保險。

YULIN

䷪【夬】卦 九三 怒形於色 有凶無咎（先凶後平）

爻辭原文：壯於頄 有凶 君子夬夬 獨行遇雨若濡 有慍 無咎

解釋：【夬】卦三爻是陽爻，故稱九三。

爻辭曰：

壯於頄 有凶。【頄】是【臉頰】。此句是說想要決除小人，但是怒形於色，如此會被小人知覺，反而先惹來殺身之禍，故凶。

君子夬夬。【夬】卦之【夬】字乃【決】,【決斷】【果決】之意。此句是說君子決之又決，表示果斷，意志堅定。

獨行遇雨若濡 有慍 無咎。此句是說獨自一人欲前往除奸逆，遇上下雨淋濕了，雖然小有懊悔，但是最後沒有咎害。

此卦是說欲剷除小人，然而怒形於色，洩漏機先，如此可能招來危險。但是君子還是決意行之，最後沒有咎害。此卦為先凶後平之卦。

★整體運勢

運勢不佳，所幸無恙。要慎防小人，低調行事，則可無害。

財運投資

財運惡劣，投資不可。須防為人所害而損失。

♥愛情婚姻

愛情婚姻獨自一人，一時未有良緣。

工作事業

工作事業防為小人所忌。凡事不動聲色，自可無恙。

䷪【夬】卦 九四 窒礙難行 不納雅言（凶）

爻辭原文：臀無膚 其行次且 牽羊悔亡 聞言不信

解釋：【夬】卦四爻是陽爻，故稱九四。

爻辭曰：

臀無膚 其行次且。【次且】是【趑趄】,【行走困難】之意。此句是說屁股沒肉，走路困難。形容窒礙難行。

牽羊悔亡。〈易〉例【羊】通【陽】。【夬】卦卦象最上一陰統治下面五陽，五陽不服，因而齊聲決斷欲興兵討伐。此句是說率領眾陽前去討伐，則悔恨可以消亡。

聞言不信。此句是說可惜別人說的話聽不進去。

此卦是說形勢窒礙難行，而且不納雅言。雖然此卦爻辭未言吉凶，但是凶自在矣。故乃凶卦。

★整體運勢

運勢不佳。路途窒礙難行，又不能察納雅言，故凶。

財運投資

財運差，投資不可。【次且】乃【行走困難】，投資何能獲利？

❤愛情婚姻

愛情婚姻行不得也。然而就算有人忠告也聽不下去。凶。

工作事業

工作事業困難重重。宜聽別人勸阻，或可自保。

䷪【夬】卦 九五 遠離小人 可以無咎（平）

爻辭原文：莧陸 夬夬 中行無咎

解釋：【夬】卦五爻是陽爻，故稱九五。

爻辭曰：

莧陸。乃【莧菜】，容易叢生，不易去除。比喻小人去除不易。

夬夬。【夬】卦之【夬】字乃【決】，【決斷】【果決】之意。此句是說君子決之又決，然而還是必須等時機成熟才能行事。

中行無咎。所以暫時行中道，遠離小人，如此可以無咎。因而此乃平卦。

★整體運勢

時機尚未成熟，凡事須暫緩。遠離小人及遠離禍端，如此可以無災。

財運投資

財運普通，投資宜慎。若有投資趕快出脫為宜。

♥愛情婚姻

愛情婚姻平順。不要聽信小人謠言。

工作事業

工作事業必行中道，親賢臣，遠小人，可以無災。

䷪【夬】卦 上六 疏於防備 終於招禍（凶）

爻辭原文：無號 終有凶

解釋：【夬】卦上爻是陰爻，故稱上六。

爻辭曰：

無號。此句是說號令不森嚴。

終有凶。此句是說如此最終會有凶災。

【夬】卦之【夬】字乃【決】，【決斷】【果決】之意。卦象最上一陰統治下面五陽，五陽不服，因而齊聲決斷欲興兵討伐。此卦是說疏於防備，終於招禍。因而此乃凶卦。

★整體運勢

運勢本來就不好，又不知防範於未然，因而為凶。

財運投資

財運差，投資不可。可能會讓小人有可趁之機，造成損失。

♥ 愛情婚姻

愛情婚姻不成。沒有天命，行之則敗。

工作事業

工作事業沒有警惕之心，則容易生事，凶。

第四十四卦 ䷫「天風姤」陰柔漸長 勿娶此女（平）

卦辭原文：女壯 勿用取女

解釋：女壯。此句字面上的意思是說這個女的太強壯。

勿用取女。【取】是【娶】。此句是說所以不能娶她。

【姤】是【逅】，【邂逅】之意。【姤】卦卦象一陰在下，五陽在上。在僧多粥少的狀況下，眾陽皆想來爭奪唯一的一陰。因而獨陰奇貨可居。陰的勢力水漲船高，但是陰柔漸長並非好事，所以這個陰不能娶。

此卦是說雖然卦象只有一陰，然而若讓陰勢漸漸強壯則不可，因而此女勿娶。此卦吉凶在於個人作為，因而是個平卦。

★整體運勢

運勢平平。有女人受寵之象，因而要特別小心此女。

財運投資

財運投資宜慎。切莫聽信女人之言，否則必損。

愛情婚姻

愛情婚姻不可。主女人之男人緣奇佳，恐生私情。宜慎。

工作事業

工作事業則易為女色所誤。要特別小心。

䷫【姤】卦 初六 煞車則吉 前進則凶（靜吉動凶）

爻辭原文：繫於金柅 貞吉 有攸往 見凶 羸豕孚蹢躅

解釋：【姤】卦初爻是陰爻，故稱初六。

爻辭曰：

繫於金柅 貞吉。【繫】是【綁住】。【柅】是【擋住車子的木條】。此句是說煞車則吉。

有攸往 見凶。此句是說如果躁進則凶。

羸豕孚蹢躅。【羸豕】是【瘦弱的豬】。【孚】是【應驗】。【蹢躅】是【焦躁不安】。此句是說豬雖然瘦弱，看似無傷，然而還是蠢蠢欲動。比喻容易躁動，不易停止。

此卦是說若煞車則吉，躁動前進則凶。因而此卦標示為靜吉動凶。

★整體運勢

運勢完全看個人抉擇。靜守則吉，躁進則凶。

財運投資

財運投資要慎。不可貿然躁進亂投資，否則必損失。

❤愛情婚姻

愛情婚姻一動不如一靜。

工作事業

工作事業守成就是最大福氣，勿輕言擴大。

䷫【姤】卦 九二 對人包容 利己害他（平）

爻辭原文：包有魚 無咎 不利賓

解釋：【姤】卦二爻是陽爻，故稱九二。

爻辭曰：

包有魚。其意有二：一是對人包容。二是【魚】指【陰物】，也就是初爻之獨陰，意思是得到了這個陰爻（女人）。【姤】是【逅】，【邂逅】之意。【姤】卦卦象一陰在下，五陽在上。在僧多粥少的狀況下，眾陽皆想來爭奪唯一的一陰。因而獨陰奇貨可居。

無咎 不利賓。此句是說對自己沒有咎害，然而卻對別人不利。因為此魚（陰）被自己得到，等於別人就失去了。

此卦是說凡事要對人包容，反而容易獲得。但是自己得到了，等於別人失去了。利己而害他的結果，此卦僅僅是平卦。

★整體運勢

運勢平平。因為自己獲利，而他人損失，未能圓滿。

財運投資

財運投資可。然而結局是自己獲利，他人卻是損失。

愛情婚姻

愛情婚姻可成。但是乃經過一番競爭而勝出。

工作事業

工作事業可得利，但同時恐傷及他人，宜慎。

䷫【姤】卦 九三 坐立難安 幸僅小災（平）

爻辭原文：臀無膚 其行次且 厲 無大咎

解釋：【姤】卦三爻是陽爻，故稱九三。

爻辭曰：

臀無膚 其行次且。【次且】是【趑趄】，【行走困難】之意。此句是說屁股沒肉，走路困難。形容窒礙難行。

厲 無大咎。此句是說雖然危厲，所幸並無大礙。

此卦是說運勢不順，坐立難安，所幸僅是小災，最後並沒有大礙。因而此卦是平卦。

★整體運勢

運勢不振。諸事難行，所幸最後只有小損失，沒有大災害。

財運投資

財運投資要慎重。獲利甚難，如僅小損，即是大幸。

❤愛情婚姻

愛情婚姻須暫緩。小有波折，待日後才可成。

工作事業

工作事業無大得，有小失，人生難免，宜平淡看待。

䷫【姤】卦 九四 被人先登 氣量狹小（凶）

爻辭原文：包無魚 起凶

解釋：【姤】卦四爻是陽爻，故稱九四。

爻辭曰：

包無魚。其意有二：一是對人不包容。二是【魚】指【陰物】，也就是初爻之獨陰，意思是得不到這個陰爻（女人）。因為被二爻搶走了。【姤】是【逅】，【邂逅】之意。【姤】卦卦象一陰在下，五陽在上。在僧多粥少的狀況下，眾陽皆想來爭奪唯一的一陰。因而獨陰奇貨可居。

起凶。此句是說如此災禍將起。

此卦是說被人捷足先登，加上自己氣量狹小，因而為凶。此卦乃凶卦也。

★整體運勢

運勢不佳。機會被人捷足先登，無可獲利。凶。

財運投資

財運差，投資不可。【無魚】乃【無餘】，若投資則損失慘重。

❤愛情婚姻

愛情婚姻無望。眼巴巴看著被人搶走。凶。

工作事業

工作事業無法成事。還要防止他人搶奪基業。

䷫【姤】卦 九五 有容乃大 天掉餡餅（吉）

爻辭原文：以杞包瓜 含章 有隕自天

解釋：【姤】卦五爻是陽爻，故稱九五。

爻辭曰：

以杞包瓜。【杞】是【枸杞樹】，低矮但是多刺，所以動物難以靠近。此句是說瓜生長在枸杞樹下，受其刺保護。

含章 有隕自天。【章】是【美玉】。【含章】是【裡面蘊含美麗之物】。【隕】是【福】。此句是說包容美麗之物，自會有福氣從天而降。

此卦是說有容乃大，上天自會賜福，就像天掉餡餅一樣。因而此乃吉卦。

★整體運勢

天賜福氣，諸事可成。切記有容乃大，福氣綿延。吉。

💰財運投資

財運大好，投資大宜。投資儘可包羅萬象，無不獲利。

❤愛情婚姻

愛情婚姻天作之合，大吉。

💼工作事業

工作事業如魚得水。事事如意，諸事皆宜。吉。

䷫【姤】卦 上九 小有悔恨 然可無咎（平）

爻辭原文：姤其角 吝 無咎

解釋：【姤】卦上爻是陽爻，故稱上九。

爻辭曰：

姤其角 吝。【姤】是【逅】，【邂逅】之意。【姤】卦卦象一陰在下，五陽在上。在僧多粥少的狀況下，眾陽皆想來爭奪唯一的一陰。因而獨陰奇貨可居。【角】乃長在頭上。此句是說【姤】卦的運勢已經過了頭，所以會招致悔吝。

無咎。前一句之所以說【吝】，是因為此爻已經剛強過了頭。然而此乃是運勢為之，實屬無奈。所以接下來並不會有災害。

此卦是說雖然小有悔恨，但是最後可以沒有咎害。因而此卦乃平卦。

★整體運勢

運勢已極，物極則必反。平順度日就是福。

財運投資

財運不佳，投資不宜。若能選頂尖領先事業或行業則吉。

❤愛情婚姻

愛情婚姻宜暫緩。小有波折，必待風波過後才能成事。

工作事業

工作事業運勢已至末端。宜安分守己，不宜躁進。

第四十五卦 ䷬「澤地萃」有貴人助 大展拳腳（吉）

卦辭原文：亨 王假有廟 利見大人 亨 利貞 用大牲吉 利有攸往

解釋：亨 王假有廟 利見大人。〈易經〉中【假】字其實是【格】字，一般作【至】之意。此句是說亨通，君王到宗廟祭祀，尊榮之至，誠意之至。此刻有利於晉見大人。

亨 利貞 用大牲吉 利有攸往。此句是說亨通，利於堅守【萃】卦之道，用大牲畜祭祀則吉。利於前往追求利益。

【萃】卦之【萃】乃【聚集】之意，【人文薈萃】也。此卦是說誠信待人，自有貴人相助。把賢才都聚集起來，可以大展拳腳，創立功業。因而此卦乃吉卦。

★整體運勢

整體運勢好。廣結善緣，舉用賢才，群策群力，則事無不成。吉。

財運投資

財運佳，投資宜。【萃】乃【聚集】之意，聚財也，獲利也。吉。

❤愛情婚姻

愛情婚姻主得良婿。天作之合，吉。

工作事業

工作事業一帆風順。天助人助，廣納賢才，功名可就。

䷬【萃】卦 初六 起起落落 誠信相待（平）

爻辭原文：有孚不終 乃亂乃萃 若號 一握為笑 勿恤 往無咎

解釋：【萃】卦初爻是陰爻，故稱初六。

爻辭曰：

有孚不終 乃亂乃萃。【孚】是【誠信】。此句是說剛開始有誠信，最終卻無法堅持。信實雜亂散開，卻又聚集在一起。比喻分分合合，起起落落。

若號 一握為笑。此句是說若號啕大哭，盡釋前非，則可以取得誠信，眾人握手，相視而笑。

勿恤 往無咎。此句是說不須憂慮，前往求利可以沒有咎害。

此卦是說運勢起起落落，必須取得眾人誠信，同心同德，如此可以沒有災害。因此乃平卦。

★整體運勢

運勢起起落落，上上下下。必須誠信處事，可保無虞。

財運投資

財運起伏大，投資要謹慎。必須先取得高人相助，投資乃可行。

❤愛情婚姻

愛情婚姻分分合合。誠心互助，互相體諒，緣分日後可聚合。

工作事業

工作事業但求平順。謙恭誠信，廣結善緣，可以無害。

䷬【萃】卦六二 互相幫助 心誠則靈（吉）

爻辭原文：引吉 無咎 孚乃利用禴

解釋：【萃】卦二爻是陰爻，故稱六二。

爻辭曰：

引吉 無咎。【引】是【牽引】【互相牽引】，也就是【互相幫忙】之意。此句是說互相牽成則吉，不會有咎害。

孚乃利用禴。【孚】是【誠信】。【禴】是【祭品微薄的祭禮】。此句是說只要用微薄的祭品祭祀，就能獲得誠信。也就是【心誠則靈】。

此卦是說要互相幫助扶持，誠信相待，如此就能心誠則靈，無往不利。因而此乃吉卦。

★整體運勢

運勢大好。廣結賢才。群策群力，則諸事可成。吉。

財運投資

財運好，投資佳。合夥投資更好，眾人各得其利。吉。

❤愛情婚姻

愛情婚姻相輔相成，琴瑟和鳴。吉。

工作事業

工作事業如魚得水，水到渠成。眾人必誠信相待，功則必成。

䷬【萃】卦 六三 無利可圖 只求無咎（平）

爻辭原文：萃如 嗟如 無攸利 往無咎 小吝

解釋：【萃】卦三爻是陰爻，故稱六三。

爻辭曰：

萃如 嗟如 無攸利。【萃】卦之【萃】乃【聚集】之意，【人文薈萃】也。【嗟】是【嘆氣】。此句是說眼看就要聚集在一起的樣子，但是又散開而嘆氣。如此是不會有利益的。

往無咎 小吝。如此前往行事，雖然沒有咎害，但是會有小鄙吝。

此卦是說利益欲聚復散，因而無利可圖。只能求沒有咎害，然而悔吝可能難免。此卦有小悔，但無大礙，因而是個平卦。

★整體運勢

整體只有平平。眼看要到手的鴨子卻飛了，只能靜待後運亨通。

💰財運投資

財運未能如預期，所以投資要暫緩。還缺臨門一腳，故目前不宜。

❤愛情婚姻

愛情婚姻聚而復散。只能哀聲嘆氣。

💼工作事業

工作事業有小損，無大害。但求平順度過，等待運勢亨通。

䷬【萃】卦 九四 大吉大利 戒慎恐懼（吉防凶）

爻辭原文：大吉 無咎

解釋：【萃】卦四爻是陽爻，故稱九四。

爻辭曰：

大吉 無咎。大吉大利，然而要有憂患意識，才不會有咎害。

此卦是說目前雖然運勢極佳，大吉大利。然而必須戒慎恐懼，戰戰兢兢。例如不可功高震主，例如名位必須名符其實。如此才不會惹來咎害。因而此卦標示為吉防凶。

★整體運勢

整體運勢極強。但是安不忘危，還是要戰戰兢兢，乃可常保。

💰財運投資

財運好，投資宜。但是千萬不可掉以輕心，要看好荷包。

❤愛情婚姻

愛情婚姻宜。但是要用心經營，才可以長長久久。

💼工作事業

工作順利。但要防功高震主，要防小人毀謗，如此則吉。

事業順心。名利雙收，然而小心駛得萬年船，如此則吉。

䷬【萃】卦 九五 當權得位 宜得眾望（小吉）

爻辭原文：萃有位 無咎 匪孚 元永貞 悔亡

解釋：【萃】卦五爻是陽爻，故稱九五。

爻辭曰：

萃有位 無咎。【萃】卦之【萃】乃【聚集】之意，【人文薈萃】也。此句是說運勢好，得其位，所以沒有咎害。

匪孚 元永貞 悔亡。【匪】是【非】。【孚】是【誠信】。此句是說誠信還不足以服眾，必須長久堅持【萃】卦之道，如此才不會後悔。

此句是說儘管目前當權得位，但是美中不足之處是還沒有完全得到眾人信服。因而要努力得眾望，才可以常保無憂。此卦有權有勢，可惜還未得眾望，因而只是小吉。

★整體運勢

運勢極佳。誠信寬柔，廣結善緣，乃可以更上一層樓。

💰財運投資

財運好，投資宜。獲利可期，投資正業則可保長久。

❤愛情婚姻

愛情婚姻大富大貴之象。誠心相待，則福澤綿延。

💼工作事業

工作事業位居高位。但是宜廣結善緣，自可長可久。

䷬【萃】卦上六 時運不濟 幸而得救（平）

爻辭原文：齎咨涕洟 無咎

解釋：【萃】卦上爻是陰爻，故稱上六。

爻辭曰：

齎咨涕洟 無咎。【齎咨】是【嘆氣的樣子】。【涕洟】是【哭泣】。此句是說悲傷嘆氣，然而沒有咎害。

【萃】卦之【萃】乃【聚集】之意，【人文薈萃】也。此卦是說時運不濟，因而憂傷悲泣嘆息，幸而靠朋友相助，可以得救，因而沒有災害。所以本卦乃平卦。

★整體運勢

運勢不佳。懷憂喪志，所幸得朋友相助，最後可以免災。

財運投資

財運差，投資不宜。都已經在哭了，當然不適合投資。

♥愛情婚姻

愛情婚姻哭的死去活來。望有貴人協調，以保無災。

工作事業

工作事業一場糊塗。朋友相助，可逃過一劫。

第四十六卦 ䷭「地風升」步步高升 得貴人助（吉）

卦辭原文：元亨 用見大人 勿恤 南征吉

解釋：元亨 用見大人。此句是說大大亨通，用【升】卦之道來晉見貴人。

勿恤 南征吉。此句是說不用憂心，往南邊出征則吉。南方代表【離】的方位，【離火】代表【光明】。往南就是光明燦爛前途。

【升】卦的意思就是【晉升】【高升】。

此卦是說運勢極強，可以步步高升，還可得貴人助，前途一片光明燦爛。因而此乃吉卦。

★整體運勢

運勢大旺。得貴人助，步步高升，名利雙收。吉。

財運投資

財運旺，投資佳。獲利日漸升高。吉。

❤愛情婚姻

愛情婚姻風生水起。大富大貴不用憂心。

工作事業

工作事業順風順水。又得貴人相助，正是興旺之時。

䷭【升】卦 初六 上允下升 志同道合（大吉）

爻辭原文：允升 大吉

解釋：【升】卦初爻是陰爻，故稱初六。

爻辭曰：

允升 大吉。此句是說上級允許晉升，因而大吉。

【升】卦的意思就是【晉升】【高升】。

此卦是說上允下升，志同道合，大吉。看字面便知此乃大吉之卦。

★整體運勢

運勢強旺。得貴人助，尤其留意上級。事事順心，大吉。

財運投資

財運佳，投資好。獲利高升。大吉。

❤愛情婚姻

愛情婚姻上天允准。天作之合，大吉。

工作事業

工作事業有貴人運，一帆風順。大吉。

䷭【升】卦 九二 心誠則靈 靈則有喜（小吉）

爻辭原文：孚乃利用禴 無咎

解釋：【升】卦二爻是陽爻，故稱九二。

爻辭曰：

孚乃利用禴 無咎。孚乃利用禴。【孚】是【誠信】。【禴】是【祭品微薄的祭禮】。此句是說只要用微薄的祭品祭祀，就能獲得誠信。也就是【心誠則靈】。如此不會有咎害。

此卦是說心誠則靈，靈則有喜。雖然爻辭中沒有寫到吉字，但是有天助的味道，因而是個小吉卦。

★整體運勢

運勢不差。吉人自有天相，心誠則靈。

財運投資

財運尚可，投資小心。得小利即可止。

愛情婚姻

愛情婚姻平順。有天賜命，吉祥。

工作事業

工作事業誠信處事，則天助人助。

䷭【升】卦 九三 由小漸大 運勢漸好（小吉）

爻辭原文：升虛邑

解釋：【升】卦三爻是陽爻，故稱九三。

爻辭曰：

升虛邑。【升】卦的意思就是【晉升】【高升】。【邑】與【虛】都是古代計算戶口的單位。九夫為井，四井為邑，四邑為虛。此句表示晉升由小漸大，運勢漸好也。

此卦是說晉升由小漸大，運勢漸漸變好。因而是個小吉之卦。然而物有陰陽，在另一方面可能要小心遇上的【虛】是【空虛】，也就是空殼公司，宜慎。

★整體運勢

運勢不錯，漸漸強盛。慢慢越爬越高。

財運投資

財運可，投資宜。惟須謹慎勿信空殼公司，宜慎。

愛情婚姻

愛情婚姻漸漸加溫。但是必須小心是否空殼之人。

工作事業

工作事業漸漸有起色。日漸昌隆有望。

䷭【升】卦 六四 如有天助 吉而無咎（吉）

爻辭原文：王用亨於岐山 吉 無咎

解釋：【升】卦四爻是陰爻，故稱六四。

爻辭曰：

王用亨於岐山 吉 無咎。【亨】乃【享】也。〈易經〉中有二解：其一是【天享用】，也就是祭祀。其二是【人享用】，也就是設宴款待。這邊指第一種解釋。此句是說周文王在岐山祭祀，可以得吉，而沒有咎害。

此卦是說誠心祭祀，心誠則靈，如有天助，如此可以獲吉，不會有災害。因而此乃吉卦。

★整體運勢

運勢有如天助，順心如意。吉。

財運投資

財運佳，投資可。老天爺賜福，投資必可獲利。

愛情婚姻

愛情婚姻天作之合，吉。

工作事業

工作事業如有神助，可以步步高升，吉。

䷭【升】卦 六五 步步高升 直至尊位（大吉）

爻辭原文：貞吉 升階

解釋：【升】卦五爻是陰爻，故稱六五。

爻辭曰：

貞吉 升階。【升】卦的意思就是【晉升】【高升】。此句是說晉升有如爬階梯一般，步步高升，可以獲吉。

此卦是說運勢步步高升，可以一直達到尊位。因而此卦大吉。

★整體運勢

整體運勢大好。穩健爬升，步步高升，大吉之兆。

財運投資

財運極佳，投資大宜。獲利一次比一次高，大吉。

❤愛情婚姻

愛情婚姻主大富大貴之象，大吉也。

工作事業

工作事業一階一階順利往上爬，吉無不利。大吉。

䷭【升】卦 上六 好運已過 自強不息（小凶）

爻辭原文：冥升 利於不息之貞

解釋：【升】卦上爻是陰爻，故稱上六。

爻辭曰：

冥升。【升】卦的意思就是【晉升】【高升】。【冥】是【黃昏】【昏暗】。【冥升】指【晉升的好運已過】。

利於不息之貞。此句是說必須自強不息，以圖再起。

此卦是說好的運勢已經過去，唯有自強奮鬥不息，日後才有再起的機會。此卦爻辭中雖然沒有談及凶字，但是好運已過。因而此卦乃是小凶之卦。

★整體運勢

運勢已由盛轉衰。只有繼續努力奮鬥，以圖東山再起。

財運投資

財運差，投資不可。昏暗不明，何以言利？

愛情婚姻

愛情婚姻不宜。

工作事業

工作事業陷入低潮。自強不息，力圖振作，以待後運。

第四十七卦 ䷮「澤水困」困難重重 有口難言（凶）

卦辭原文：亨 貞大人吉 無咎 有言不信

解釋：亨 貞大人吉 無咎。此句是說大人往往要歷經艱困，最後才能亨通獲吉，沒有咎害。

有言不信。此句是說身處困境時，連說的話別人都不相信。

【困】卦與【屯坎蹇】卦合稱〈易經〉四大難卦，其困難程度可想而知。此卦是說當困境發生，君子必要勵精圖治，解決困厄。如此日後才能亨通獲吉。

此卦困難重重，而且有口難言。因而是個凶卦。

★整體運勢

運勢困厄。首求自保，潛藏修練，勵精圖治，以待日後亨通。

財運投資

財運差，投資不可。投資則錢財必被困住，宜慎。

❤ 愛情婚姻

愛情婚姻則是猶如困在牢籠裡。只能凡事自我忍耐節制。

工作事業

工作事業困難重重。堅苦卓絕以待，修身養性自保。

䷮【困】卦 初六 困上加困 連困三年（凶）

爻辭原文：臀困於株木 入於幽谷 三歲不覿

解釋：【困】卦初爻是陰爻，故稱初六。

爻辭曰：

臀困於株木。此句字面上意思是屁股卡在株木叢裡。臀是人身體之下，株是木頭中之下，比喻運勢低下也。

入於幽谷。此句是說還困在幽暗的山谷裡，困上加困。

三歲不覿。【覿】是【見】。三年不見。比喻要連續困厄三年。

此卦是說困上加困，要連困三年。因而此乃凶卦。

★整體運勢

壞運還只是剛開始。會有一連串，長時間的困頓。凶。

財運投資

財運極差，投資不可。投資必困，損失慘重。

❤愛情婚姻

愛情婚姻不可。困難重重，而且主貧困之象。凶。

工作事業

工作事業一蹶不振，連衰三年。凶。

䷮【困】卦九二 困於富貴 誠心祭祀（動凶靜平）

爻辭原文：困於酒食 朱紱方來 利用亨祀 征凶 無咎

解釋：【困】卦二爻是陽爻，故稱九二。

爻辭曰：

困於酒食。此句字面上意義是說困在酒食之中，比喻雖然衣食無虞，然而心裡卻困頓，不得志也。

朱紱方來。【朱紱】是【官服】，比喻富貴祿位。此句是說朝廷的賞賜才剛剛送來，比喻已至富貴。

利用亨祀。【亨祀】是【祭祀】，比喻要心誠才會靈。

征凶 無咎。此句是說躁進出征則凶。靜守則不會有咎害。

此卦是說困於富貴，因而要誠心祭祀，如此才能心誠則靈，並且要靜守，不可躁動。因而此卦標示為動凶靜平。

★整體運勢

運勢不是不好，但就是無法得志。只能暫時安守，切莫躁進。

財運投資

財運投資須慎。投資若獲利就須止，不可太貪。

♥愛情婚姻

愛情婚姻物質環境不是不好，但是困於心。誠心祭祀可釋懷。

工作事業

工作事業本是富貴身，奈何事不如己願，然還須保守為宜。

䷮【困】卦 六三 進退不得 不祥之兆（大凶）

爻辭原文：困於石 據於蒺藜 入於其宮 不見其妻 凶

解釋：【困】卦三爻是陰爻，故稱六三。

爻辭曰：

困於石 據於蒺藜。【蒺藜】是【一種多刺的植物】。此句是說困在石頭堆裡，又身陷蒺藜叢裡。比喻進退不得，被困死了。

入於其宮 不見其妻 凶。此句是說回到宮裡，妻子又不見了，如此是凶事。

此卦是說困厄之至，進退不得。妻子不見，不祥之兆，故凶。此卦因而乃大凶卦。

★整體運勢

運勢落到谷底。進退兩難，困難重重，還須注意人身安全，大凶。

財運投資

財運極差，投資不可。投資小心人財兩失。凶。

愛情婚姻

愛情婚姻不可。尤須堤防女方身家安全，凶。

工作事業

工作事業一落千丈。困圍難解，還須小心健康安全。大凶。

䷮【困】卦 九四 **困於富貴 雖吝無咎（平）**

爻辭原文：來徐徐 困於金車 吝 有終

解釋：【困】卦四爻是陽爻，故稱九四。

爻辭曰：

來徐徐 困於金車。字面上意思是坐著金車慢慢而來。【金車】代表【富貴】，顯見此困並不是因為物質環境，而是心困。

吝 有終。此句是說如此會導致鄙吝，但是最終會得到緩解。

此卦是說雖然富貴，但是為心所困不得志，雖然會有悔吝，但最終無大礙。因而是個平卦。

★整體運勢

整體運勢並非不好，然而心就是無法亨通，不能得志。

💰財運投資

財運投資宜慎。就算有錢也不要輕易投資，暫緩以待後運。

❤愛情婚姻

愛情婚姻暫時不可。要等時運打開才可成行。

💼工作事業

工作事業頗有困頓，不可急躁，等待好運來臨才可付諸行動。

䷮【困】卦 九五 前後夾擊 慢慢得救（先凶後平）

爻辭原文：劓刖 困於赤紱 乃徐有說 利用祭祀

解釋：【困】卦五爻是陽爻，故稱九五。

爻辭曰：

劓刖。【劓】是【割鼻子的刑罰】。【刖】是【砍掉腳的刑罰】。此句比喻上下皆困難。

困於赤紱。【赤紱】是【官服】，比喻富貴祿位。此句是說困於富貴。也就是說身雖富貴，然心未亨，為心所困。

乃徐有說 利用祭祀。【徐】是【慢】。【說】其實是【脫】。此句是說利用祭祀，心誠則靈，就可以慢慢脫離困境。

此卦是說困於富貴，身雖富貴，心卻被困。而且困難前後夾擊，所幸慢慢可以得救。因而此卦為先凶後平。

★整體運勢

運勢困頓。還須防身體受傷，當真困難重重，所幸最後可以化解。

財運投資

財運極壞，投資不行。投資環境困難重重，必待緩解後方能出手。

❤愛情婚姻

愛情婚姻雖衣食無憂，但是心不亨通。所幸最後可以化解。

工作事業

工作事業基業不差，然日漸敗壞。還要小心人身安全。

䷮【困】卦 上六 困危不安 改過則吉（先凶後吉）

爻辭原文：困於葛藟 於臲卼 曰動悔 有悔 征吉

解釋：【困】卦上爻是陰爻，故稱上六。

爻辭曰：

困於葛藟 於臲卼。【葛藟】是【山葡萄】，容易蔓延，比喻困難叢生。【臲卼】是【危險不安】。此句是說困難重重，以致心裡危險不安。

曰動悔 有悔 征吉。此句是說動了，會後悔。但是不動是死路一條。所以寧願動而改過，如此才能得吉。

此卦是說雖然目前困危不安，但是改過日後可以則吉。因而是先凶後吉之卦。

★整體運勢

整體運勢先凶後吉。必得改過懺悔，而後才能獲吉。

💰 財運投資

財運投資宜暫緩。等待時運來臨，屆時投資才可獲利。

❤ 愛情婚姻

愛情婚姻先凶後吉。中間須提防有私情。

💼 工作事業

工作事業先困頓後安穩。經營策略須調整，則可獲吉。

第四十八卦 ䷯「水風井」井以養民 不以己功（平）

卦辭原文：改邑不改井 無喪無得 往來井井 汔至亦未繘井 羸其瓶 凶

解釋：改邑不改井 無喪無得 往來井井。此句是說村民搬來搬去，村里的井不會動。來來往往取井水的人那麼多。井水不會少也不會多。

汔至亦未繘井 羸其瓶 凶。【汔】是【幾】【幾乎】。【繘】是【井繩】。【羸】是【傷】。此句是說拉井繩取水幾乎已經快到井口，然而卻敲破取水的瓶子，如此是凶

此卦是說做人做事就像一口井一樣，井水養活那麼多人，井也從來沒有居功。如果貪功近利，就像取井水的瓶子打破一樣，前功盡棄。如此則為凶。此卦吉凶在於個人的作為，因而是平卦。

★整體運勢

運勢不差。然不可貪功近利，否則為凶。

財運投資

財運可，投資宜。但要穩健操作，不可過於心急。

♥愛情婚姻

愛情婚姻宜。然切莫操之過急，否則為凶。

工作事業

工作事業不自居功，不貪近利，如此則吉。

䷯【井】卦 初六 時運不濟 一無所獲（凶）

爻辭原文：井泥不食 舊井無禽

解釋：【井】卦初爻是陰爻，故稱初六。

爻辭曰：

井泥不食。此句是說井底都是汙泥，井水無法喝。

舊井無禽。此句是說井已經破舊，連禽獸都不來喝水。

【井】卦由初爻至六爻，是用井不同的階段來形容人的運勢。

此卦是說井已經荒廢。形容目前時運不濟，所以一無所獲。因而此卦是個凶卦。

★整體運勢

整體運勢差。一無所獲。凶。

財運投資

財運極差，投資不可。時機不對，投資不會有收穫。

❤愛情婚姻

愛情婚姻所遇非人，不可。

工作事業

工作事業難以稱心如意。凶。

䷯【井】卦 九二 因小失大 得不償失（小凶）

爻辭原文：井谷射鮒 甕敝漏

解釋：【井】卦二爻是陽爻，故稱九二。

爻辭曰：

井谷射鮒。【井】卦由初爻至六爻，是用井不同的階段來形容人的運勢。【鮒】是【鯽魚】，指【小魚】。此句是說井底只射出來少量的水，只能養活小魚小蝦，無法養人。比喻運勢微弱。

甕敝漏。此句是說而且裝水的瓶子還破掉漏水。比喻破運。

此卦是說養活的只是小魚小蝦，但是弄破重要瓶子。如此因小失大，得不償失。所以爻辭中雖未言凶，但此卦仍然是小凶。

★整體運勢

運勢不佳。因小失大，得不償失。宜慎。

財運投資

投運差，投資無得。投資大，回收小，虧損連連。

愛情婚姻

愛情婚姻指身分低微。不宜。

工作事業

工作事業破敗。容易貪小失大。凶。

䷯【井】卦 九三 懷才不遇 靜待後福（平）

爻辭原文：井渫不食 為我心惻 可用汲 王明 並受其福

解釋：【井】卦三爻是陽爻，故稱九三。

爻辭曰：

井渫不食 為我心惻。【井】卦由初爻至六爻，是用井不同的階段來形容人的運勢。【渫】是【清理淤泥】。此句是說井底的淤泥已經清理乾淨，井水可以喝了，但是可惜沒人知道。路過的人都覺得可惜。

可用汲 王明 並受其福。此句是說於是有人去稟告大王，大王明瞭後公告給眾人知道。如此井水又可以養人了，大家同受其福。

此卦是說人懷才不遇，須暫時靜待後福。因而此乃平卦。

★整體運勢

運勢尚未開通。雖有才華，時機未到，宜待日後亨通。

財運投資

財運普通，投資要慎。宜等機運成熟再投資不遲。

❤愛情婚姻

愛情婚姻暫時不宜。然後必可成。

工作事業

工作事業懷才不遇，只因時機未到。暫且忍耐，他日必亨通。

䷯【井】卦 六四 宜自整治 以待大運（平）

爻辭原文：井甃 無咎

解釋：【井】卦四爻是陰爻，故稱六四。

爻辭曰：

井甃 無咎。【井】卦由初爻至六爻，是用井不同的階段來形容人的運勢。【甃】是【以磚疊井】，此指【修理】。此句是說井正在修理，沒有咎害。

此卦是說井要整修，人也要自我整治，如此才能沒有咎害，以待後面好運來到。

此卦未置吉凶，因而此卦乃平卦。

★整體運勢

運勢平平。人須自我警惕，改正過錯，可以沒有災禍。

財運投資

財運普通，投資宜慎。適時調整一下投資策略乃是好事。

❤愛情婚姻

愛情婚姻正在調整中，緩時以待。

工作事業

工作事業兢兢業業，改正過錯，調整策略，以待後運昌隆。

䷯【井】卦 九五 大運已至 開花結果（吉）

爻辭原文：井冽 寒泉食

解釋：【井】卦五爻是陽爻，故稱九五。

爻辭曰：

井冽 寒泉食。【井】卦由初爻至六爻，是用井不同的階段來形容人的運勢。【冽】是【清澈】。【寒泉】是指【井水好喝如寒泉】。此句是說井的整治功夫已完成，因而井水清澈好喝。

此卦比喻人的大運已至，正是開花結果之時。因而乃是吉卦。

★整體運勢

運勢開始大好。從前辛勞，現在開始開花結果。吉。

💰 財運投資

財運佳，投資宜。收益如水源源不絕而來。吉。

❤ 愛情婚姻

愛情婚姻終於得償所願。吉。

💼 工作事業

工作事業終於有成，開始享受成果。吉。

䷯【井】卦 上六 大公無私 並受其福（大吉）

爻辭原文：井收勿幕 有孚元吉

解釋：【井】卦上爻是陰爻，故稱上六。

爻辭曰：

井收勿幕 有孚元吉。【井】卦由初爻至六爻，是用井不同的階段來形容人的運勢。【幕】指【井蓋】。【孚】是【誠信】。此句是說不取井水時，也不要將井蓋起來，讓別人隨時可以來取井水。如此可以得誠信得眾望，乃大吉也。

此卦是說大公無私，眾人並受其福。此乃大吉之卦也。

★整體運勢

運勢鼎盛。利己利人，堪稱圓滿，大吉盛世亦即如此。

財運投資

財運強盛之極，投資大利之時。大家一起獲利，一起開心。

愛情婚姻

愛情婚姻主人富大貴，又有名望。大吉。

工作事業

工作事業不僅豐收。利己也利人，福會圓滿，大吉。

第四十九卦 ䷰「澤火革」勇於改革 待時而動（小吉）

卦辭原文：己日乃孚 元亨利貞 悔亡

解釋：己日乃孚。【己日】之說，眾說紛紜。今擇一解釋之：〈易經〉講究中道，過中即變。十天干為【甲乙丙丁戊己庚辛壬癸】，【己】居第六剛好過中，因而【己】有【改變】【改革】之意。【己日】亦即【改革之日】。【孚】是【誠信】。此句是說人民信服之日，即是改革之日。

元亨利貞 悔亡。此句是說如此就能達到大大亨通有利堅貞，也不會有悔恨。

【革】卦乃【改革】【革命】之意。然而改革並非一蹴可幾，首先要勇於改革，以昭誠信。再者須廣納意見，不可急躁，如此則吉。

此卦是說勇於改革，待時而動，可以獲吉。因而乃小吉卦也。

★整體運勢

運勢恰逢轉變之時。因而人也要跟著變，勇於改革，待時而動，則吉。

財運投資

財運投資並須改變。改變策略，日後必有收穫。

愛情婚姻

愛情婚姻有所轉變。主改變對象，宜慎。

工作事業

工作事業窮則變，變則通。不可一味因循苟且。

䷰【革】卦 初九 時機未到 不要妄動（平）

爻辭原文：鞏用黃牛之革

解釋：【革】卦初爻是陽爻，故稱初九。

爻辭曰：

鞏用黃牛之革。【革】卦乃【改革】【革命】之意。然而改革並非一蹴可幾，首先要勇於改革，以昭誠信。再者須廣納意見，不可急躁，如此則吉。【鞏】有二解：一是【鞏固】。因而此句意思是用黃牛皮做的繩子牢牢綁起來，以免躁動，因為時機未到。二是【尚未製成皮革前的半成品】，在此也是比喻時機未到。

因而此卦的意思是說時機未到，先不要妄動。所以此卦乃平卦。

★整體運勢

運勢平平。只可靜守，不可躁動，只因時機尚未成熟。

財運投資

財運投資宜慎。時機不對，暫緩投資，以待後運。

♥愛情婚姻

愛情婚姻不宜。時機未到，耐心待時以動。

工作事業

工作事業先鞏固基礎，切莫貪功急進，如此等待日後時運成熟。

䷰【革】卦 六二 改革適時 大刀闊斧（吉）

爻辭原文：己日乃革之 征吉 無咎

解釋：【革】卦二爻是陰爻，故稱六二。

爻辭曰：

己日乃革之。【己日】之說，眾說紛紜。今擇一解釋之：〈易經〉講究中道，過中即變。十天干為【甲乙丙丁戊己庚辛壬癸】，【己】居第六剛好過中，因而【己】有【改變】【改革】之意。【己日】亦即【改革之日】。此句是說改革之日已到。

征吉 無咎。此句是說開始啟動改革可以獲吉，沒有咎害。

此卦是說改革要適時，如今改革之時已到，必大刀闊斧改革之，如此才能得吉。因而此乃吉卦。

★整體運勢

運勢好。正是改革邁向強盛之時，大力整頓，必見功效，如此則吉。

💰 財運投資

財運佳，投資宜。馬上改變投資策略，立馬可以收效。吉。

❤ 愛情婚姻

愛情婚姻歷經一番改變，如今時機已經成熟，良緣可成。

💼 工作事業

工作事業可以開始大力整頓，日後必見功效。吉。

䷰【革】卦 九三 必待眾議 眾信乃革（動凶靜吉）

爻辭原文：征凶 貞厲 革言三就 有孚

解釋：【革】卦三爻是陽爻，故稱九三。

爻辭曰：

征凶 貞厲。此句是說貿然急切改革會遭凶，帶來危厲。

革言三就 有孚。【三就】是【再三而就】。【孚】是【誠信】。此句是說改革之前必須再三與眾人商議，如此才能昭誠信。

此卦是說改革必待眾議，眾人皆信服同意之後，才能啟動改革。因而此卦乃動凶靜吉之卦。

★整體運勢

整體運勢動凶靜吉。而【靜】不是不做事，而是努力去取得眾信。

💰財運投資

財運投資要慎重。再三與眾人商議後才可行。

❤愛情婚姻

愛情婚姻要得眾人祝福，方可得良緣。

💼工作事業

工作事業講究誠信。必須祭納雅言，再三商議，如此可成。

䷰【革】卦 九四 悔恨已消 改革必成（吉）

爻辭原文：悔亡 有孚 改命吉

解釋：【革】卦四爻是陽爻，故稱九四。

爻辭曰：

悔亡 有孚 改命吉。【革】卦乃【改革】【革命】之意。然而改革並非一蹴可幾，首先要勇於改革，以昭誠信。再者須廣納意見，不可急躁，如此則吉。此句是說如今悔恨已經消除，取得眾人信服，可以實行改革了，如此乃吉。

此卦是說悔恨已消，眾望所歸，所以改革必成。故此乃吉卦。

★整體運勢

時機成熟，諸事皆宜。尤其改變，改革之事，更是大吉。

財運投資

財運佳，投資宜。改變開始收到成果。吉。

♥愛情婚姻

愛情婚姻有改變之後可成之象。吉。

工作事業

工作事業改革有成，可以開始收穫。吉。

䷰【革】卦 九五 改革必成 眾心歸附（吉）

爻辭原文：大人虎變 未占有孚

解釋：【革】卦五爻是陽爻，故稱九五。

爻辭曰：

大人虎變。【虎變】是說老虎在春夏之時，因為天氣熱會掉毛。秋冬之際天氣轉冷，因而會長出新毛，而且長出的新毛越發燦爛美麗。此句是說大人改革成功，局勢越來越好。

未占有孚。【占】是【占卜】。【孚】一般在〈易經〉中解釋為【誠信】，此解為【應驗】更加貼切。此句是說還沒占卜就知道改革必會應驗。

此卦是說改革必成，眾心歸附。因而此乃吉卦。

★整體運勢

運勢大旺。不必問就知道，大吉大利，諸事可成。

財運投資

財運極強，投資人好。簡直就是連投資什麼都不知道也會賺的意思。

愛情婚姻

愛情婚姻雖然可能有變，然而還是吉事。

工作事業

工作事業煥然一新，要風得風，要雨得雨，大大興旺。

䷰【革】卦 上六 改革既成 休養生息（動凶靜吉）

爻辭原文：君子豹變 小人革面 征凶 居貞吉

解釋：【革】卦上爻是陰爻，故稱上六。

爻辭曰：

君子豹變。【豹變】是說豹子在春夏之時，因為天氣熱會掉毛。秋冬之際天氣轉冷，因而會長出新毛，而且長出的新毛越發燦爛美麗。此句是說君子改革已經成功。

小人革面。此句是說連小人都受君子感召，洗心革面。

征凶 居貞吉。此句字面上意思是說急進出征則凶，安居靜守則吉。比喻改革既然已經成功，就要開始讓人民休養生息了。

此卦是說改革既成，就要讓人民休養生息。因而是動凶靜吉之卦。

★整體運勢

運勢一動不如一靜。功業已成，只可守成，莫再進攻。

財運投資

財運投資須慎。代表獲利已豐，維持原貌即可，別再冒進。

♥愛情婚姻

愛情婚姻維持原貌即可，無須改變，如此則吉。

工作事業

工作事業戰果豐碩。此刻以守成為上。吉。

第五十卦 ䷱「火風鼎」烹飪之功 吉莫大焉（大吉）

卦辭原文：元吉 亨

解釋：元吉 亨。此句是說大吉，亨通。

【鼎】卦卦象下卦風上卦火。風得火風越強，火得風火越熾。所以舉凡風與火湊在一起的卦，都是吉祥之卦。例如「風火家人」卦與本卦「火風鼎」。

【鼎】是古代的食器。民以食為天，因而【鼎】卦象徵衣食無虞。另外相傳周天子鑄九鼎以喻九州，所以鼎也代表權力祿位。

此卦是說【鼎】卦乃大吉亨通之卦。故本卦大吉之卦無虞。

★整體運勢

運勢火熱強旺。火得風火越熾。衣食無虞，富貴綿延。大吉。

財運投資

財運極佳，投資大好。投資火熱，收穫必豐。大吉。

♥愛情婚姻

愛情婚姻主富貴之家。衣食無缺，名位貴重。大吉。

工作事業

工作事業蒸蒸日上，火紅得不得了。大吉。
餐飲業最旺。

䷱【鼎】卦 初六 因禍得福 母憑子貴（先凶後吉）

爻辭原文：鼎顛趾 利出否 得妾以其子 無咎

解釋：【鼎】卦初爻是陰爻，故稱初六。

爻辭曰：

鼎顛趾。初爻在整個六爻最下面，因而用腳趾形容。此句是說把鼎倒過來。

利出否。此句是說把鼎裡面舊的髒物倒出來。

得妾以其子 無咎。此句是說取得小妾，生了兒子。沒有咎害。

此卦是說鼎弄倒了，本來是件壞事，然而卻也把鼎裡面得髒東西連帶倒了出來。就像小妾本來是沒什麼地位的，但是因為生了兒子，母憑子貴。

本卦也就是說因禍得福，母憑子貴。因而此卦乃先凶後吉之卦。

★整體運勢

運勢開低走高。有逢凶化吉之勢，自此可以轉敗為勝。

財運投資

運勢漸好，投資小心。有先小賠，然後大賺的趨勢。

愛情婚姻

愛情婚姻主生貴子。此子帶財帶祿位，一掃陰霾。吉。

工作事業

工作事業因禍得福。自此一帆風順。吉。

䷱【鼎】卦 九二 人有實力 小人退散（吉）

爻辭原文：鼎有實 我仇有疾 不我能即 吉

解釋：【鼎】卦二爻是陽爻，故稱九二。

爻辭曰：

鼎有實。二爻代表鼎中的食物。此句是說鼎中有食物，也象徵人有實力。

我仇有疾 不我能即 吉。此句字面上意思是說我的仇家有疾病，所以不能靠近我，因而為吉。比喻小人退散，不能侵犯我，這是吉事。

此卦是說我方有實力，敵方勢力變弱，小人退散，因而可以獲吉。所以此乃吉卦。

★整體運勢

運勢漸旺。小人退散，君子得勢，如此事無不成。吉。

財運投資

財運強，投資吐。【鼎有實】，可以獲利也。吉。

❤愛情婚姻

愛情婚姻主怨偶不合。還要注意身體健康。化解不諧關係，則吉。

工作事業

工作事業敵消我長。正是大舉開拓疆土時刻。吉。

䷱【鼎】卦 九三 鼎以耳行 革則難行（先凶後吉）

爻辭原文：鼎耳革 其行塞 雉膏不食 方雨虧悔 終吉

解釋：【鼎】卦三爻是陽爻，故稱九三。

爻辭曰：

鼎耳革 其行塞。【鼎耳】是鼎上兩洞，看起來像耳洞。大鼎要用棒子穿過鼎耳才能抬走，棒子叫【鉉】。【革】是【把鉉抽走】，也暗喻【變革】。此句是說把鉉從鼎耳抽走，鼎就無法讓人抬走了。

雉膏不食 方雨虧悔 終吉。【雉】是【雉雞】。【雉膏】是指【美食】。此句是說吃不到美食了。所幸最後陰陽交合之後而雨下，也代表事情露出曙光。悔恨漸漸減少，最終可以獲吉。

此卦是說鼎是用耳走路，如果鼎耳革就走不了，凶。比喻現階段不宜變革，要維持原狀。才能轉變為吉。因而此卦是先凶後吉之卦。

★整體運勢

整體運勢由凶轉吉。但是此刻不宜有所改變，應該不動為宜。

💰財運投資

財運投資要謹慎。現階段不宜有所改變策略，如此以待後吉。

❤愛情婚姻

愛情婚姻有改變後悔之嫌，宜慎。

💼工作事業

工作事業恐有變革之事，不宜。宜按兵不動則吉。

䷱【鼎】卦 九四 整鍋打翻 臣失其道（凶）

爻辭原文：鼎折足 覆公餗 其行渥 凶

解釋：【鼎】卦四爻是陽爻，故稱九四。

爻辭曰：

鼎折足。此句是說鼎腳斷了，鼎顛覆了。

覆公餗。【餗】是【食物】。此句是說把王公的食物打翻了。

其行渥 凶。【行渥】有二解：一是說把王公身上都弄濕了。二是做【刑剭】，指在室內執行的刑罰。然而兩說都指犯大錯，故凶。

此卦是說把王公的食物整鍋打翻了，比喻臣失其道。因而此卦乃為凶卦。

★整體運勢

運勢惡劣。小則貶斥，大則傷身，凶。宜慎。

💰財運投資

財運差，投資不可。人身安全都可能出問題了，談何投資？

❤愛情婚姻

愛情婚姻傷痕累累。並且要小心腳的疾病。凶。

💼工作事業

工作事業有顛覆之象，岌岌可危。還要小心自身安全。凶。

䷱【鼎】卦 九五 位居尊貴 貞正則吉（吉）

爻辭原文：鼎黃耳 金鉉 利貞

解釋：【鼎】卦五爻是陽爻，故稱九五。

爻辭曰：

鼎黃耳 金鉉。鼎最上面有兩個洞，看起來像耳洞，因而叫【鼎耳】。大的鼎要用棒子穿過鼎耳才能抬走，此棒子叫【鉉】。此句是說鼎耳跟鉉都是黃金打造的，比喻身分尊貴。

利貞。此句是說貞正行事，則吉。

此卦是說位居尊貴，貞正則吉。因而是個吉卦。

★整體運勢

運勢大好。身分尊貴，富貴之家。宜行正道，可保長久。吉。

💰 財運投資

財運好。投資宜。大戶出手，獲利必豐。吉。

❤ 愛情婚姻

愛情婚姻吉。主大富大貴之家。

💼 工作事業

工作事業飛黃騰達。名利雙收之兆。吉。

䷱【鼎】卦 上九 剛柔並濟 大富大貴（大吉）

爻辭原文：鼎玉鉉 大吉 無不利

解釋：【鼎】卦上爻是陽爻，故稱上九。

爻辭曰：

鼎玉鉉。鼎最上面有兩個洞，看起來像耳洞，因而叫【鼎耳】。大的鼎要用棒子穿過鼎耳才能抬走，此棒子叫【鉉】。此句是說鉉是玉打造的，比喻身分尊貴。

大吉 無不利。此句是說大吉大利，無往不利。

此卦比起五爻的【鼎黃耳 金鉉】還要更上一層樓，因為五爻的鉉是用黃金打造，這邊是用更高級的玉所打造。而且金屬剛，而玉性堅剛，色溫潤，正是剛柔並濟，所以更勝一籌。

因而此卦剛柔並濟，大富大貴。乃大吉之卦也。

★整體運勢

運勢直到顛峰。剛柔並用，則可戰無不勝，攻無不克。大吉之卦。

財運投資

財運大好，投資大發。投資無往不利之象，大吉。

❤愛情婚姻

愛情婚姻大富大貴之象。金玉良緣也。大吉。

工作事業

工作事業一飛衝天。尤記須恩威並施，自可無往不利。大吉。

第五十一卦 ䷲「震為雷」戒慎恐懼 談笑自如（平）

卦辭原文：亨 震來虩虩 笑言啞啞 震驚百里 不喪匕鬯

解釋：亨 震來虩虩 笑言啞啞。【虩】是叫【蠅虎】的蟲，易受驚嚇，【虩虩】是形容【驚懼的樣子】。【啞啞】是形容【和樂的樣子】。此句是說亨通。突然打雷難免受驚嚇。但是習慣雷聲後自然相視而笑。

震驚百里 不喪匕鬯。【匕】是【勺子】。【鬯】是一種植物古名叫【鬱金】，也就是【薑黃】，用來添加在酒裡面做成香料酒，此酒專供祭祀用。此句是說打雷威力強大，百里之內都受驚嚇。然而吾人卻不為所動，還是安然地繼續在祭祀。比喻泰山崩於前而面不改色。

此卦是比喻人有憂患意識，戒慎恐懼，就算有危機，也能談笑自如，如此就能亨通。此卦吉凶在於個人作為，因而乃平卦。

★整體運勢

運勢如春雷發動，漸漸強盛。但是要戰戰兢兢以對，自可獲吉。

財運投資

財運投資在乎個人作為。穩健的策略為先。

愛情婚姻

愛情婚姻春雷動，打得火熱。宜。

工作事業

工作事業生氣蓬勃。戒慎恐懼以對，則事事皆吉。

☳【震】卦 初九 戒慎恐懼 談笑風生（吉）

爻辭原文：震來虩虩 後笑言啞啞 吉

解釋：【震】卦初爻是陽爻，故稱初九。

爻辭曰：

震來虩虩 後笑言啞啞 吉。【虩】是叫【蠅虎】的蟲，易受驚嚇，【虩虩】是形容【驚懼的樣子】。【啞啞】是形容【和樂的樣子】。此句是說突然打雷難免受驚嚇。但是習慣雷聲後自然相視而笑，吉。

此卦比喻人有憂患意識，戒慎恐懼，就算有危機，也能談笑自如，如此就能就能獲吉。此初爻與【震】卦卦辭的區別在於多了一個【後】字。正是在特別強調【先】戒慎恐懼，【後】可談笑風生而獲吉。因而此卦為吉卦。

★整體運勢

運勢如雷興旺。凡事戒慎恐懼以對，自然可以得吉。

財運投資

財運旺，投資宜。穩健可獲利之兆也。

愛情婚姻

愛情婚姻有小小驚嚇，然後可得和樂。吉。

工作事業

工作事業春雷響驚蟄。生意盎然，百業興旺。吉。

䷲【震】卦 六二 恐有喪失 失而復得（平）

爻辭原文：震來厲 億喪貝 躋於九陵 勿逐 七日得

解釋：【震】卦二爻是陰爻，故稱六二。

爻辭曰：

震來厲。此句是說打雷的厲害。比喻危險。

億喪貝。【億】是【臆】【臆測】。【喪】是【喪失】。【貝】是【錢財】。此句是說可能會喪失錢財。

躋於九陵。【躋】是【登上】。此句是說爬上高山避難。

勿逐 七日得。此句是說不用去追，七日會失而復得。

此卦是說恐怕會有所喪失，但是會失而復得。因而此乃平卦。

★整體運勢

運勢不好。有所損失在所難免，所幸損失很快就能追回。

財運投資

財運不佳，投資不宜。若已投資，可能已損，所幸尚能追回。

❤愛情婚姻

愛情婚姻有失而復得之象。

工作事業

工作事業難免有所損失，很快可以追回，不用憂心。

䷲【震】卦 六三 謹慎行事 可以免災（平）

爻辭原文：震蘇蘇 震行無眚

解釋：【震】卦三爻是陰爻，故稱六三。

爻辭曰：

震蘇蘇。【蘇蘇】是【驚懼不安的樣子】。此句是說雷來時人難免害怕，驚懼不安。

震行無眚。【眚】是【人禍】。此句是說然而沒有災禍。

此卦是說謹慎行事，可以免災。因而是個平卦。

★整體運勢

運勢平平。小心駛得萬年船，斯可無災。

💰 財運投資

財運平，投資要慎。保本為上，其餘免談。

❤ 愛情婚姻

愛情婚姻頗有周折，不宜。

💼 工作事業

工作事業小有危機，所幸能安然度過。

䷲【震】卦 九四 陷於淤泥 無法自拔（凶）

爻辭原文：震遂泥

解釋：【震】卦四爻是陽爻，故稱九四。

爻辭曰：

震遂泥。【遂】是【至】。此句是說雷來時驚嚇到掉進泥中。

此卦是說驚嚇過度，比喻時運不好，猶如陷於淤泥，無法自拔。

本卦雖然爻辭中未言凶，但是陷入困境危險已深，因而是個凶卦。

★整體運勢

運勢差，難以自拔。猶如陷入泥沼之中，寸步難行。凶。

💰 財運投資

財運極壞，投資不可。投資錢財則如掉入陷阱，有去無回。

❤ 愛情婚姻

愛情婚姻關係陷入泥濘。不可自拔。凶。

💼 工作事業

工作事業陷入危機。難以振作。凶。

䷲【震】卦 六五 困難重重 臨危而懼（先凶後吉）

爻辭原文：震往來厲 億無喪 有事

解釋：【震】卦五爻是陰爻，故稱六五。

爻辭曰：

震往來厲。此句是說雷來來往往，厲害得很。比喻危險。

億無喪。【億】是【臆】【臆測】。【喪】是【喪失】。此句是說可能沒有損失。

有事。此句是指有祭祀之事。〈易經〉中凡談及祭祀的時候，往往代表心誠則靈天賜福，所以是吉祥的。

此卦是說雖然困難重重，然而有憂患意識，能臨危而懼，反而能逢凶化吉。因而此卦乃先凶後吉之卦。

★整體運勢

運勢先凶後吉。雖有危機，可以化解，日漸得吉。

💰 財運投資

財運投資宜慎。投資情勢開低走高，漸漸明朗。

❤ 愛情婚姻

愛情婚姻有危機，無大礙。靜待日後之吉。

💼 工作事業

工作事業小有損失，然可無咎。靜待吉運來臨。

☳【震】卦上六 躁進則凶 靜守則吉（進凶靜吉）

爻辭原文：震索索 視矍矍 征凶 震不於其躬 於其鄰 無咎 婚媾有言

解釋：【震】卦上爻是陰爻，故稱上六。

爻辭曰：

震索索 視矍矍 征凶。【索】是【搜索】，【索索】是【害怕到四處搜索求助】。【矍】是【驚視】，【矍矍】是【害怕到四處驚視】。此句是說雷來時人害怕到四處看，比喻危險極大。此刻若是再急躁進攻，則凶。

震不於其躬 於其鄰 無咎。【躬】是【自身】。此句是說雷沒打中自己，而是打中鄰居，因而沒有咎害。

婚媾有言。【婚媾】指【喜事】。此句是說有喜事，大家開始說笑。

此卦是說躁進則凶，靜守則吉。因而乃進凶靜吉之卦。

★整體運勢

運勢端看個人作為。躁進則凶，靜守則吉。宜慎。

財運投資

財運投資穩健操作。以保本為上。

愛情婚姻

愛情婚姻保持原貌，一動不如一靜。

工作事業

工作事業以退為進，反而獲吉。

第五十二卦 ䷳「艮為山」兩不相見 該止則止（平）

卦辭原文：艮其背 不獲其身 行其庭 不見其人 無咎

解釋：艮其背 不獲其身。古之高莫過於山，凶莫過於水。人走到山下抬頭一看，原來山這麼高，於是心生畏懼而止步。因而【艮】為【山】，又為【止】。此句是說背在人身體後面，跟山是一樣不動的。而身體在前面，所以兩不相見。

行其庭 不見其人 無咎。此句是說走在庭院也遇不到他的人，也是形容兩不相見。然而如此沒有咎害。

此卦是說兩不相見，不該見就不要見，該停止就停止，如此可以沒有咎害。因而此乃平卦。

★整體運勢

運勢普通。切莫躁進，否則為凶。

財運投資

財運平平。投資宜保本，勿急進。

愛情婚姻

愛情婚姻該止則止，不可貿然應允。

工作事業

工作事業不可貪功進利，否則為凶。

䷳【艮】卦 初六 只宜靜守 不宜妄動（平）

爻辭原文：艮其趾 無咎 利永貞

解釋：【艮】卦初爻是陰爻，故稱初六。

爻辭曰：

艮其趾。古之高莫過於山，險莫過於水。人走到山下抬頭一看，原來山這麼高，於是心生畏懼而止步。因而【艮】為【山】，又為【止】。此句是說停止腳趾，亦即不動。

無咎 利永貞。此句是說如此就能沒有咎害。利於長久貞靜自守。

此卦是說只宜靜守，不宜妄動。本卦吉凶在於個人作法，因而此卦乃平卦。

★整體運勢

運勢端看個人作為。妄動則凶，靜守則無咎。慎之。

財運投資

財運投資宜靜不宜動。動則凶，靜則保全。

♥愛情婚姻

愛情婚姻保持原貌不動，無礙。

工作事業

工作事業切莫貪功躁進，否則為凶。

䷳【艮】卦 六二 只宜靜守 勿隨人動（動凶）

爻辭原文：艮其腓 不拯其隨 其心不快

解釋：【艮】卦二爻是陰爻，故稱六二。

爻辭曰：

艮其腓。古之高莫過於山，凶莫過於水。人走到山下抬頭一看，原來山這麼高，於是心生畏懼而止步。因而【艮】為【山】，又為【止】。【腓】是【小腿肚】。此句是說停止小腿，亦即不動。

不拯其隨 其心不快。此句是說別人動，也要勉強你一起動，弄得不太愉快。

此卦是說只宜靜守，勿隨人動。因而乃動凶之卦。

★整體運勢

運勢端看個人作為。妄動則凶，靜守則無咎。

財運投資

財運投資宜靜不宜動。千萬勿隨人動，否則為凶，靜則保全。

♥愛情婚姻

愛情婚姻一動不如一靜，無礙。

工作事業

工作事業靜守為最高指導原則。

䷳【艮】卦 九三 上下隔絕 該動則動（凶）

爻辭原文：艮其限 列其夤 厲 薰心

解釋：【艮】卦三爻是陽爻，故稱九三。

爻辭曰：

艮其限。古之高莫過於山，險莫過於水。人走到山下抬頭一看，原來山這麼高，於是心生畏懼而止步。因而【艮】為【山】，又為【止】。【限】是【上下隔絕之處】，此處指【腰】。此句是說停止腰，亦即不動。

列其夤 厲 薰心。【列】是【裂】。【夤】是【背】。此句是說上下隔絕不動的結果，有如把背撕裂，危厲痛心。

雖然【艮】卦的其一主旨是【止】，然而物有陰陽，不可能一輩子不動，該動之時還是要動，勉強不動反而有危險。因而此卦乃凶卦。

★整體運勢

運勢要順勢而為，不需勉強，該動則動，否則凶矣。

財運投資

財運投資一靜不如一動。不要墨守成規，該動則動。

♥愛情婚姻

愛情婚姻不要拘泥無謂規範。隨心而動，自可無咎。

工作事業

工作事業不要太拘泥世俗。想怎麼動就怎麼動。

䷳【艮】卦 六四 止其所止 獨善其身（平）

爻辭原文：艮其身 無咎

解釋：【艮】卦四爻是陰爻，故稱六四。

爻辭曰：

艮其身 無咎。古之高莫過於山，凶莫過於水。人走到山下抬頭一看，原來山這麼高，於是心生畏懼而止步。因而【艮】為【山】，又為【止】。此句是說停止身體，亦即不動。如此沒有咎害。

此卦是說止其所止，獨善其身，可以沒有咎害。因而此卦乃平卦。

★整體運勢

運勢一般。因而獨善其身才是上策，該止的時候就不要動。

財運投資

財運投資以保本為先。當止則止。

愛情婚姻

愛情婚姻獨善其身，一動不如一靜

工作事業

工作事業只求平順度過就好，顧全自己為宜。

䷳【艮】卦 六五 言語謹慎 則可無悔（平）

爻辭原文：艮其輔 言有序 悔亡

解釋：【艮】卦五爻是陰爻，故稱六五。

爻辭曰：

艮其輔。古之高莫過於山，凶莫過於水。人走到山下抬頭一看，原來山這麼高，於是心生畏懼而止步。因而【艮】為【山】，又為【止】。【輔】指【嘴巴】。此句是說停止嘴巴，亦即不要亂說話。

言有序 悔亡。此句是說說話有次序有條理，就不會帶來悔恨。

此卦是說言語謹慎，則可以無悔。因而此乃平卦。

★整體運勢

運勢平順。管住自己嘴巴，言語謹慎，如此則不會有悔。

財運投資

財運平，投資慎。千萬不要輕易聽信投資謠言，如此則無憂。

❤愛情婚姻

愛情婚姻小心花言巧語，謹慎觀察，自可無虞。

工作事業

工作事業謹言慎行，尤其有關商業機密須閉口，宜慎。

䷳【艮】卦 上九 敦厚樸實 不動如山（吉）

爻辭原文：敦艮 吉

解釋：【艮】卦上爻是陽爻，故稱上九。

爻辭曰：

敦艮 吉。古之高莫過於山，凶莫過於水。人走到山下抬頭一看，原來山這麼高，於是心生畏懼而止步。因而【艮】為【山】，又為【止】。【敦】指【敦厚】。此句是說敦厚樸實如山，不貪近利，耵此可以得吉。

此卦是說敦厚樸實，不動如山，則可以獲吉。因而此卦乃吉卦。

★整體運勢

運勢不差。然而勿求躁進，凡事紮實處之，敦厚樸實才是本。吉。

財運投資

財運好，投資宜。然而穩健的投資策略才是上策，勿貪近利。

❤愛情婚姻

愛情婚姻主樸實忠厚之家。吉。

工作事業

工作事業穩健經營。誠信做事，忠厚對人。吉。

第五十三卦 ䷴「風山漸」循序漸進 尤利出嫁（吉）

卦辭原文：女歸吉 利貞

解釋：女歸吉 利貞。【歸】：在古代女子以夫為家，故男曰娶，女曰歸。此句是說出嫁吉，有利堅貞。

【漸】卦是【循序漸進】之意。不可不進，然而也不能操之過急。整個【漸】卦六個爻是以【鴻】做比喻，形容人的運勢。鴻是大雁，乃候鳥。鴻遷徙有時，飛行有序，比喻人品高尚。一輩子只有一個配偶，象徵忠貞。因而婚禮時常用鴻鳥的羽毛做裝飾，代表忠貞。此卦卦辭【女歸吉 利貞】就是由此而來。

此卦是說行事做人循序漸進，則吉。出嫁亦吉。因而此乃吉卦。

★整體運勢

整體運勢極佳。人品端正，行事因循漸進，吉。

財運投資

財運佳，投資宜。獲利漸漸豐厚。吉。

愛情婚姻

愛情婚姻大吉。賢良淑德，百年好合，吉之極致。

工作事業

工作事業大展鴻圖，一飛衝天。吉。

䷴【漸】卦 初六 初出茅廬 沒有大礙（平）

爻辭原文：鴻漸於干 小子厲 有言無咎

解釋：【漸】卦初爻是陰爻，故稱初六。

爻辭曰：

鴻漸於干。整個【漸】卦六個爻是以【鴻】做比喻，形容人的運勢。鴻是大雁，乃候鳥。鴻遷徙有時，飛行有序，比喻人品高尚。一輩子只有一個配偶，象徵忠貞。【干】是【岸】。此句是說鴻鳥即將南飛遷徙時，會聚集在水岸邊喝水。

小子厲 有言無咎。小鳥初出茅廬沒有經驗，南飛遷徙是一段很艱辛的歷程。有時會犯錯。大鳥會教導規勸小鳥，因而不會有咎害。

此卦是說初出茅廬，經驗還不足，可能會遭受到言語的指責，但是沒有大礙。因而此卦乃平卦。

★整體運勢

運勢雖然危厲，但是初出茅廬學會教訓，不會有災。

財運投資

財運投資要慎。菜鳥宜聽老鳥意見，可以平順無憂。

❤愛情婚姻

愛情婚姻主女大男小，然而無憂，聽某嘴大富貴。

工作事業

工作事業經驗傳承，宜聽長官教誨，可以無礙。

䷴【漸】卦 六二 生活安樂 衣食無憂（吉）

爻辭原文：鴻漸於磐 飲食衎衎 吉

解釋：【漸】卦二爻是陰爻，故稱六二。

爻辭曰：

鴻漸於磐。整個【漸】卦六個爻是以【鴻】做比喻，形容人的運勢。鴻是大雁，乃候鳥。鴻遷徙有時，飛行有序，比喻人品高尚。一輩子只有一個配偶，象徵忠貞。【磐】是【大石】，比喻安穩。此句是說鴻鳥棲息在安穩的大石上。

飲食衎衎 吉。【衎衎】是【和樂的樣子】。此句是說快樂的吃吃喝喝，吉。

此卦是說生活安樂，衣食無憂。因而是吉卦。

★整體運勢

運勢極好。生活安逸，衣食無虞，吉。

💰 財運投資

財運佳，投資宜。獲利漸漸豐厚。吉。

❤ 愛情婚姻

愛情婚姻百年好合，衣食無憂，大吉。

💼 工作事業

工作事業日漸興旺。吃飽喝足，富貴之象。吉。

䷴【漸】卦 九三 運途不順 宜守勿攻（凶）

爻辭原文：鴻漸於陸 夫征不復 婦孕不育 凶 利禦寇

解釋：【漸】卦三爻是陽爻，故稱九三。

爻辭曰：

鴻漸於陸。整個【漸】卦六個爻是以【鴻】做比喻，形容人的運勢。鴻是大雁，乃候鳥。鴻遷徙有時，飛行有序，比喻人品高尚。一輩子只有一個配偶，象徵忠貞。此句是說鴻鳥棲息在陸地上。

夫征不復 婦孕不育 凶。此句是說丈夫出征還沒回來，太太懷孕生小孩卻不養育，如此為凶。

利禦寇。此句是說鴻鳥在棲息時，會派出崗哨守衛，避免敵人來襲。暗喻夫婦也要像鴻鳥一樣團結和諧。

此卦是說目前運途不順，宜守勿攻，否則為凶。因而此乃凶卦。

★整體運勢

運勢極差。特別要小心人身安全，諸事不宜。只能靜守以待。

財運投資

財運差，投資不可。還要慎防有人藉投資之名行騙。

愛情婚姻

愛情婚姻凶。夫出門不回，妻懷孕不育，何以為家？

工作事業

工作事業宜守勿攻。還要防偷盜之事。凶。

䷴【漸】卦 六四 隨遇而安 可以無咎（平）

爻辭原文：鴻漸於木 或得其桷 無咎

解釋：【漸】卦四爻是陰爻，故稱六四。

爻辭曰：

鴻漸於木。整個【漸】卦六個爻是以【鴻】做比喻，形容人的運勢。鴻是大雁，乃候鳥。鴻遷徙有時，飛行有序，比喻人品高尚。一輩子只有一個配偶，象徵忠貞。此句是說鴻鳥棲息在樹木上。

或得其桷 無咎。【桷】是【大而平的樹枝】。可能會棲息在平坦的樹枝上，如此可以無咎。

此卦是說鴻是水鳥，本來不會棲息在樹上，如今為何在樹上？這是比喻因為失去棲身之所，沒辦法只能隨遇而安，如此可以無咎。因而此乃平卦。

★整體運勢

運勢不好。所以人要隨遇而安，淡然處之，可以沒有咎害。

財運投資

財運投資不宜。棲身之所尚無，何來投資？

❤愛情婚姻

愛情婚姻不可。有流離失所之象，要慎。

工作事業

工作事業隨遇而安，暫且忍耐度日，以待後福。

䷴【漸】卦 九五 忠貞不二 得償所願（吉）

爻辭原文：鴻漸於陵 婦三歲不孕 終莫之勝 吉

解釋：【漸】卦五爻是陽爻，故稱九五。

爻辭曰：

鴻漸於陵。整個【漸】卦六個爻是以【鴻】做比喻，形容人的運勢。鴻是大雁，乃候鳥。鴻遷徙有時，飛行有序，比喻人品高尚。一輩子只有一個配偶，象徵忠貞。【陵】指【北陵】，雁門關上古稱之為北陵，乃鴻雁的老家。此句是說鴻鳥飛回老家了。

婦三歲不孕 終莫之勝 吉。此句是說雖然婦人三年未能懷孕，但還是沒人能取代她，可以跟丈夫白頭偕老，因而為吉。

此卦是說忠貞不二，最後可以得償所願。因而此乃吉卦。

★整體運勢

運勢好。忠貞不二，最終可以如願。吉。

財運投資

財運佳，投資宜。所投資之項目，終於可以回本獲利。

❤ 愛情婚姻

愛情婚姻吉。忠貞不二，得償所願。

工作事業

工作事業終於可以得償所願。吉。

䷴【漸】卦 上九 運勢正盛 大富大貴（大吉）

爻辭原文：鴻漸於陸 其羽可用為儀 吉

解釋：【漸】卦上爻是陽爻，故稱上九。

爻辭曰：

鴻漸於陸。整個【漸】卦六個爻是以【鴻】做比喻，形容人的運勢。鴻是大雁，乃候鳥。鴻遷徙有時，飛行有序，比喻人品高尚。一輩子只有一個配偶，象徵忠貞。此句是說鴻鳥棲息在陸地上。

其羽可用為儀 吉。此句是說因而婚禮時常用鴻鳥的羽毛做裝飾，代表忠貞。吉。

此卦是說運勢正盛，大富大貴。因而此乃大吉之卦也。

★整體運勢

運勢大吉。猶如上天賜福，大富大貴之象。

財運投資

財運極強，投資大好。必獲高利。大吉。

❤愛情婚姻

愛情婚姻主富貴之家，大吉大利。

工作事業

工作事業鴻圖大展之時。功成名就，名利雙收，大吉。

第五十四卦 ䷵「雷澤歸妹」須守婦道 躁進則凶（進凶）

卦辭原文：征凶 無攸利

解釋：征凶 無攸利。【征】乃【進】也，古代婚嫁女方必等男方先來求，而後女方答應才可成事。此【征】指的是女方主動，因而此處特指【私奔】。此句是說私奔乃凶，沒有任何好處。

【歸】：在古代女子以夫為家，故男曰娶，女曰歸。【妹】是【少女】之意。另外在古代姐姐出嫁，妹妹作為陪嫁，曰之【歸】。此乃【歸妹】卦之由來。【歸妹】卦六個爻即是以少女出嫁的各種情況，來形容人的運勢。

此卦是說女子須守婦道，若躁進則凶。因而此乃進凶之卦。

★整體運勢

運勢不佳。恐怕因躁進而肇禍，又要防男女私情，宜慎。

財運投資

財運不好，投資不可。【無攸利】沒有利益，何必投資？

愛情婚姻

愛情婚姻凶。特別謹慎防範私情。

工作事業

工作事業安分守矩行事，切莫躁進，否則必凶。

䷵【歸妹】卦 初九 命不如人 安守本分（小吉）

爻辭原文：歸妹以娣 跛能履 征吉

解釋：【歸妹】卦初爻是陽爻，故稱初九。

爻辭曰：

歸妹以娣。【歸】：在古代女子以夫為家，故男曰娶，女曰歸。【妹】是【少女】之意。另外在古代姐姐出嫁，妹妹作為陪嫁，曰之【歸】。此乃【歸妹】卦之由來。【歸妹】卦六個爻是以少女出嫁的情況形容運勢。【娣】字從弟從女，意思是【妹妹】，古代姐姐出嫁為妻，妹妹陪嫁為妾，此妹妹就稱為【娣】。此句意思是說妹妹陪嫁作為妾。

跛能履 征吉。【履】指【走路】。此句是說妾本來身分就矮人一截，好像跛腳走路一樣。然而只要不計較名位相夫教子，還是吉利的。

此卦是說雖然命不如人，但是安守本分。因而此乃小吉之卦。

★整體運勢

運勢雖不如人，但是後天努力依然可以出頭。吉。

💰財運投資

財運平平，投資宜慎。以稍微偏門項目較能獲利。

❤愛情婚姻

愛情婚姻雖出身低微，但是安守本分，終有出頭之日。

💼工作事業

工作事業先天不足為凶，但是後天努力轉而為吉。

YULIN

䷵【歸妹】卦 九二 身為偏室 只宜靜守（平）

爻辭原文：眇能視 利幽人之貞

解釋：【歸妹】卦二爻是陽爻，故稱九二。

爻辭曰：

眇能視。【眇】字從少從目，表示雖然看得見，但視力不好。不能正視，只能【偏視】。等同【偏室】，也就是【妾】。也比喻人先天運勢不好。

利幽人之貞。【幽人】是【幽靜之人】，此指【幽靜在閨房】。此句是說身為妾，就莫與人爭，貞靜自守才能得利。

此卦是說既然身為偏室，只宜靜守，不可躁動。因而此乃一平卦也。

★整體運勢

先天運勢比人差，後天宜貞靜自守，以待後運。

💰財運投資

財運欠佳，投資需慎。只適合暗中投資得利。

♥愛情婚姻

愛情婚姻先天不全，恐為小三。須靜守本分，以待後吉。

💼工作事業

工作事業暗中埋頭苦幹，終有出頭之一日。

䷵【歸妹】卦 六三 名位不符 緩時以待（平）

爻辭原文：歸妹以須 反歸以娣

解釋：【歸妹】卦三爻是陰爻，故稱六三。

爻辭曰：

歸妹以須 反歸以娣。【歸】：在古代女子以夫為家，故男曰娶，女曰歸。【妹】是【少女】之意。另外在古代姐姐出嫁，妹妹作為陪嫁，曰之【歸】。此乃【歸妹】卦之由來。【歸妹】卦六個爻是以少女出嫁的情況形容運勢。【須】字通【嬃】字，意思是【姐姐】。【娣】字從弟從女，意思是【妹妹】，古代姐姐出嫁為妻稱之【須】，妹妹陪嫁為妾稱為【娣】。此句是說原本想出嫁為正室妻，可惜無法如願，只能返回等待，再以妾的身分出嫁。

此卦是說名位不符，必須暫緩以待後運。因而此乃平卦。

★整體運勢

時機尚未成熟。宜暫時忍讓，寬心以待。

財運投資

財運未到，投資不宜。暫時等待，等到好時機來臨再進場。

❤愛情婚姻

愛情婚姻恐非名門正娶。宜寬緩以待，後運乃佳。

工作事業

工作事業名位不符，恐非長久。先退一步，海闊天空。

䷵【歸妹】卦 九四 良機未到 耐心等待（平）

爻辭原文：歸妹愆期 遲歸有時

解釋：【歸妹】卦四爻是陽爻，故稱九四。

爻辭曰：

歸妹愆期。【歸】：在古代女子以夫為家，故男曰娶，女曰歸。【妹】是【少女】之意。另外在古代姐姐出嫁，妹妹作為陪嫁，曰之【歸】。此乃【歸妹】卦之由來。【歸妹】卦六個爻是以少女出嫁的情況形容運勢。【愆】是【推遲】。此句是說出嫁的時機要推延。

遲歸有時。此句是說時機未到，必須耐心等待，不要急躁，以後必有好時機。

此卦是說良機未到，耐心等待。因而是個平卦。

★整體運勢

時機未到，不可躁進貪功，宜靜心守候，他日必有後福。

財運投資

財運平平，投資要等。等待好時機來臨才是王道。

♥愛情婚姻

【戲棚下站久人的】。目前不宜，以後必佳。

工作事業

工作事業以退為進，暫時保守以待時機成熟。

䷵【歸妹】卦 六五 身分高貴 且有賢德（吉）

爻辭原文：帝乙歸妹 其君之袂 不如其娣之袂良 月幾望 吉

解釋：【歸妹】卦五爻是陰爻，故稱六五。

爻辭曰：

帝乙歸妹。【歸】：在古代女子以夫為家，故男曰娶，女曰歸。【歸妹】卦六個爻是以少女出嫁的情況形容運勢。【帝乙】是商紂王之父，是個明君。此句是說帝王把女兒下嫁給有賢德之人。

其君之袂 不如其娣之袂良。【君】指【正室】。【袂】指【衣著】。【娣】是【妾】。此句是說正室的衣服還不如妾華麗。比喻正室賢良。

月幾望 吉。【月】代表【陰】。【幾】是【幾乎】。此句是說月亮接近滿月，比喻女人（陰）德性高尚，將滿而不盈滿，如此為吉。

此卦是說身分高貴，且有賢德。當然是個吉卦。

★整體運勢

運勢強旺。但必須謙卑待人，如此必可福澤綿延。吉。

財運投資

財運旺，投資宜。尤其低價的項目獲利更大。

❤愛情婚姻

愛情婚姻賢良淑德，天作之合，大吉。

工作事業

工作事業謙卑待人，任用賢才，吉。

䷵【歸妹】卦 上六 名不符實 不祥之兆（凶）

爻辭原文：女承筐無實 士刲羊無血 無攸利

解釋：【歸妹】卦上爻是陰爻，故稱上六。

爻辭曰：

女承筐無實。【女】：古代已嫁稱婦，未嫁稱女。【筐】是【籃子】，【承筐】指【祭祀時奉上祭品】。古代禮法甚嚴，祭祀時奉上祭品要由婦女執行，若由少女則不合禮法。此句表示名不符實。

士刲羊無血。【刲】是【殺】。此句是說殺羊，羊卻沒有流血。此乃不祥之兆。

無攸利。此句是說不會有任何利益。

此卦是說名不符實，不祥之兆。因而此乃凶卦。

★整體運勢

運勢惡劣，不祥之兆。諸事不宜，尤切忌攀附高位。凶。

財運投資

財運差，投資不可。【無實】，不會獲利。故投資不可。

❤愛情婚姻

愛情婚姻【無實】，沒有名分，沒有利益。凶。

工作事業

工作事業不成。特別不可名不符實。凶。

第五十五卦 ䷶「雷火豐」豐收無憂 如日方中（吉）

卦辭原文：亨 王假之 勿憂 宜日中

解釋：亨 王假之。【假】字在〈易經〉中都為【格】字，一般解釋為【至】。此句是說王來了，因而亨通。

勿憂 宜日中。此句是說不用憂慮，此刻正如日方中，運勢大好。

【豐】卦之【豐】字乃【大】之意。卦象上卦雷，下卦火，天雷勾動地火，一發不可收拾，豐收也。

此卦是說豐收無憂，運勢如日方中。因而乃吉卦。

★整體運勢

運勢如日方中。萬事皆宜，不用擔心。吉。

財運投資

財運佳，投資宜。投資必定豐收，不必想太多。吉。

♥愛情婚姻

愛情婚姻天作之合。又主富貴，吉。

工作事業

工作事業如日方中，豐收有望。吉。

䷶【豐】卦 初九 得遇貴人 往則有功（吉）

爻辭原文：遇其配主 雖旬無咎 往有尚

解釋：【豐】卦初爻是陽爻，故稱初九。

爻辭曰：

遇其配主。【配】者【匹配】也。此句是說得遇足以匹配的主人。

雖旬無咎。【旬】者【十日】也。此句是說配主招待，停留十日，不會有咎害。比喻貴人賞識。

往有尚。此句是說前往謀取功名，必建功獲賞。

此卦是說得遇貴人，往則有功。因而乃是吉卦。

★整體運勢

運勢佳。得遇貴人，獲其賞賜，可建功業。吉。

財運投資

財運佳，投資宜。或得貴人助，或有意外喜。吉。

愛情婚姻

愛情婚姻吉。立馬可以成事，遲則不佳。

工作事業

工作事業得貴人助，大有斬獲。有事則速戰速決為宜。

䷶【豐】卦 六二 日蔽雲中 宜誠待人（轉凶為吉）

爻辭原文：豐其蔀 日中見斗 往得疑疾 有孚發若 吉

解釋：【豐】卦二爻是陰爻，故稱六二。

爻辭曰：

豐其蔀。【蔀】是【遮蔽】。此句是說太陽被雲遮蔽。

日中見斗。此句是說大白天卻看得到北斗七星。比喻太陽無光。

往得疑疾。【疑疾】是【疑心病】，被人猜忌。此句是說若貿然前往容易被人猜忌。

有孚發若 吉。【孚】是【誠信】。此句是說必須先培養誠信再前往，如此才能得吉。

此卦是說日蔽雲中，人的運勢不好，此刻宜誠待人，才能化險為夷，進而獲吉。因而此卦乃轉凶為吉。

★整體運勢

運勢艱難。必先昭誠信，後可逢凶化吉。

財運投資

財運差，投資宜慎。運勢未開，必等運勢大開之際，投資始宜。

❤愛情婚姻

愛情婚姻如烏雲蔽日。開誠布公，誠信相待，可以化解危機。

工作事業

工作事業頗有障礙。誠信待人，得貴人助，可以轉凶為吉。

䷶【豐】卦 九三 白日無光 有凶無咎（平）

爻辭原文：豐其沛 日中見沬 折其右肱 無咎

解釋：【豐】卦三爻是陽爻，故稱九三。

爻辭曰：

豐其沛。【沛】是【遮蔽】。此句是說太陽被雲遮蔽。

日中見沬。【沬】是【北斗七星斗杓後小星】。此句是說大白天卻看得到北斗七星斗杓後小星。比喻太陽更黯淡無光。

折其右肱 無咎。此句是說右手受傷，但是沒有大礙。

此卦是說白日無光，可見運勢有多險惡，所幸最後有凶然無大咎。因而此乃平卦。

★整體運勢

運勢不佳。尤其要注意身體健康，人身安全。如此最後可以無恙。

💰 財運投資

財運差，投資不宜。若投資則【折其右肱】大傷也。

❤ 愛情婚姻

愛情婚姻傷痕累累。暫時忍讓，日後可以無礙。

💼 工作事業

工作事業運途不順。特別要防小人。注意健康安全。

䷶【豐】卦 九四 撥雲見日 得見貴人（吉）

爻辭原文：豐其蔀 日中見斗 遇其夷主 吉

解釋：【豐】卦四爻是陽爻，故稱九四。

爻辭曰：

豐其蔀。【蔀】是【遮蔽】。此句是說太陽被雲遮蔽。

日中見斗。此句是說大白天卻看得到北斗七星。比喻太陽無光。

遇其夷主 吉。【夷】是【對等】。此句是說遇到同樣有德性有志氣之主。如此為吉。

此卦是說撥雲見日，得見志同道合之貴人。因而此卦為吉。

★整體運勢

運勢由衰轉旺。撥雲見日，自此可以有一番作為。吉。

💰財運投資

財運投資否極泰來。正是開始收穫之時。吉。

❤愛情婚姻

愛情婚姻主良緣天賜。姻緣巧遇如天註定，吉。

💼工作事業

工作事業由谷底翻升。功成名就可期。吉。

䷶【豐】卦 六五 實至名歸 名利雙收（吉）

爻辭原文：來章 有慶譽 吉

解釋：【豐】卦五爻是陰爻，故稱六五。

爻辭曰：

來章。【章】是【美玉】【美好事物】。此句是說美好的事物都來了。

有慶譽 吉。此句是說有喜慶，有聲譽，當然是吉事。

【豐】卦之【豐】字乃【大】之意。卦象上卦雷，下卦火，天雷勾動地火，一發不可收拾，豐收也。

此卦是說大運已至，實至名歸，名利雙收。乃吉卦也。

★整體運勢

運勢大旺。諸事皆吉，有名有利，福莫大焉。吉。

財運投資

財運旺，投資宜。可以積極操作，無不獲利。

愛情婚姻

愛情婚姻天作之合。財富名聲兼備。吉。

工作事業

工作事業如有神助。事事可成，名利雙收。吉。

䷶【豐】卦 上六 由盛轉衰 連衰三年（凶）

爻辭原文：豐其屋 蔀其家 窺其戶 闃其無人 三歲不覿 凶

解釋：【豐】卦上爻是陰爻，故稱上六。

爻辭曰：

豐其屋。指蓋起高樓。比喻原本乃富貴之家。

蔀其家。【蔀】是【遮蔽】。此句是說又把家遮蔽起來。比喻開始沒落。

窺其戶 闃其無人。【闃】是【寂靜無聲】。此句是說從外面看進去，安安靜靜沒有人聲。

三歲不覿 凶。【覿】是【見】。此句是說三年都看不見人，凶。

此卦是說運勢由盛轉衰，而且要連衰三年。因而乃凶卦。

★整體運勢

運勢由盛轉衰。而且要小心人身安全。凶。

財運投資

財運大壞，投資不可。投資則丟下去之後看不見。凶。

❤ 愛情婚姻

愛情婚姻不可。家運敗落，親情離疏。凶。

工作事業

工作事業掉落谷底。小心健康安全。凶。

第五十六卦 ䷷「火山旅」旅居在外 柔和明辨（平）

卦辭原文：小亨 旅貞吉

解釋：小亨 旅貞吉。此句是說只能小小亨通。旅行在外，堅貞則吉。

【旅】卦即旅居在外之意。凡旅居在外不求大富大貴，但求平安順心便是吉。這就是為何卦辭僅有【小亨】之意。並且必須柔和待人，明辨事物，如此才能平安無災。

此卦是說旅居在外，應柔和待人，明辨是非。因而此乃平卦。

★整體運勢

運勢平平。廣結善緣，溫柔謙恭，無災便是福。

財運投資

財運普通，投資需慎。得小利即可止，莫貪大利

❤愛情婚姻

愛情婚姻流浪中。隨遇而安，堅貞自守，後必得吉。

工作事業

工作事業但求小亨，不求大利。謙卑柔順待人，則可平順。

䷷【旅】卦 初六 斤斤計較 咎由自取（凶）

爻辭原文：旅瑣瑣 斯其所取災

解釋：【旅】卦初爻是陰爻，故稱初六。

爻辭曰：

旅瑣瑣。【瑣瑣】是【小事】，此指【斤斤計較】。此句是說在旅途中斤斤計較。

斯其所取災。此句是說這就是導致災害的原因。

【旅】卦即旅居在外之意。凡旅居在外不求大富大貴，但求平安順心便是吉。並且必須柔和待人，明辨事物，如此才能平安無災。

此卦是說若斤斤計較，則必咎由自取。因而乃凶卦。

★整體運勢

運勢不佳。若人又太過計較，如此必惹災禍，宜慎。

💰財運投資

財運差，投資不可。若一意孤行貿然投資，則咎由自取。

❤愛情婚姻

愛情婚姻先天不佳，後天如若又愛計較，則凶矣。

💼工作事業

工作事業難成氣候。莫計較小事，否則大事難成，凶。

䷷【旅】卦 六二 有財有人 可以無憂（平）

爻辭原文：旅即次 懷其資 得童僕貞

解釋：【旅】卦二爻是陰爻，故稱六二。

爻辭曰：

旅即次。【旅】卦即旅居在外之意。凡旅居在外不求大富大貴，但求平安順心便是吉。並且必須柔和待人，明辨事物，如此才能平安無災。【即】是【就】。【次】是【住所】。此句是說旅途中終於找到落腳的地方。象徵安穩。

懷其資 得童僕貞。此句是說身上帶有錢財，又有忠心的書僮僕人。

此卦是說在旅行途中找到落腳處，並且有財有人，如此可以無憂。因而此乃平卦。

★整體運勢

運勢平順。有錢財，有幫手，如此可以不必憂慮。

財運投資

財運平，投資慎。得小利即止。

愛情婚姻

愛情婚姻生活無虞。平安度日即是福氣。

工作事業

工作事業有本錢，有幫手，自可平順度日。

䷷【旅】卦 九三 旅途遇險 人財兩失（凶）

爻辭原文：旅焚其次 喪其童僕 貞厲

解釋：【旅】卦三爻是陽爻，故稱九三。

爻辭曰：

旅焚其次。【旅】卦即旅居在外之意。凡旅居在外不求大富大貴，但求平安順心便是吉。並且必須柔和待人，明辨事物，如此才能平安無災。【次】是【住所】。此句是說旅途中住所燒掉了。

喪其童僕 貞厲。此句是說又喪失書僮僕人，如此危險矣。

此卦是說旅途遇險，人財兩失。因而此乃凶卦。

★整體運勢

運勢危急。人財兩失，尤其必須特別小心火關。凶。

財運投資

財運差，投資不可。凡投資猶如把錢送進火坑，有去無回。

❤愛情婚姻

愛情婚姻不可，否則人財兩失。凶。

工作事業

工作事業岌岌可危。並且要防意外災害，凶。

䷷【旅】卦 九四 未償所願 僅有小得（平）

爻辭原文：旅於處 得其資斧 我心不快

解釋：【旅】卦四爻是陽爻，故稱九四。

爻辭曰：

旅於處。【旅】卦即旅居在外之意。凡旅居在外不求大富大貴，但求平安順心便是吉。並且必須柔和待人，明辨事物，如此才能平安無災。【處】是【處所】。此句是說旅途中找到處所，比喻找到安身立命之地。

得其資斧。【資斧】是【錢財】。此句是說得到錢財。

我心不快。此句是說我心裡不太愉快，因為只得錢財，未得功名。

此卦是說未償所願，僅有小得。因而只是個平卦。

★整體運勢

大運尚未到來。所想所求未能全部如願，只有小得。

財運投資

財運投資未如預期，所幸亦有小收穫。

♥愛情婚姻

愛情婚姻難兩全。得其財，不得其名。

工作事業

工作事業沒魚蝦也好。未能大富大貴，然而小康無虞。

䷷【旅】卦 六五 一發命中 得償所願（吉）

爻辭原文：射雉 一矢亡 終以譽命

解釋：【旅】卦五爻是陰爻，故稱六五。

爻辭曰：

射雉 一矢亡。【雉】是【雉雞】，此比喻【祿位】。【矢】是【箭】。此句是說一發就命中雉雞，比喻功成名就。

終以譽命。此句是說最終獲得榮譽，可以安身立命。

此卦是說功名祿位，一發命中，手到擒來，終於得償所願。因而此乃吉卦。

★整體運勢

運勢強旺。終於可以如願，名利雙收。

💰財運投資

財運強，投資好。投資得償所願獲利。

❤愛情婚姻

愛情婚姻一發就中，天作之合，富貴之家。吉。

💼工作事業

工作事業得償所願，名利雙收，吉。

䷷【旅】卦 上九 樂極生悲 剛暴招凶（凶）

爻辭原文：鳥焚其巢 旅人先笑 後號咷 喪牛於易 凶

解釋：【旅】卦上爻是陽爻，故稱上九。

爻辭曰：

鳥焚其巢。此句是說鳥的巢被燒掉了，比喻人的處所被燒了。

旅人先笑 後號咷。此句是說旅居在外的人，先笑而後嚎啕大哭。

喪牛於易 凶。凡〈易經〉中談及【羊牛】,【羊】是【陽】，代表【剛強】。【牛】則代表【柔順】。【喪】是【喪失】。此句字面上是說很容易就把牛丟失了。比喻喪失陰柔，也就是太過剛暴。如此乃凶也。

此卦是說樂極生悲，剛暴招凶。當然是凶卦。

★整體運勢

運勢大壞，樂極生悲。小心火關，人身安全。宜柔順處事，或可免災。

💰財運投資

財運爛，投資不可。有先得小利，而後大損失之象。宜慎。

❤愛情婚姻

愛情婚姻先笑後哭。難得善終，凶。

💼工作事業

工作事業跌入谷底。小心火關與健康。凶。

第五十七卦 ☴「巽為風」積極進取 拜見貴人（小吉）

卦辭原文：小亨 利有攸往 利見大人

解釋：小亨 利有攸往 利見大人。此句是說小小亨通，有利前往追求利益，有利於晉見貴人。

【巽】卦上下卦皆為風，稱為【隨風巽】。風無孔不入，因而【巽】為【風】為【入】。而風行則草偃，【偃】乃【伏】也【順】也。故【巽】又為【伏】【順】，引申在人身上則為【謙卑】。

此卦是說積極進取，拜見貴人，可以小小亨通。因而此乃小吉之卦。

★整體運勢

運勢不差。適度謙卑做人處事，自有貴人相助而得吉。

財運投資

財運可，投資宜。求高手相助，必可獲利。

愛情婚姻

愛情婚姻隨遇而安。可得好對象。

工作事業

工作事業有貴人助。內心裡謙卑，外積極做事。吉。

䷸【巽】卦 初六 進退不決 必須果斷（平）

爻辭原文：進退 利武人之貞

解釋：【巽】卦初爻是陰爻，故稱初六。

爻辭曰：

進退。【巽】為【伏】為【順】，在人身上則為【謙卑】。然而若是謙遜過頭，就變成猶豫不決。故此句意思是進退不決。

利武人之貞。此句是說有利於像武人一樣剛毅果決。

此卦是說此刻進退不決，必須果斷才能得利。故此卦乃平卦。

★整體運勢

運勢在乎人為，剛毅果敢決事則吉，軟弱猶疑則凶。

財運投資

財運投資宜慎。快狠準是投資上策，切莫猶豫。

愛情婚姻

愛情婚姻主武人之象。亦即軍公職，抑或剛毅之人。

工作事業

工作事業猶豫者難成，剛毅果決者得成。

䷸【巽】卦 九二 優柔寡斷 神明保佑（吉）

爻辭原文：巽在床下 用史巫紛若 吉 無咎

解釋：【巽】卦二爻是陽爻，故稱九二。

爻辭曰：

巽在床下。【巽】為【伏】為【順】，在人身上則為【謙卑】。此句是說謙遜過了頭，變成卑遜到伏在床下。

用史巫紛若 吉 無咎。此句是說要求助種種卜筮的方法。也就是說求神明保佑，如此可以得吉而沒有咎害。

此卦是說為人優柔寡斷，只能神明保佑，可以得吉。因而此卦乃吉卦。

★整體運勢

運勢有如神助。無須太過優柔寡斷，剛毅而決才是王道。吉。

💰財運投資

財運佳，投資宜。買定就離手，不用想太多，必可獲利。

❤愛情婚姻

愛情婚姻天賜福。最好去求神明，拜祖先，吉。

💼工作事業

工作事業得天助。然而別忘天助自助者，勇敢行事莫猶豫，吉。

䷸【巽】卦 九三 卑之又卑 易招悔恨（小凶）

爻辭原文：頻巽 吝

解釋：【巽】卦三爻是陽爻，故稱九三。

爻辭曰：

頻巽 吝。【巽】卦上下卦皆為風，稱為【隨風巽】。風無孔不入，因而【巽】為【風】為【入】。而風行則草偃，【偃】乃【伏】也【順】也。故【巽】又為【伏】【順】，引申在人身上則為【謙卑】。此句是說太頻繁的謙遜，反而容易招來鄙吝。

此卦是說卑之又卑，反而易招悔恨。凡〈易經〉中用到【吝】字，代表是比較接近【凶】。因而此卦為小凶。

★整體運勢

運勢不佳。地位卑微，為人看輕。

財運投資

財運差，投資不可。投資乃為爭利，卑之又卑何以爭之？

♥愛情婚姻

愛情婚姻不可。主輕賤之格，不宜。

工作事業

工作事業不振。懦弱容易受人欺負，易生悔恨。

☴【巽】卦 六四 悔恨消失 大有所獲（吉）

爻辭原文：悔亡 田獲三品

解釋：【巽】卦四爻是陰爻，故稱六四。

爻辭曰：

悔亡 田獲三品。【田】是【田獵】。【三品】是比喻【收穫豐富】。此句是說悔恨消失，打獵大有斬獲。

【巽】卦上下卦皆為風，稱為【隨風巽】。風無孔不入，因而【巽】為【風】為【入】。而風行則草偃，【偃】乃【伏】也【順】也。故【巽】又為【伏】【順】，引申在人身上則為【謙卑】。又【巽】為【風】為【入】，風無孔不入，亦代表無利不獲。

此句是說悔恨消失，大有所獲。此卦爻辭中雖不言吉，但是吉兆顯明。因而乃吉卦。

★整體運勢

運勢極佳。悔恨不見，可以建功立業。吉。

財運投資

財運極好，投資適宜。【獲三品】，獲利頗豐也。

♥ 愛情婚姻

愛情婚姻可成正果。吉。

工作事業

工作事業功成名就。可以擴展經營項目，收入必豐。

☴【巽】卦 九五 剛正果斷 後勢看漲（大吉）

爻辭原文：貞吉 悔亡 無不利 無初有終 先庚三日 後庚三日 吉

解釋：【巽】卦五爻是陽爻，故稱九五。

爻辭曰：

貞吉 悔亡 無不利。此句是說堅貞則吉，悔恨消亡，無往不利。

無初有終。此句是說剛開始雖不被看好，最終卻是功成名就。

先庚三日 後庚三日 吉。十天干為【甲乙丙丁戊己庚辛壬癸】，先庚三日為【丁】，【叮嚀】也。後庚三日為【癸】，【揆度】也。此句是說事前再三告誡叮嚀，事後詳細調度，如此則吉也。

此卦是說剛正果斷，後勢看漲，最後可以功成名就。因而此乃大吉之卦。

★整體運勢

運勢平步青雲，後勢看漲，無往不利。大吉。

財運投資

財運大好，投資大賺。並且後勢看好一直賺。

愛情婚姻

愛情婚姻主大富大貴之象。天作之合，大吉。

工作事業

工作事業飛黃騰達。事無不利，積極開拓，必可獲大利。大吉。

䷸【巽】卦 上九 畏首畏尾 臨事不決（凶）

爻辭原文：巽在床下 喪其資斧 貞凶

解釋：【巽】卦上爻是陽爻，故稱上九。

爻辭曰：

巽在床下。【巽】為【伏】為【順】，在人身上則為【謙卑】。此句是說謙遜過了頭，變成卑遜到伏在床下。

喪其資斧 貞凶。【喪】為【喪失】。【資斧】作【齊斧】，【利斧】意，比喻剛毅武斷。此句是說不夠勇敢果決，因而為凶。

此卦是說畏首畏尾，臨事不決，錯失先機，故凶。所以此卦乃凶卦是也。

★整體運勢

運勢低迷，做人也低迷。畏首畏尾，這個怕那個怕，一事無成。凶。

財運投資

財運低，投資不可。否則就是喪失錢財，凶。

愛情婚姻

愛情婚姻懦弱無能，不可。成則必凶，宜慎。

工作事業

工作事業優柔寡斷，喪失先機，後悔莫及。凶。

第五十八卦 ䷹「兌為澤」和顏悅色 宜得眾心（吉）

卦辭原文：亨 利貞

解釋：亨 利貞。此句是說亨通，有利堅貞。

【兌】卦卦象上下卦都是【澤】。沼澤之地，乃土穰養分最豐富之地，也是植物生長最茂盛之地。於此地種植，亦能豐收，人們心裡就開心，因而【兌】為【澤】，又為【悅】，【喜悅】也。人民心裡喜悅，則不辭艱勞為社會國家賣命，此乃社稷之福也。另外孔夫子在詮釋此卦時說【兌】，君子以朋友講習。可見【兌】卦亦有朋友相助，互相切磋之意。

此卦是說和顏悅色，宜得眾心，眾志成城，則事無不成。因而此乃吉卦。

★整體運勢

運勢頗佳。和顏悅色待人，能得眾望，則事必可成。吉。

財運投資

財運佳，然投資宜慎。投資須仰仗他人相助，則必獲利也。

❤愛情婚姻

愛情婚姻有朋友變戀人之象。溫柔笑臉以待，感情長長久久。吉。

工作事業

工作事業有朋友相助，寬柔待人處事，笑臉迎人，事無不吉。

☱【兌】卦 初九 心平氣和 和氣生財（吉）

爻辭原文：和兑 吉

解釋：【兌】卦初爻是陽爻，故稱初九。

爻辭曰：

和兌 吉。此句是說和顏悅色，則無事不吉，吉。

【兌】卦卦象上下卦都是【澤】。沼澤之地，乃土穰養分最豐富之地，也是植物生長最茂盛之地。於此地種植，亦能豐收，人們心裡就開心，因而【兌】為【澤】，又為【悅】，【喜悅】也。人民心裡喜悅，則不辭艱勞為社會國家賣命，此乃社稷之福也。另外孔夫子在詮釋此卦時說【兌】，君子以朋友講習。可見【兌】卦亦有朋友相助，互相切磋之意。

此卦是說心平氣和，和氣生財。當然是個吉卦。

★整體運勢

運勢佳。凡事心平氣和，笑臉迎人，則事事獲吉。

財運投資

財運好，投資宜。投資如不戰而勝，可輕鬆獲利。吉。

❤愛情婚姻

愛情婚姻平和喜悅。溫文儒雅之風，吉。

工作事業

工作事業一派祥和。大家賺錢，一起開心。

䷹【兌】卦 九二 誠信相待 上下一心（吉）

爻辭原文：孚兌 吉 悔亡

解釋：【兌】卦二爻是陽爻，故稱九二。

爻辭曰：

孚兌 吉 悔亡。【孚】是【誠信】。此句是說有誠信，彼此心悅臣服，如此能獲吉，悔恨消亡。

【兌】卦卦象上下卦都是【澤】。沼澤之地，是植物生長最茂盛之地。於此地種植，亦能豐收，人們心裡就開心，因而【兌】為【澤】，又為【悅】，【喜悅】也。人民心裡喜悅，則不辭艱勞為社會國家賣命，此乃社稷之福也。另外孔夫子在詮釋此卦時說【兌】，君子以朋友講習。可見【兌】卦亦有朋友相助，互相切磋之意。

此卦是說誠信相待，上下一心，自然可以獲吉。因而此乃吉卦。

★整體運勢

運勢大好。眾志成城，上下一心，有吉利無悔恨。吉。

財運投資

財運佳，投資好。朋友合作投資，獲利必豐。吉。

❤愛情婚姻

愛情婚姻天作之合。信實交往，開心過日子。

工作事業

工作事業合作無間。大家共享其利。吉。

☱【兌】卦 六三 巧言令色 討人歡心（凶）

爻辭原文：來兑 凶

解釋：【兌】卦三爻是陰爻，故稱六三。

爻辭曰：

來兌 凶。此句是說主動前來取悅，凶。

【兌】卦卦象上下卦都是【澤】。沼澤之地，乃土穰養分最豐富之地，於此地種植能豐收，人們心裡就開心，因而【兌】為【澤】，又為【悅】，【喜悅】也。人民心裡喜悅，則不辭艱勞為社會國家賣命，此乃社稷之福也。另外孔夫子在詮釋此卦時說【兌】，君子以朋友講習。可見【兌】卦亦有朋友相助，互相切磋之意。

此卦是說喜悅之由來，貴在誠心交往。如果是巧言令色，討人歡心，反而是凶。所以此乃凶卦也。

★整體運勢

運勢不佳。不切實務，專以巧言令色迎人，如此必凶。

💰財運投資

財運差，投資不宜。要小心花言巧語欺詐之人。

❤愛情婚姻

愛情婚姻不可。小心甜言蜜語其實是口蜜腹劍，凶。

💼工作事業

工作事業無法順遂。誠信優先，讒言不宜，凶。

䷹【兌】卦 九四 斟酌商量 則事圓滿（先凶後吉）

爻辭原文：商兌未寧 介疾有喜

解釋：【兌】卦四爻是陽爻，故稱九四。

爻辭曰：

商兌未寧。【商】是【商量】。【寧】是【安寧】。此句是說經過一番商量，來去未決，因而心中不寧。

介疾有喜。【介】是【堅固】。此句是說剛開始憂心忡忡，好像生病一樣。所幸後來事情得以解決，有如喜慶。

【兌】為【澤】，為【悅】【喜悅】。又孔夫子在詮釋此卦時說【兌】，君子以朋友講習。可見【兌】卦亦有朋友相助，互相切磋之意。

此卦是說遇事不知如何抉擇時，宜多斟酌商量，則事能圓滿獲吉。因而此乃先凶後吉之卦。

★整體運勢

運勢雖有危機，然多察納雅言，順勢而行，必能逢凶而化吉。

💰財運投資

財運投資宜慎。有先損而後獲利之象。

❤愛情婚姻

愛情婚姻先憂心，後得成。多方商量，必得圓滿。

💼工作事業

工作事業先苦後甘。凡事多聽別人意見而後行，如此則吉。

☱【兌】卦 九五 雖剝亦信 戒慎恐懼（平）

爻辭原文：孚於剝 有厲

解釋：【兌】卦五爻是陽爻，故稱九五。

爻辭曰：

孚於剝 有厲。【孚】是【誠信】。【剝】是【剝削】。此句是說在上位者誠信十足，在下者心悅臣服，甘願為其賣命。然而看在仁愛的上位者眼裡，這是在剝削下面的人，因而心感危厲。

【兌】為【悅】。人民心裡喜悅，則不辭艱勞為國家賣命，此乃社稷之福也。對於人民自己心裡而言這是【悅】，而在仁慈的君王看來，這是對人民的【剝】。所以君王心生危勵，戒慎恐懼，以保興旺。

此卦是說下面的人雖被剝削，亦心悅臣服，上位者宜戒慎恐懼，以保興旺。因而此乃平卦。

★整體運勢

運勢極強。然要小心物極必反，利益漸被剝削，要戰戰兢兢以對。

💰財運投資

財運投資宜慎。短空長多，先損小利，後得大利。

❤愛情婚姻

愛情婚姻雖然辛苦卻堅貞不移。苦中帶甜。

💼工作事業

工作事業堅信必將成功，因而心志不移。初有小損，後必大得。

☱【兌】卦 上六 吸引而來 不夠正當（平）

爻辭原文：引兌

解釋：【兌】卦上爻是陰爻，故稱上六。

爻辭曰：

引兌。此句是說用方法取悅吸引人前來，而不是人主動心悅臣服而來。

【兌】為【澤】，又為【悅】，【喜悅】也。人民心裡喜悅，則不辭艱勞為社會國家賣命，此乃社稷之福也。然而【兌】的可貴之處在於人心喜悅，自動前來投靠。若用花招吸引人前來，則未必是福。

此卦是說巧立名目，吸引人過來，方法不夠正當。因而此卦未置吉凶，僅為平卦。

★整體運勢

運勢平平。宜端正行為，不可巧立名目。取巧則有災。

財運投資

財運投資宜慎。不要輕信謠言，導致損失。

♥愛情婚姻

愛情婚姻嚴防私情，花言巧語取悅，可能另有文章。

工作事業

工作事業需正派行事，亦勿信讒言，防小人。

第五十九卦 ䷺「風水渙」難散福聚 冒險犯難（吉）

卦辭原文：亨 王假有廟 利涉大川 利貞

解釋：亨 王假有廟。〈易經〉中凡【假】字其實是【格】字，一般翻譯成【至】。此句是說亨通，君王到祖廟來。此亦比喻尊榮之極。

利涉大川 利貞。在古代高莫過於山，險莫過於水。冒險渡過大川所為何求？蓋因對岸有利可圖也。故【利涉大川】往往代表冒險追求高利。此句是說冒險犯難，追求厚利，堅持【渙】卦之道乃會得利。

【渙】即【渙散】【解散】之意，渙散危難。因而第一層意義是把舊的壞的人事物都解散掉。然而物極必反，渙散之後必會重聚。所以第二層意義是把新的好的人事物都重聚來。此乃【渙】卦之精義。

此卦是說難散福聚，可以冒險犯難，追求高利。因而乃吉卦。

★整體運勢

運勢漸旺。難散福聚，可以勇敢追求高利。吉。

財運投資

財運佳，投資好。有不如意之象一掃而空，開始獲利之象。

❤愛情婚姻

愛情婚姻苦盡甘來。壞的去，好的來。吉。

工作事業

工作事業漸漸爬升。又有貴人助，可以果敢去拚。吉。

䷺【渙】卦 初六 得貴人助 逢凶化吉（凶轉吉）

爻辭原文：用拯馬壯 吉

解釋：【渙】卦初爻是陰爻，故稱初六。

爻辭曰：

用拯馬壯 吉。【拯】是【拯救】。【馬壯】指【貴人】。此句是說得貴人相救，吉。

【渙】即【渙散】【解散】之意，渙散危難。因而第一層意義是把舊的壞的人事物都解散掉。然而物極必反，渙散之後必會重聚。所以第二層意義是把新的好的人事物都重聚來。此乃【渙】卦之精義。

此卦是說環境險惡，所幸有貴人相助，逢凶化吉。因而此卦乃凶轉吉之卦。

★整體運勢

運勢逢凶化吉。得貴人助，可以無虞。留心與馬相關之人事物。

財運投資

財運投資須謹慎。跟著高人走準獲利。留心與馬相關之人事物。

愛情婚姻

愛情婚姻主先苦後甘。吉。

工作事業

工作事業有貴人運，得以無憂。留心與馬相關之人事物。

䷺【渙】卦 九二 苗頭不對 趕快落跑（平）

爻辭原文：渙奔其機 悔亡

解釋：【渙】卦二爻是陽爻，故稱九二。

爻辭曰：

渙奔其機 悔亡。【機】者【幾】,【預兆】。此句是說渙散來臨之際，一看見徵兆，就要趕快跑了。如此悔恨才會消亡。

【渙】即【渙散】【解散】之意，渙散危難。因而第一層意義是把舊的壞的人事物都解散掉。然而物極必反，渙散之後必會重聚。所以第二層意義是把新的好的人事物都重聚來。此乃【渙】卦之精義。

此卦是說渙之難來時，見苗頭不對，就要趕快一走了之，以免後悔。因而此乃平卦。

★整體運勢

運勢平平。要洞燭機先，若見情勢不對，不可留戀，走為上策。

財運投資

財運投資不宜。宜退不宜進，保本為先。

❤愛情婚姻

愛情婚姻三十六計走為上策。留戀則有凶。

工作事業

工作事業以退為進，不要戀棧。該走就走，反而有好處。

䷺【渙】卦 六三 親身赴險 可以無悔（平）

爻辭原文：渙其躬 無悔

解釋：【渙】卦三爻是陰爻，故稱六三。

爻辭曰：

渙其躬 無悔。【躬】是【身】【自身】。此句是說要渙散危難，必得自己來。如此可以沒有悔恨。

【渙】即【渙散】【解散】之意，渙散危難。因而第一層意義是把舊的壞的人事物都解散掉。然而物極必反，渙散之後必會重聚。所以第二層意義是把新的好的人事物都重聚來。此乃【渙】卦之精義。

此卦是說渙之難來時，必須親身赴險，以渙散危難，如此則可以沒有悔恨。因而此乃平卦。

★整體運勢

運勢欠佳。然而勇敢挺身而出，危難自可迎刃而解。

💰 財運投資

財運差，投資不宜。投資就是自找苦吃。

❤ 愛情婚姻

愛情婚姻有犧牲自我，成全大局之象。

💼 工作事業

工作事業頗有危難，義無反顧跳進去救，如此沒有悔恨。

䷺【渙】卦 六四 解散朋黨 反成大業（大吉）

爻辭原文：渙其群 元吉 渙有丘 匪夷所思

解釋：【渙】卦四爻是陰爻，故稱六四。

爻辭曰：

渙其群 元吉。此句是說把舊的朋黨群眾渙散掉，如此大吉。

渙有丘 匪夷所思。【丘】形容【高大】。【匪】是【非】。【夷】是【常】。此句是說渙散之後，重聚的群眾，多的象山一樣。不可思議。

【渙】即【渙散】【解散】之意，渙散危難。因而第一層意義是把舊的壞的人事物都解散掉。然而物極必反，渙散之後必會重聚。所以第二層意義是把新的好的人事物都重聚來。此乃【渙】卦之精義。

此卦是說解散朋黨，反而更多新的好人會加入，反而會成大業，如此則大吉也。因而此乃大吉之卦。

★整體運勢

運勢漸旺。勇敢革除惡習，或擺脫舊的壞勢力，可以迎接新局。大吉。

財運投資

財運漸佳，投資適宜。不要怕危險，危機就是轉機。大吉。

❤愛情婚姻

愛情婚姻該斷則斷。捨不得孩子套不著狼。大吉。

工作事業

工作事業革弊換新，必有一番作為，大吉。

䷺【渙】卦 九五 君令如山 以身作則（吉）

爻辭原文：渙汗其大號 渙王居 無咎

解釋：【渙】卦五爻是陽爻，故稱九五。

爻辭曰：

渙汗其大號。【汗】是說身體流汗就不會再流回去了。比喻言出必行。【大號】是【大政令】。君王頒布大的政令，而且雷厲風行。

渙王居 無咎。【王居】是【君王住的地方】，比喻自身。此句是說大的政令一般布，君王自己先以身作則，如此可以沒有咎害。

【渙】即【渙散】【解散】之意，渙散危難。因而第一層意義是把舊的壞的人事物都解散掉。然而物極必反，渙散之後必會重聚。所以第二層意義是把新的好的人事物都重聚來。此乃【渙】卦之精義。

此卦是說君令如山，而且君王以身作則。此乃吉卦也。

★整體運勢

運勢大好，富貴之象。以身作則，鐵腕整頓，必獲吉也。

財運投資

財運佳，投資宜。投了就不要收回，必獲大利。

愛情婚姻

愛情婚姻主富貴之家。吉。

工作事業

工作事業諸事皆宜，雷厲風行，以身作則，必有所成。吉。

䷺【渙】卦 上九 困難消散 無須憂慮（平）

爻辭原文：渙其血去逖出 無咎

解釋：【渙】卦上爻是陽爻，故稱上九。

爻辭曰：

渙其血去逖出 無咎。【血】是【恤】【憂慮】。【逖】是【惕】【憂慮】。此句是說危難渙散，不須憂慮。可以沒有咎害。

【渙】即【渙散】【解散】之意，渙散危難。因而第一層意義是把舊的壞的人事物都解散掉。然而物極必反，渙散之後必會重聚。所以第二層意義是把新的好的人事物都重聚來。此乃【渙】卦之精義。

此卦是說困難消散，無須憂慮。因而乃平卦。

★整體運勢

運勢平順，災難已去，無須煩憂。

財運投資

財運可，投資慎。困難消散，穩健獲利。

♥愛情婚姻

愛情婚姻憂慮已去。自可平順。

工作事業

工作事業先前困難，盡已消去，無憂。

第六十卦 ䷻「水澤節」節制亨通 過猶不及（吉）

卦辭原文：亨 苦節不可貞

解釋：亨 苦節不可貞。此句是說亨通，但是若節制到自覺得苦，如此不好。也就是說節制過度了。

【節】卦之【節】字乃【節制】之意。卦象下卦澤上卦水。澤上有水，此澤就容易氾濫，因而必須加以節制。此乃【節】卦之由來。【節】卦的六個爻都在論述【節制的程度】與【運勢】的關係。

此卦是說適度的節制會亨通，然而過度節制猶如不及。此卦取適度節制之吉，故乃吉卦。

★整體運勢

運勢極好。凡事不多不少，剛剛好最好，中道即是王道。吉。

財運投資

財運投資宜。投資策略宜穩健，量入為出，吉。

愛情婚姻

愛情婚姻相輔相成。吉。

工作事業

工作事業穩健經營，必可獲利。

䷻【節】卦 初九 不宜躁進 只宜靜守（平）

爻辭原文：不出戶庭 無咎

解釋：【節】卦初爻是陽爻，故稱初九。

爻辭曰：

不出戶庭 無咎。此句是說不走出戶外，比喻節制嚴謹。如此可以沒有咎害。

【節】卦之【節】字乃【節制】之意。卦象下卦澤上卦水。澤上有水，此澤就容易氾濫，因而必須加以節制。此乃【節】卦之由來。【節】卦的六個爻都在論述【節制的程度】與【運勢】的關係。

此卦是說此刻節制必須嚴格一點，不宜躁進，只宜靜守，如此可以沒有災害。因而此乃平卦。

★整體運勢

運勢未開。凡事以靜守為宜，切莫躁進。

財運投資

財運平平，投資時機未到。抱住現金等待時機。

❤愛情婚姻

愛情婚姻則宜堅貞自守，不要躁進改變。

工作事業

工作事業以守為宜。躁進會有凶險，宜慎。

䷻【節】卦 九二 畏首畏尾 錯失良機（凶）

爻辭原文：不出門庭 凶

解釋：【節】卦二爻是陽爻，故稱九二。

爻辭曰：

不出門庭 凶。此句是說不走出門外，比喻節制太過度，變得軟弱不前，如此則凶。

【節】卦之【節】字乃【節制】之意。卦象下卦澤上卦水。澤上有水，此澤就容易氾濫，因而必須加以節制。此乃【節】卦之由來。【節】卦的六個爻都在論述【節制的程度】與【運勢】的關係。

此卦是說此刻節制必須鬆一點，如果綁手綁腳，畏首畏尾，容易錯失良機，故凶。因而此卦乃凶卦。

★整體運勢

運勢不差，可惜反而自己綁手綁腳，錯失良機。凶。

財運投資

財運投資錯失良機。該進不進，眼看錢從身邊溜過。

♥愛情婚姻

愛情婚姻過了這村沒有那店。良機已去，凶。

工作事業

工作事業該衝不衝，畫地自限，自取其咎。

䷻【節】卦 六三 毫無節制 可能招災（平）

爻辭原文：不節若 則嗟若 無咎

解釋：【節】卦三爻是陰爻，故稱六三。

爻辭曰：

不節若 則嗟若 無咎。【嗟】是【嘆氣】。此句是說若是毫不節制，只會招來怨嘆。然而只要改正，適度節制，則可以沒有咎害。

【節】卦之【節】字乃【節制】之意。卦象下卦澤上卦水。澤上有水，此澤就容易氾濫，因而必須加以節制。此乃【節】卦之由來。【節】卦的六個爻都在論述【節制的程度】與【運勢】的關係。

此卦是說若毫無節制，則可能招災。此卦吉凶在於個人節制的程度，因而為平卦。

★整體運勢

運勢平平。然而必須有節有度，量入為出，可以無災。

💰財運投資

財運平，投資要慎。若胡亂出手投資，恐會大賠。

❤愛情婚姻

愛情婚姻潔身自守，可以免災。

💼工作事業

工作事業要控管得宜，不知節制可能生災，宜慎。

䷻【節】卦 六四 安於節制 如意亨通（小吉）

爻辭原文：安節 亨

解釋：【節】卦四爻是陰爻，故稱六四。

爻辭曰：

安節 亨。此句是說安於節制，則亨通。

【節】卦之【節】字乃【節制】之意。卦象下卦澤上卦水。澤上有水，此澤就容易氾濫，因而必須加以節制。此乃【節】卦之由來。【節】卦的六個爻都在論述【節制的程度】與【運勢】的關係。

此卦是說安於節制，則如意亨通。此卦雖然爻辭中未言吉，然而安心又亨通，故列為小吉之卦。

★整體運勢

運勢不錯。諸事安心，自我節制，則可以亨通。

財運投資

財運投資宜。安心投資，穩健獲利。

愛情婚姻

愛情婚姻安穩度日，無須憂慮。

工作事業

工作事業穩健經營，安全無虞。

䷻【節】卦 九五 節制而樂 利於進取（吉）

爻辭原文：甘節 吉 往有尚

解釋：【節】卦五爻是陽爻，故稱九五。

爻辭曰：

甘節 吉 往有尚。此句是說甘於節制，則吉。前往進取有功。

【節】卦之【節】字乃【節制】之意。卦象下卦澤上卦水。澤上有水，此澤就容易氾濫，因而必須加以節制。此乃【節】卦之由來。【節】卦的六個爻都在論述【節制的程度】與【運勢】的關係。

此卦是說甘於節制，節制而樂，如此有利於進取，吉。因而此乃吉卦。

★整體運勢

運勢大好。猶如倒吃甘蔗，越來越甜，吉。

財運投資

財運佳，投資宜。獲利漸漸越來越好，吉。

愛情婚姻

愛情婚姻心甘情願，天作之合，又主富貴。吉。

工作事業

工作事業得償所願。苦盡甘來，必積極開拓，可得大利。

䷻【節】卦 上六 節制過度 過猶不及（凶）

爻辭原文：苦節 貞凶 悔亡

解釋：【節】卦上爻是陰爻，故稱上六。

爻辭曰：

苦節 貞凶 悔亡。此句是說節制過度以為苦，此乃凶。然而心裡無悔。

【節】卦之【節】字乃【節制】之意。卦象下卦澤上卦水。澤上有水，此澤就容易氾濫，因而必須加以節制。此乃【節】卦之由來。【節】卦的六個爻都在論述【節制的程度】與【運勢】的關係。

此卦是說節制過度，過猶不及，如此為凶。因而此乃凶卦。

★整體運勢

運勢困厄，不知道變通，如此會走入死胡同。凶。

財運投資

財運投資時機已過。

❤愛情婚姻

愛情婚姻辛苦度日，凶。

工作事業

工作事業窮苦，乃因不知通權達變。凶。

第六十一卦 ䷼「風澤中孚」誠信於心 冒險犯難（吉）

卦辭原文：豚魚吉 利涉大川 利貞

解釋：豚魚吉。【豚魚】曰【江豚】，外形像豬的魚。每當起風時，一定頭朝風來的方向舞動，俗稱【拜江豬】。因為必定頭朝風向，屢試不爽，因而變成【信實】的代表。此句是說誠信做人則吉。

利涉大川 利貞。古代險莫過於水。冒險渡過大川所為何求？因對岸有利可圖也。故【利涉大川】往往代表冒險追求高利。此句是說冒險犯難，追求厚利，堅持【中孚】卦之道乃會得利。

【中孚】卦之【中】乃【心中】，【孚】乃【誠信】。謂誠信是發自於心中，不是矯情做作。

此卦是說誠信於心，可以冒險犯難，追求高利，吉。此乃吉卦也。

★整體運勢

運勢大好。誠信做人，積極奮鬥，必得高利。吉。

財運投資

財運好，投資宜。可以追求高利。

♥愛情婚姻

愛情婚姻吉。誠心相待，百年好合。

工作事業

工作事業誠信為本。有誠信則諸事皆宜。吉。

䷼【中孚】卦 初九 堅持誠信 不忘初衷（吉）

爻辭原文：虞吉 有它不燕

解釋：【中孚】卦初爻是陽爻，故稱初九。

爻辭曰：

虞吉。【虞】者【安】也。此句是說安於【中孚】之道則吉。

有它不燕。【燕】者【安】也。此句是說若心有旁騖，則會不安穩。

【中孚】卦之【中】乃【心中】，【孚】乃【誠信】。謂誠信是發自於心中，不是矯情做作。

此卦是說要堅持誠信，不忘初衷，乃能得吉。因而此乃吉卦。

★整體運勢

運勢極好。講誠信，安於本分，則萬事皆吉。

財運投資

財運佳，投資宜。信心堅定不動搖，則獲利安穩。

♥愛情婚姻

愛情婚姻忠貞不二。平安圓滿。吉。

工作事業

工作事業堅守本位，誠信為本，則事事順利。吉。

䷼【中孚】卦 九二 同聲相應 有福同享（吉）

爻辭原文：鳴鶴在陰 其子和之 我有好爵 吾與爾靡之

解釋：【中孚】卦二爻是陽爻，故稱九二。

爻辭曰：

鳴鶴在陰 其子和之。此句是說大鶴在陰暗的地方鳴叫，小鶴也會自然的呼合。比喻默契與誠信。

我有好爵 吾與爾靡之。【爵】是【酒】。【糜】是【共】。此句是說我有好酒，當與你共享。比喻有福同享。

【中孚】卦之【中】乃【心中】，【孚】乃【誠信】。謂誠信是發自於心中，不是矯情做作。

此卦是說同聲相應，有福同享。此卦雖未言吉，然而福自在其中。因而此乃吉卦。

★整體運勢

運勢極好。而且不是自己好，是大家都好。吉。

財運投資

財運佳，投資宜。頗有獲利，大家共享。吉。

❤愛情婚姻

愛情婚姻大吉。琴瑟和鳴，百年好合。

工作事業

工作事業共享共榮。團隊默契佳，戰無不勝。吉。

䷼【中孚】卦 六三 進退無據 六神無主（小凶）

爻辭原文：得敵 或鼓或罷 或泣或歌

解釋：【中孚】卦三爻是陰爻，故稱六三。

爻辭曰：

得敵 或鼓或罷 或泣或歌。此句是說敵人來襲，我方一下子鳴鼓（代表攻擊），一下子又休兵。一下子哭，一下子又快樂唱歌。比喻亂了心神，六神無主。

此卦是說敵人來了，還進退無據，六神無主，如此堪虞。本卦爻辭中雖未言凶，然而敵人來了，還沒拿出辦法，前景堪虞。因而標示為小凶。

★整體運勢

運勢不佳。大敵當前，自當有所主張，不進不退，後果堪虞。

財運投資

財運不好，投資宜慎。投資策略不定，焉能有所獲利？

❤愛情婚姻

愛情婚姻舉棋不定。徬徨無助，不知悲喜。凶。

工作事業

工作事業唯唯諾諾。沒有主見豈會有成果？凶。

☴【中孚】卦 六四 無盈滿嫌 無朋黨累（小吉）

爻辭原文：月幾望 馬匹亡 無咎

解釋：【中孚】卦四爻是陰爻，故稱六四。

爻辭曰：

月幾望。【望】是【滿月】。此句是說將近滿月，將滿而未滿。【滿招損，謙受益】，所以【月幾望】乃最佳狀態。

馬匹亡 無咎。【馬匹】，兩馬為【匹】，因而此處是形容同類，朋友。【亡】是【消亡】。此句是說去掉朋黨的累贅。如此可以沒有咎害。

此卦是說沒有盈滿的嫌疑，也沒有朋黨累贅，如此不會有災害。本卦雖未言吉，但是【月幾望】代表運勢快到達顛峰，因而個人將之標為小吉之卦。

★整體運勢

運勢極佳。謙虛待人，大公無私，則事事如意。

財運投資

財運佳，投資宜。投資宜自我決斷，不宜聽信朋友之言。

♥愛情婚姻

愛情婚姻則要小心配偶人身安全，宜慎。

工作事業

工作事業無憂。內心虛懷若谷，對外大公無私，自然獲吉。

䷼【中孚】卦 九五 誠信相交 福氣綿延（吉）

爻辭原文：有孚攣如 無咎

解釋：【中孚】卦五爻是陽爻，故稱九五。

爻辭曰：

有孚攣如 無咎。【孚】是【誠信】。【攣】是【相牽連】。此句是說誠信相連而來，沒有災害。

【中孚】卦之【中】乃【心中】，【孚】乃【誠信】。謂誠信是發自於心中，不是矯情做作。

此卦是說誠信相交，福氣綿延。當然是個吉卦。

★整體運勢

運勢強盛。福氣綿延不絕而來，心想事成。吉。

財運投資

財運佳，投資好。最好找志同道合朋友共同投資，獲利更豐。

❤愛情婚姻

愛情婚姻天作之合。此乃有福同享之刻，吉。

工作事業

工作事業有志一同，齊心齊力，事事順利，吉。

䷼【中孚】卦 上九 雞非鳳凰 名不符實（凶）

爻辭原文：翰音登於天 貞凶

解釋：【中孚】卦上爻是陽爻，故稱上九。

爻辭曰：

翰音登於天 貞凶。【翰音】指【雞】。自古登天者乃鳳凰，雞何能登天？此比喻名不符實，如此則凶。

【中孚】卦之【中】乃【心中】，【孚】乃【誠信】。謂誠信是發自於心中，不是矯情做作。

此卦是說人無信實，沒有德行，卻妄想居高位。如同雞想做鳳，如此名不符實，則凶。因而此乃凶卦。

★整體運勢

運勢並非不好，然而貪功竊位，華而不實，自取其禍，凶。

💰財運投資

財運投資不可。獲利【只聞樓梯響，不見人下樓】無成。

❤愛情婚姻

愛情婚姻貪慕富貴，虛有其表。凶。

💼工作事業

好高騖遠，不切實際，做名與實不相符合之事，如此必凶也。

第六十二卦 ䷽「雷山小過」只宜小事 不可大事（平）

卦辭原文：亨 利貞 可小事 不可大事 飛鳥遺之音 不宜上宜下大吉

解釋：亨 利貞 可小事 不可大事。此句是說亨通，有利堅貞。然而只可做小事，大事必敗。

飛鳥遺之音。此句是說鳥飛得太高，因為危險而發出哀嚎聲音。

不宜上 宜下大吉。此刻不宜再往上飛了，往下才能平安獲吉。

【小過】卦，〈易經〉通例【陽為大，陰為小】。本卦四陰二陽，陰過於陽，因而稱【小過】，【小者過】也。

此卦是說只宜小事，不可大事。只宜向下，不宜向上。此卦吉凶在於個人行為，因而乃平卦。

★整體運勢

運勢要以退為進。小比大好，下比上好，把自己顧好最好。

財運投資

財運投資宜慎。求小利，不貪大利。

愛情婚姻

愛情婚姻平實就好，勿貪富貴。

工作事業

工作事業保守為宜。勿貪高位，平順度過最好。

䷽【小過】卦 初六 不自量力 凶險自招（凶）

爻辭原文：飛鳥以凶

解釋：【小過】卦初爻是陰爻，故稱初六。

爻辭曰：

飛鳥以凶。此句是說鳥飛太高則凶。

【小過】卦，〈易經〉通例【陽為大，陰為小】。本卦四陰二陽，陰過於陽，因而稱【小過】，【小者過】也。基本上此卦的主旨是只宜小事，不可大事。只宜向下，不宜向上。

此卦是說不自量力，凶險自招。因而此乃凶卦。

★整體運勢

運勢不佳。凡事須量力而為，不可勉強。若貪功急進，則凶。

財運投資

財運差，投資不宜。若投資只能求小利即止。

♥愛情婚姻

愛情婚姻切勿貪慕富貴，如此必凶。

工作事業

工作事業好高騖遠，不自量力，則凶大矣。

䷽【小過】卦 六二 求大得小 亦已足矣（平）

爻辭原文：過其祖 遇其妣 不及其君 遇其臣 無咎

解釋：【小過】卦二爻是陰爻，故稱六二。

爻辭曰：

過其祖 遇其妣。【妣】是【母】，比祖父輩分差一輩。此句字面上的意思是說錯過祖父，卻遇到母親。比喻所求者大，所得者小。

不及其君 遇其臣 無咎。此句字面上的意思是說沒碰到君王，卻遇到大臣。比喻所求者大，所得者小。然而沒有咎害。

【小過】卦，〈易經〉通例【陽為大，陰為小】。本卦四陰二陽，陰過於陽，因而稱【小過】，【小者過】也。基本上此卦的主旨是只宜小事，不可大事。只宜向下，不宜向上。

此卦是說雖然求大得小，但也要滿足了。因而此卦乃平卦。

★整體運勢

運勢平平。未能完全如願，但是起碼有收穫，也算不錯，要滿足。

財運投資

財運投資慎。勿求大利，得小利就要滿足。

♥愛情婚姻

愛情婚姻只求平順過日就好，勿貪富貴。

工作事業

工作事業無法事事如願。有收穫就該滿足。

䷽【小過】卦 九三 防人之心 進則必凶（凶）

爻辭原文：弗過 防之 從 或戕之 凶

解釋：【小過】卦三爻是陽爻，故稱九三。

爻辭曰：

弗過 防之。【弗】是【不】。此句是說不要主動過去求人，而且還要預防對方。

從 或戕之 凶。【戕】是【殺】。如果跟從對方，還可能被害，凶。

【小過】卦，〈易經〉通例【陽為大，陰為小】。本卦四陰二陽，陰過於陽，因而稱【小過】,【小者過】也。基本上此卦的主旨是只宜小事，不可大事。只宜向下，不宜向上。

此卦是說千萬不可強求，還要有防人之心，若進則必凶。因而此乃凶卦。

★整體運勢

運勢險惡。防人之心不可無，尤其小心人身安全。凶。

財運投資

財運差，投資不可。尤其切莫讓人牽著鼻子走，如此投資必敗。

❤愛情婚姻

愛情婚姻凶，不可。要嚴防非善良之輩。

工作事業

工作事業安分守及求自保。特別要防小人。

䷽【小過】卦 九四 靜待時機 不可躁進（動凶）

爻辭原文：無咎 弗過 遇之 往厲 必戒 勿用 永貞

解釋：【小過】卦四爻是陽爻，故稱九四。

爻辭曰：

無咎 弗過 遇之。此句是說沒有咎害，不要主動過去投靠，要等待時機自然相遇。

往厲 必戒 勿用 永貞。此句是說如果主動前往會有危厲，必須戒除此行為。千萬不可用，要長期保持靜守。

【小過】卦，〈易經〉通例【陽為大，陰為小】。本卦四陰二陽，陰過於陽，因而稱【小過】，【小者過】也。基本上此卦的主旨是只宜小事，不可大事。只宜向下，不宜向上。

此卦是說必須靜待時機，不可躁進，否則為凶。此卦乃動凶之卦。

★整體運勢

運勢一動不如一靜。必須靜待時機，急進必凶。

財運投資

財運差，投資不可。靜待好時機來臨再投。

愛情婚姻

愛情婚姻暫時不可。

工作事業

工作事業以退為進。堅守本位，如若貪功急進則凶。

䷽【小過】卦 六五 大事不宜 只可小事（平）

爻辭原文：密雲不雨 自我西郊 公弋取彼在穴

解釋：【小過】卦五爻是陰爻，故稱六五。

爻辭曰：

密雲不雨 自我西郊。此句是說雲層密布，可就是不下雨。因為風是從西方吹來。依照大陸的氣候，風向西向東，是由陸地吹向海洋，沒有帶水氣，因而不會下雨。此比喻時機未到，故不可大事。

公弋取彼在穴。【公】，〈易經〉通例中，大事稱王，小事稱公。【弋】是【弓箭】。此句字面上的意思是公侯用箭射困在穴中的小獵物。弓箭本來是用來射天上飛鳥，如今柿子挑軟的吃，表示只可小事。

此卦是說大事不宜，只可小事。因而此乃平卦。

★整體運勢

運勢普通。小事可成，大事必敗。宜慎。

財運投資

財運投資須慎重。只求小利，莫貪大功。

愛情婚姻

愛情婚姻莫貪富貴，只求平順。

工作事業

工作事業不求大功，只求小得，如此無恙。

䷽【小過】卦 上六 如欲強取 禍必自招（凶）

爻辭原文：弗遇 過之 飛鳥離之 凶 是謂災眚

解釋：【小過】卦上爻是陰爻，故稱上六。

爻辭曰：

弗遇 過之。此句是說沒有遇到，所以想主動過去投靠。

飛鳥離之 凶 是謂災眚。【災】是【天災】。【眚】是【人禍】。此句是說鳥高飛離地越來越遠，如此則凶。天災人禍一起來。

【小過】卦，〈易經〉通例【陽為大，陰為小】。本卦四陰二陽，陰過於陽，因而稱【小過】，【小者過】也。基本上此卦的主旨是只宜小事，不可大事。只宜向下，不宜向上。

此卦是說如欲強取，貪圖富貴，禍必自招。因而此乃凶卦。

★整體運勢

運勢本就不好，還要硬拚。如此咎由自取，天災人禍一起來，凶。

財運投資

財運極差，投資不可。天時人和皆沒有，投資必敗。

❤愛情婚姻

愛情婚姻凶。主分離之象。

工作事業

工作事業小心天災人禍。保全自己為最高指導原則。

第六十三卦䷾「水火既濟」事既完成 預防後患（吉）

卦辭原文：亨小 利貞 初吉終亂

解釋：亨小 利貞 初吉終亂。此句是說亨通者小也，小亦亨通，大就更不必說了，有利堅貞，開始吉最終亂。

【既濟】是【已經救濟】，說簡單點就是【事情既然已經完成】。然而萬事物極必反，事情既然已經完成，表示乃敗壞的開始，所以卦辭說【初吉終亂】。

此卦是說事既完成，必須預防後患。此卦大事已成，自然是吉卦。

★整體運勢

運勢頗佳。然而必須要有憂患意識，小心駛得萬年船。

財運投資

財運佳，投資仍須慎。投資要留後步，以防萬一。

♥愛情婚姻

愛情婚姻吉祥如意。但須防後患。

工作事業

工作事業達到高度。然而還需戰戰兢兢，不能懈怠。

䷾【既濟】卦 初九 受人箝制 功敗垂成（平）

爻辭原文：曳其輪 濡其尾 無咎

解釋：【既濟】卦初爻是陽爻，故稱初九。

爻辭曰：

曳其輪。此句是說輪子被拖曳住。比喻受人箝制。

濡其尾。【濡】是【濕】。此句是說弄濕了尾巴。比喻功敗垂成。

無咎。此句是說所幸最後沒有咎害。

【既濟】是【已經救濟】，說簡單點就是【事情既然已經完成】。然而萬事物極必反，事情既然已經完成，表示乃敗壞的開始，所以要特別小心防範。

此卦是說受人箝制，功敗垂成，所幸最後沒有災害。因而此乃平卦。

★整體運勢

運勢尚差。受人箝制，以至於功敗垂成，還好最後可以脫險。

財運投資

財運不佳，投資不宜。處處受制，故不宜投資。

❤愛情婚姻

愛情婚姻先困難，後平順。小心有人作梗。

工作事業

工作事業不如心意。頗有波折，幸而最後無恙。

䷾【既濟】卦 六二 不用憂心 失而復得（平）

爻辭原文：婦喪其茀 勿逐 七日得

解釋：【既濟】卦二爻是陰爻，故稱六二。

爻辭曰：

婦喪其茀。【茀】是【車上的障蔽】，此引申為【庇護】。此句是說女人失去了庇護。

勿逐 七日得。此句是說不用去追，七日內自可得到。

【既濟】是【已經救濟】，說簡單點就是【事情既然已經完成】。然而萬事物極必反，事情既然已經完成，表示乃敗壞的開始，所以要特別小心防範。

此卦是說不用憂心，失去的會復得到。因而此乃平卦。

★整體運勢

運勢平平。得失不必太憂心，失去會復得。

💰 財運投資

財運投資宜慎。先前投資所損，以後必將賺回。

❤ 愛情婚姻

愛情婚姻小有波折。失去庇護，會再找回來。

💼 工作事業

工作事業有失有得，失而復得，人生常態，不又太過憂心。

YULIN

䷾【既濟】卦 九三 刻苦耐勞 必有所成（平）

爻辭原文：高宗伐鬼方 三年克之 小人勿用

解釋：【既濟】卦三爻是陽爻，故稱九三。

爻辭曰：

高宗伐鬼方 三年克之。【高宗】是【殷高宗】。【鬼方】是【西羌】。此句是說殷高宗討伐西羌，三年才平定。

小人勿用。此句是說不可以任用小人。

【既濟】是【已經救濟】，說簡單點就是【事情既然已經完成】。然而萬事物極必反，事情既然已經完成，表示乃敗壞的開始，所以要特別小心防範。

此卦是說刻苦耐勞，必有所成。而且要防小人。因而此乃平卦。

★整體運勢

運勢刻苦耐勞方得成。要有耐心，積極奮鬥，後必可成。

財運投資

財運投資拉長戰線。投資長時間才可回收，切莫急躁。

愛情婚姻

愛情婚姻耐心等待，久必有成。

工作事業

工作事業辛苦奮鬥，千萬不要氣餒，後必可成。

䷾【既濟】卦 六四 今日富貴 戒慎恐懼（吉）

爻辭原文：繻有衣袽 終日戒

解釋：【既濟】卦四爻是陰爻，故稱六四。

爻辭曰：

繻有衣袽。【繻】是【華麗的衣服】。【袽】是【破舊的衣服】。此句是說華麗的衣服不善加保管，有一天也會變破舊的衣服。比喻現在富貴，要防範日後變成貧窮。

終日戒。此句是說要時時戒慎恐懼。

此卦是說今日富貴，然而要戒慎恐懼，以防家道中落。此卦仍屬吉卦，但是要戰戰兢兢以對，否則會轉凶。

★整體運勢

運勢尚佳。然而需有危機意識，安全措施。如此可以無虞。

財運投資

財運投資要謹慎。獲利已達高點，不宜再追。

❤ 愛情婚姻

愛情婚姻謂不可喜新厭舊。可保富貴。

工作事業

工作事業居安思危。要想好退路，可以無憂。

䷾【既濟】卦 九五 寧儉勿奢 心誠則靈（平）

爻辭原文：東鄰殺牛 不如西鄰之禴祭 實受其福

解釋：【既濟】卦五爻是陽爻，故稱九五。

爻辭曰：

東鄰殺牛。此句是說東邊的鄰居殺牛祭祀，祭禮厚重。

不如西鄰之禴祭 實受其福。【禴】者【薄祭】也。西邊的鄰居只是準備簡單的祭品祭祀。比喻心誠則靈，反而可以受天賜福。

此卦是說寧儉勿奢，心誠則靈。西方比東方好，弱方比強方好，節儉比奢侈好。此卦吉凶在乎個人作為，因而乃平卦。

★整體運勢

運勢有扭轉之象。強變弱，弱轉強。寧願節儉，不可奢侈。心誠則靈。

財運投資

財運投資需逆勢操作。挑弱不挑強，如此可獲利。

❤愛情婚姻

愛情婚姻心誠則靈。勿看眼前富貴。

工作事業

工作事業有扭轉乾坤之象。強的會變弱，弱的會變強。一消一長。心誠則靈，寧簡勿奢。

䷾【既濟】卦 上六 好運已極 既轉未濟（小凶）

爻辭原文：濡其首 厲

解釋：【既濟】卦上爻是陰爻，故稱上六。

爻辭曰：

濡其首 厲。【濡】是【濕】。此句是說弄濕頭，如此危厲。因為這次只是弄濕頭，不小心下次可能就滅頂。

【既濟】是【已經救濟】，說簡單點就是【事情既然已經完成】。然而萬事物極必反，事情既然已經完成，表示乃敗壞的開始。因而【既濟】卦下一卦緊接著就是【未濟】卦。

此卦是說好運已極，既濟即將轉未濟，必須謹慎。因而此卦爻辭雖未言凶，仍然是個小凶之卦。

★整體運勢

運勢已過。必須戒慎恐懼，時時小心，方可無災。

財運投資

財運投資不可。時運已過，不可再追。

❤愛情婚姻

愛情婚姻宜慎。不要輕言許諾。

工作事業

工作事業步步為營。要有危機意識，保守是上策。

第六十四卦 ䷿「火水未濟」時機未到 不利前進（平）

卦辭原文：亨 小狐汔濟 濡其尾 無攸利

解釋：亨 小狐汔濟。【汔】是【幾乎】。【濟】是【渡河】，引申為【救濟】。此句是說亨通，小狐狸想要自己渡過河，可惜差一點就成功了。

濡其尾 無攸利。【濡】是【濕】。此句是說還弄濕了尾巴，如此沒有任何利益。

【未濟】是【尚未救濟】，說簡單點就是【事情還沒有完成】。然而萬事物極必反，事情既然還沒有完成，表示還有很大的進步空間。

此卦是說時機未到，不利前進，躁進只是自找麻煩。此卦吉凶在於個人採取什麼措施？因而乃平卦。

★整體運勢

好運未到。暫時等待時機，不要躁進，以免遭凶。

財運投資

財運投資要暫緩。此刻若投資只是功敗垂成。

♥愛情婚姻

愛情婚姻不宜。時機不到，貿然行之有凶。

工作事業

工作事業保守以待。躁進則凶。

䷿【未濟】卦 初六 魯莽行事 重蹈覆轍（小凶）

爻辭原文：濡其尾 吝

解釋：【未濟】卦初爻是陰爻，故稱初六。

爻辭曰：

濡其尾 吝。【濡】是【濕】。此句是說弄濕了尾巴，如此會導致鄙吝。凡〈易經〉中用【吝】字，代表運勢接近凶。

【未濟】是【尚未救濟】，說簡單點就是【事情還沒有完成】。然而萬事物極必反，事情既然還沒有完成，表示還有很大的進步空間。

此卦是說小狐狸之前已經渡河失敗過，此番不死心又想渡河，結果還是失敗，弄濕尾巴。如此會招來悔恨。如此魯莽行事，重蹈覆轍，因而乃小凶之卦。

★整體運勢

運勢本就不好，而又魯莽行事，重蹈覆轍，咎由自取。

財運投資

財運差，投資不可。投資就像錢丟進水裡。

❤愛情婚姻

愛情婚姻諸多悔恨。宜慎視自己，避免重蹈覆轍。

工作事業

工作事業魯莽行事，功敗垂成，重蹈覆轍。凶。

䷿【未濟】卦 九二 停止前進 靜守則吉（靜吉）

爻辭原文：曳其輪 貞吉

解釋：【未濟】卦二爻是陽爻，故稱九二。

爻辭曰：

曳其輪 貞吉。此句是說拖曳住輪子，靜守則吉。

【未濟】是【尚未救濟】，說簡單點就是【事情還沒有完成】。然而萬事物極必反，事情既然還沒有完成，表示還有很大的進步空間。

此卦是說停止前進，靜守則吉。因而乃靜吉之卦。

★整體運勢

運勢不差。然而還是需要審慎計畫而後行，該煞車還是要煞車。

財運投資

財運佳，投資還須慎。此卦乃會獲利，但獲利後要知止。

愛情婚姻

愛情婚姻維持原貌則吉。

工作事業

工作事業有所成。但隨後須穩健，不可躁進。

䷿【未濟】卦 六三 躁進則凶 待時而進（動凶）

爻辭原文：未濟 征凶 利涉大川

解釋：【未濟】卦三爻是陰爻，故稱六三。

爻辭曰：

未濟 征凶。【未濟】是【尚未救濟】，說簡單點就是【事情還沒有完成】。然而萬事物極必反，事情既然還沒有完成，表示還有很大的進步空間。此刻時機尚未成熟，躁進則凶。

利涉大川。古代險莫過於水。冒險渡過大川所為何求？因對岸有利可圖也。故【利涉大川】往往代表冒險追求高利。此句是說時機尚未成熟，等待時機成熟，即可冒險犯難，追求厚利。

此卦是說此刻躁進則凶，必須待時而後進。【未濟】並非代表不濟，而是尚未救濟。只是時刻未到，不可躁進。因而此乃動凶之卦。

★整體運勢

運勢未到。待時而動，此刻千萬不可躁進。

財運投資

財運投資須暫緩。以待時機成熟。

愛情婚姻

愛情婚姻切莫主動承諾。宜暫時等待。

工作事業

工作事業緩時以待。慢慢來，不可急。吃快撞破碗。

䷿【未濟】卦 九四 一戰功成 論功行賞（小吉）

爻辭原文：貞吉 悔亡 震用伐鬼方 三年有賞於大國

解釋：【未濟】卦四爻是陽爻，故稱九四。

爻辭曰：

貞吉 悔亡。此句是說堅持得吉，悔恨消亡。

震用伐鬼方。此句是說殷高宗震怒討伐西羌。

三年有賞於大國。此句是說三年之後成功，而後論功行賞。

【未濟】是【尚未救濟】，說簡單點就是【事情還沒有完成】。然而萬事物極必反，事情既然還沒有完成，表示還有很大的進步空間。

此卦是說長久堅持奮鬥，以後必將一戰功成，而後論功行賞。此卦雖吉，然而曠時費日，不是一夕可成，因而只列為小吉之卦。

★整體運勢

大運將至，必繼續努力奮鬥不懈，功成之日將要來臨。

財運投資

財運佳，投資宜。然而莫急於回收，後必獲大利。

愛情婚姻

愛情婚姻需有耐心，良緣它日可成。

工作事業

工作事業必成，早晚而已。努力不懈，吉日將來。

䷿【未濟】卦 六五 大運之時 吉祥光彩（吉）

爻辭原文：貞吉 無悔 君子之光有孚 吉

解釋：【未濟】卦五爻是陰爻，故稱六五。

爻辭曰：

貞吉 無悔。此句是說堅持得吉，悔恨消亡。

君子之光有孚 吉。【孚】在此當【應驗】。此句是說君子的光華必當應驗。吉。

【未濟】是【尚未救濟】，說簡單點就是【事情還沒有完成】。然而萬事物極必反，事情既然還沒有完成，表示還有很大的進步空間。

此卦是說大運之時已到，君子無限吉祥光彩。因而此乃吉卦。

★整體運勢

大運已至。自此開始無往不利，富貴吉祥。吉。

財運投資

財運大好，投資極佳。火力全開，必獲大利。

❤愛情婚姻

愛情婚姻大吉。富貴雙全，名利雙收。

工作事業

工作事業一帆風順。要風得風，要雨得雨。吉。

䷿【未濟】卦 上九 飲酒作樂 還須節制（平）

爻辭原文：有孚於飲酒 無咎 濡其首 有孚失是

解釋：【未濟】卦上爻是陽爻，故稱上九。

爻辭曰：

有孚於飲酒 無咎。此句是說得眾望而開心飲酒作樂，沒有咎害。

濡其首 有孚失是。【濡】是【濕】。此句是說但是喝到頭都弄濕了，就失態了。

【未濟】是【尚未救濟】，說簡單點就是【事情還沒有完成】。然而萬事物極必反，事情既然還沒有完成，表示還有很大的進步空間。

此卦是說飲酒作樂，還須節制。比喻凡事不可過極，必須自我知道節制。此卦無論吉凶，因而乃平卦。

★整體運勢

運勢不差，然須知自我節制，惜福乃會再獲福。

💰財運投資

財運不差，投資還是要慎重。千萬不要得意忘形，才能長久。

❤愛情婚姻

愛情婚姻喜慶有成。但是必須知所節制，可保美滿。

💼工作事業

工作事業有成。然而守業更難，必須自我節制方得永久。

易經卜卦　雷天先生

YULIN

婚姻　事業
運勢　財運
趨吉　避凶
易經　卜卦
萬事皆可問

賜教處：台灣高雄市苓雅區海邊路 48 號 7 樓之 1
電話：0974193097
line id：0974193097
臉書請搜尋「易經卜卦 雷天先生」粉絲團

國家圖書館出版品預行編目(CIP)資料

一週學會易經卜卦/ 雷天著. -- 初版. --臺北市
：育林, 2018.09
面； 公分
ISBN 978-986-6677-63-2(平裝)

1.易占

292.1 107014464

一週學會易經卜卦

著 作 者：雷天
發 行 人：李炳堯
出 版 者：育林出版社
地 址：台北市士林區大西路18號
電 話：(02)28820921 (02)28831039
傳 真：(02)28820744
E-mail ：service@yulinpress.com.tw
網路書店：www.yulinpress.com.tw
郵政劃撥帳號：16022749陳雪芬帳戶
登 記 証：局版台業字第5690號
總 經 銷：紅螞蟻圖書有限公司
地 址：台北市114內湖區舊宗路2段121巷19號
電 話：02-27953656 傳真：02-27954100
E-mail ：red0511@ms51.hinet.net
定 價：500元
出版日期：2018年9月初版
2025年8月再版

歡迎至門市選購
地址：台北市士林區大西路18號1樓
電話：(02)28820921傳真：(02)28820744
本書如有缺頁、破損、倒裝請寄回更換